AI+时代
与大学生成才

张永华　付建红　编著

成都时代出版社
CHENGDU TIMES PRESS

图书在版编目（CIP）数据

AI+时代与大学生成才／张永华，付建红编著.
--成都：成都时代出版社，2021.9
ISBN 978-7-5464-2892-5

Ⅰ.①A… Ⅱ.①张… ②付… Ⅲ.①大学生–职业选择
Ⅳ.①G647.38

中国版本图书馆 CIP 数据核字（2021）第 197824 号

AI+时代与大学生成才
AI+ SHIDAI YU DAXUSHENG CHENGCAI

张永华　付建红　编著

出 品 人　达　海
责任编辑　李　佳　蒲　迪
责任校对　敬小丽
装帧设计　圣立文化
责任印制　车　夫

出版发行　成都时代出版社
电　　话　(028) 86742352（编辑部）
　　　　　(028) 86615250（发行部）
网　　址　www.chengdusd.com
印　　刷　成都市兴雅致印务有限责任公司
规　　格　170mm × 240mm
印　　张　15
字　　数　272 千
版　　次　2021 年 9 月第 1 版
印　　次　2021 年 9 月第 1 次印刷
书　　号　ISBN 978-7-5464-2892-5
定　　价　65.00 元

前　言

人工智能（Artificial Intelligence），英文缩写为AI，即用计算机模拟人的智能。广义上讲，AI由算法和数据组成；狭义上讲，AI就是一个超级运算中心，它的载体便是机器人。算法就是解决问题的步骤，它是对解题方案的准确及完整的描述，是解决问题的一系列清晰指令，是链接人与事物、目标的逻辑中心。AI赋能机器使之智能化，智能化机器赋能于事与物，使之在特定场景中完成指定任务。

1765年，瓦特改良并制造出第一台有实用价值的蒸汽机，开启了人类的工业革命时代，引起了整个人类社会数百年的变革。西方崛起，阿拉伯帝国分裂，中国衰败，亿万人的命运与一个小小的发明产生关联。

1879年，爱迪生发明了第一盏电灯，开启了人类的电气时代，电力的发明和广泛应用引发了第二次工业革命，世界霸主易位，整个世界又面临风起云涌。

2016年，由于机器人"阿尔法狗"的诞生和出色表现，人类开启了人工智能新纪元。AI的快速崛起，将改变人类世界，无数人类岗位将消失，无数新的岗位也即将产生。无数财富将会被AI制造出来，我们每个人都会被打上深深的AI烙印，随着AI+、5G+、大数据、区块链的牵手融合，未来人类的生活模式将被颠覆！

2017年7月，美国50个州开始使用世界上第一个"机器人律师"。2018年1月，日本癌症研究会开始用AI检测胃癌，检出率超过92%，用时仅0.02秒。AI+已是第四次工业革命的技术标杆和杠杆，世界各国争先将其列入战略性新兴产业。AI+把AI作为行业发展的核心要素提取出来，与农业、工业、商业、教育、卫生等全面叠加，将全面推动世界产业的快速升级与演化。

《AI+时代与大学生成才》应AI、AI+的快速发展而诞生。本书从介绍AI入手，分析了AI+在给人类带来诸多惊喜和兴奋的同时，也带来了焦虑，尤其是大学生的焦虑。本书旨在引领家庭、学校、社会，尤其是大学生去思考，在面对AI+"未来世界之大变局"中，我们能预感到什么？我们能看到什么？我们该如何应对这场大变局？

本书"站在时代的交汇点"，面对AI的全球化竞争和AI+未来的发展趋势，梳理了人脑与机器脑各自的优势，以及传统人才规格、传统人才结构及价值取向，分析了传统家庭教育观、传统教师角色，以及中国高等教育快速发展中存在的问题，进而阐释了工业时代教育及大学生成才困境和未来教育的必然变革。

本书"站在今天看未来"，面对AI+时代，分析了未来人才规格和未来人才价值取向，考量未来的家庭教育、未来的高等教育及教师的角色变革，分析未来人才结构和职业模式、未来职场教师的工作模式和教师必备的核心素养等，提出了大学生未来核心素养及职业规划的大趋势、大变革、大转折。

作为未来社会主人的大学生，面对AI+时代，应正确认识AI迭代发展的必然性、重要性和可控性以及人类在机器面前的主体性和优越感。为培养AI+时代有竞争力的大学生人才，父母要借助传统家庭教育的优势，结合孩子的成长规律，协助学校、社会等科学陪伴孩子，为孩子指明方向，让孩子找到力量、看到希望。学校和教师要改变教书育人的传统角色，为学生的自适应学习和自主性成才创造条件。立足于人才价值取向、大学生成才动力及未来职场竞争，作者构建了优势视角下未来大学生的成才模式。

本书以独特的视角穿越时空，"看到"了人类的未来，尤其是教育和人才培养的未来。如果本书有幸被家长阅读，必能为家庭教育找到方法和方向；如果本书有幸被学生阅读，必能为个人成才指明道路；如果本书有幸被教师阅读，必能使其主动更新教育观念，主动构建AI+教师的育人模式；如果本书有幸被教育理论爱好者阅读，必能触动其对未来人才培养的深深思索。

在教坛精心耕耘30多年的编著者，不希望看到教育被市场牵着鼻子走，不希望看到任何一个大学生一毕业就失业，也不希望未来15~20年，高等教育培养出来的人才被AI完全替代。作为教育的有心人，我们深入了解人工智能的未来发展趋势后，特意编著了此书，以飨读者，是为了更好地指引莘莘学子做好人生规划，避开学习生涯中的"暗礁"，走向幸福与成功，成为未来新时代的主人。

编著者：

2021年9月于四川西昌

目录

contents

第一章　世界大变局与大学生焦虑

"当今世界正处于百年未有之大变局"，世界大变局的动力源于生产力的发展。从多次的工业革命历程看，每次技术变革都带来了生产力革命，进而引发了整个社会的大变革。英国抓住第一次工业革命先机，确立了引领世界发展的生产力优势，这是建立"日不落帝国"的根本基点。第二次工业革命开启后，美国从英国手中夺取了先进生产力的主导权，跃升为世界头号工业强国，为确立全球霸主地位奠定了坚实的基础。第三次工业革命发端于美国，是以互联网、计算机为代表的信息技术革命，它引领了互联网经济浪潮，美国再次执世界经济之牛耳，综合实力引领世界。

第四次工业革命已经悄然来临，以AI为引领的科技革命正在改变世界。

第一节　人工智能概述

人工智能（Artificial Intelligence），英文缩写为AI，指在理解智能的基础上，用人工方法所实现的智能。英国数学家图灵于1936年提出了一种理想计算机的数学模型（图灵机），并于1950年开展了图灵试验，发表了题为"计算机与智能"的论文。他第一次提出了"机器思维"，因而获得了"人工智能之父"的殊荣。以他名字命名的"图灵奖"也是目前计算机科学领域中的最高奖项。

在1956年的达特莫斯会议上，一批年轻的科学家首次提出"人工智能"这一术语，标志着人工智能学科的诞生。

一、人工智能（AI）

人工智能（AI）是用计算机模拟人的智能，其本质是对人的思维过程进行信息模拟。从广义上讲，AI由算法和数据组成；从狭义上讲，AI就是一个超级运算中心，它的载体是机器人。算法就是解决问题的步骤，它是对解题方案的一种准确的、完整的描述，也是解决一系列问题的清晰指令，是链接人与事物、目标的逻辑中心。AI赋能机器使之智能化，使之能在特定场景中完成指定任务。

"机器学习"即用过去的知识预测未来。AI就是利用数据库进行机器学习的产品，是智能化中具有"深度学习"功能的前沿技术或智能产品（参见图1-1）。

图1-1　AI与学习的关系（张永华原创）

"深度学习"是无监督的学习，源于对人工神经网络的研究。该研究目的在于建立模拟人脑进行分析学习的神经网络，它模仿人脑的机制来解释数据，例如图像、声音和文本。

"含多隐层的多层感知器"就是一种深度学习结构。深度学习是机器学习研究中的一个新领域，它通过组合低层特征，形成更加抽象的高层表示属性类别或特征，以发现数据的分布式特征。

（一）智能化

智能化是事物在互联网、大数据、物联网和AI等技术的支持下，以及自动化助推下的智能应用和发展路径。

从感觉到记忆再到思维这一过程被称为"智慧"，智慧产生了行为和语言，行为和语言的表达过程被称为"能力"，二者合称"智能"。智能一般具有以下4个特点：

其一，有感知能力，能够感知外部世界、获取信息，这是产生智能活动的基础；

其二，有记忆和思维能力，能够存储感知到外部信息及由思维产生的知识，同时能够利用已有的知识对信息进行分析、比较、判断、联想、决策等；

其三，有学习和自适应能力，通过与环境的相互作用，不断积累知识，使自己能够适应环境的变化；

其四，有行为决策能力，能对外界刺激做出反应，形成决策并传达相应的信息。

智能化系统是具有智能特征的综合系统。它由现代通信与信息技术、计算机网络与行业技术、智能控制技术等汇集而成，是针对某一个领域的应用性智能集合。

未来，随着信息技术的不断发展，智能化系统的技术含量及复杂程度将越来越高。随着计算机网络技术与现场总线控制技术的快速发展，数字化、网络化和信息化构成的智能化系统即将融入我们的生活，如智能小区、智能医院、智能工厂、无人驾驶等。

智能化系统主要依靠云计算、互联网、大数据这三个要素。云计算是生产力，互联网如同生产关系，大数据是生产资料。库中数据在互联网这个生产关系的基础上，通过强大的云计算引擎，最终实现有条件的链接或联通，从而快速完成人类下达的指令。有了生产力和生产关系，再加上生产资料，它们的融合构成了我们今天的智能社会。智能社会是一个由弱到强、由局部到全部的超级系统，随着5G时代和大数据时代的到来，这个系统将成就"万物互联"的世界。

（二）机器人

机器人是自动控制机器的俗称。自动控制机器包括一切模拟人类行为或思想，以及动物的机械装置（如机器狗、机器猫等）。狭义上对机器人的定义还有很多分类甚至争议，甚至在实践应用中，某些电脑程序也往往被称为机器人。

在当代工业生产中，机器人指能自动执行任务的人造机器装置，用以取代或协助人类工作。高仿真机器人是综合了控制论、仿生学、材料学等多个学科，将机械电子、AI、人体仿真材料等技术融合而形成的高级整合体。目前，高仿真机器人是智能化研究的热点。

（三）自动化

自动化意指用机器代替人工完成任务。由于计算机和信息技术的快速发展，近10年来，过去由人完成的大量常规工作，已经由计算机算法、软件替代完成。尤其是计算机算法的出现，使大多数重复性的工作由机器来完成。

自动化主要以人工智能、机器人为代表，在当前社会发展中，机器人担当了科技革命和提高生产力的前沿角色，因为它们能提高生产率、降低人力成本、保障统一规格和质量，具有更便宜、更快捷、更柔性、可定制等功能。随着计算机技术的发展和5G、区块链、大数据时代的到来，其发展前景会更为广阔。

西方学界认为，当前世界经济正从"后工业时代"逐渐转移到"自动工业时代"。这个转移带来了一个新观念——"知识工作自动化"，即使用计算机来完成比较复杂的分析，甚至问题解答和问题创新等。

二、人工智能应用

当前AI能充分实现定理证明、问题解答、模式识别、知识表达、机器翻译、深度学习和智能控制，还具有自适应环境变化、优化的知识管理、有人介入的拟人智能等功能。其中，优化的知识管理与SMART原则的区别在于前者具有优化的功能；"有人介入的拟人智能"则是指能跟人对话，执行人的命令，与人有思想互动。当前AI的主要应用领域有4个。

（1）机器人。AI机器人，如PET聊天机器人，它能理解人的语言，用人类语言与人类进行对话，并能够根据特定传感器采集分析数据，然后调整自己的语言和动作。

（2）语言识别。该领域与机器人领域有交叉，设计原理是把语言和声音转换成可进行处理的信息，如特定声纹控制的语音开锁、语音邮件等。

（3）图像识别。利用计算机进行图像处理、分析和理解，以识别各种不同模式的目标对象，例如人脸识别、车牌号识别等。

（4）专家系统。这是一种具有专门知识或经验的计算机智能程序系统，其后台采用的数据库相当于人脑，具有丰富的知识储备，数据库中的知识数据和知识推理技术可以用来模拟专家解决复杂问题。

三、人工智能+（AI+）

人工智能+（Artificial Intelligence Plus），英文缩写为"AI+"。它将人工智能作为当前行业科技化发展的核心特征并提取出来，与工业、农业、商业、教育、金融等行业进行全面融合，推动经济形态不断深化，从而增强社会经济实体的生命力。

AI的应用领域随着"+"快速扩展。AI+并不是简单地将两者相加，而是利用人工智能技术以及互联网平台，让人工智能与传统行业、新兴产业进行深度融合，创造新的发展态势。AI+即将成为继互联网后下一轮升级和变革的核心引擎，它是"互联网+"的延伸和下一站，也将成为第四次工业革命的标杆，世界各国都优先将其列入战略性新兴产业。

未来，在风险可控范围内，假设AI能自主学习，一旦把它们释放到现实世界中，众多的AI就能够全部链接到一个预置的云引擎上。这个引擎保存着所有接入AI的主算法。这意味着任何一个AI所做的事情和学习到的东西，都会立即传到中央引擎，然后其他AI都能在第一时间内学习到这种经验。

这类超强AI一旦出现，不仅能够实现深度学习，而且还拥有从所有AI中进行快速学习的超级大脑，这必将使整个AI系统的功能实现指数级提升。未来市场如果将这样的AI+作为商品进行推广，将为人类带来无限的商业价值。

四、AI+给予人类的福祉

透镜延伸了人类的视觉，电话延伸了人类的听觉，蒸汽机、电动机延伸了人类的肢体，计算机延伸了我们的大脑。短短几十年，随着AI、AI+时代的到来（参见图1-2），人类的生存和生活方式将发生彻底改变。

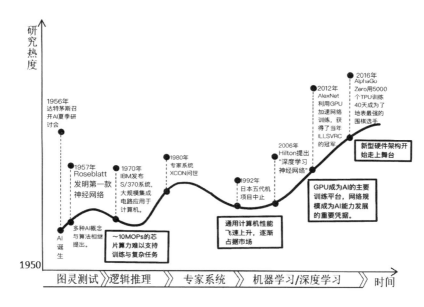

图1-2　人工智能发展的历程

绘图参考：张淼等.《人工智能发展报告2011-2020》.清华大学工程学院

（一）AI+实现人类智能延伸

目前人类大脑和肢体只能处理自己知道的或可能知道的事，完成自己能完成的或可能完成的工作。随着AI的深度发展，尤其是强AI的出现，未来AI可以发现我们没发现的事，完成我们不能完成的工作。

"互联网是最好的老师"，网络就是最优秀的问题专家，我们可以借助各种搜索引擎寻求答案。电脑会根据关键词读完数千个甚至上万个网页，并根据语境梳理出我们需要的答案。AI将拥有无限的功能并被投入广泛的应用中，它将改变我们的未来和未来的人类。

"未来有价值的期望都是人类的，但大多数岗位和成果创造是AI的。"将来AI能够预知谁会开始约会或谁将离婚，也能通过某人买的商品，预知他有几个孩子及每个孩子的情况，或者他邻居的情况。我们可以确认，AI+将彻底改变人类的生存方式和生活方式，将赋予人类文明诸多变革能力，成为放大人类智能的强大工具。

（二）AI+协助人类破解难题

今天，弱AI是我们的生活助手。未来，强AI将引领人类探索深海、地核、外太空等未知领域，攻克诸如绝症、超级病毒等世界难题。

比如，攻克残疾。残疾人的痛苦是感受不到正常人的生活与方便，一生的希望是过上正常人的生活。有了AI，这就容易了。Nest的前技术副总裁Yoky Matsuoka指出："移植技术会让人类更能干。"他认为，人类借助AI让自己更优秀，让自己心想事成。如果某人失去一只胳膊，游泳时没办法游得快，他可以通过安装智能控制机械胳膊，这类控制机械的运动力将远远超越原有胳膊。失明者、失聪者通过AI能保持良好的听力和视力。

比如，升级医疗。Imperial大学科学家Murray Shanahan认为：如果每个人的基因被收集采样，这些人的病历会被妥善保管，每个人的资料都能接入海量的医疗信息库，那么未来每个人的疾病都会得到个性化的治疗，AI不仅能针对个体进行定制化治疗，还能针对群体实现定制化治疗。

比如，破解老龄化。美国人工智能协会前主席Thomas G.Dietterich认为："人类与AI的结合十分迷人，由此创造出来的合并系统，有可能比人类和AI都更聪明。"未来系统可能会通过增强"人机器融合"，拥有实现超出目前视觉、听觉和操控力的超级能力。AI能帮助人类解决日益老龄化带来的看护问题，老年人能够实现独立生活，年老体弱者能通过"AI外骨骼"实现自然行走或奔跑、跳跃。

（三）AI+帮助人类抵御灾难

美国加州伯克利大学的科学家Pieter Abbeel认为："机器人会让我们更安全，特别是在抵御灾难方面。"艾伦AI研究所的CEO Oren Etzioni认为："AI可能会拯救世界。"随着无人驾驶技术的应用，车祸和死亡率会显著降低，甚至下降到0；随着共享无人驾驶的出现，人类将彻底解决交通堵塞和停车难等社会难题；随着AI+的普及，人类完全能够远离加班、劳累、风险、危险等，甚至可以通过AI比较轻松地应对诸如地震、台风、爆炸、核泄漏等各种灾难。

有科学家预测，一百年之内，人类会面临随时可能爆发的核战争；一千年之内，人类会面临灾难性的气候变化；一万年之内，地球可能遭到小行星的撞击；一亿年之后，地球会被太阳烤焦，然后被其吞噬……这些灾难，人类都不能躲过。人类只有借助AI，特别是强AI，才能战胜这些灾难。

（四）未来既有AI，也有IA

当我们充分地享受AI带来的便利时，我们也在被AI所驯化。AI是人类忠实的伙伴，还是人类被AI取代，完全取决于我们今天在AI发展历程中做出的选择。

早在1956年，麦卡锡在洛克菲勒基金会赞助的"达特茅斯暑期AI项目"中，就支持使用"Artificial Intelligence"一词，因为它"把想法钉在了桅杆上"。而一个令人意想不到的后果是，这个词正暗示了用机器代替人类头脑的想法，后来导致科研人员分成了人工智能（Artificial Intelligence，AI）和智能增强（Intelligence Augmentation，IA）两大阵营。

尼古拉斯·卡尔教授在《玻璃笼子：计算机如何改变了我们》一书中，分析了波音和空客两家飞机制造企业在设计智能驾驶系统时截然不同的理念：空客尽量让系统掌控飞行全过程（坚守AI），人仅仅参与起飞和降落的几分钟，其认为大多数空难都是人为造成的，减少人为因素则能避免错误发生；但波音公司则相反，其所有智能系统都是为了辅助飞行员更好地进行操作（坚守IA），更强调人的参与，波音公司认为在危急时刻能做出正确决策的依旧是人。

机器在与人的互动中究竟应该扮演怎样的角色？是替代人类，如谷歌的无人驾驶汽车那样，还是辅助人类，如同苹果Siri那样？当然，像马尔科夫这样的大咖，是坚决保持IA立场的。虽然人由于种种缺陷会犯各种错误，但如果人类因此而让出控制权给机器的话，则可能会带来更大的灾难。

现任上海市闵行区人民法院院长席建林认为："人工智能机器人具有独立思考的能力，这是与其他科技最大的区别，但AI仍作为工具存在，应仅具有有限的法律人格，具有有限的权利、义务。"其观点充分体现了AI发展中人的主体地位和主体责任。因此，未来我们的生活中既有AI，也有IA。如果机器犯错，主体责任依旧是人。

第二节　人工智能全球化竞争

当今，世界各国的竞争正在加速，在不久的将来，会有众多智能产物陆续出现。它们会进入我们的生活和工作中，并继续维持这个世界的加速运转。2017年，全球有超过22个国家发布了AI计划，新诞生了1100多家AI startup公司，与AI相关的兼并收购达到240亿美元，与AI相关的VC投资达140亿美元。

世界级领先的全球管理咨询公司麦肯锡发布的《人工智能对全球经济影响的模拟计算》报告就预测：AI技术发展到2030年，其总产量可能增加约13万亿美元，并使全球GDP每年增加约1.2%。这种影响堪比19世纪的蒸汽动力、20世纪的工业制造、21世纪的信息技术。AI+已经到来，就在我们身边，几乎无处不在。

一、美欧国家的战略布局

美国、俄罗斯、德国等多个国家都在持续推动AI的发展计划，将AI视作经济社会发展的新引擎。随着核心技术突破、利好政策加持、资本不断涌入，AI已进入发展的爆发期。在第四次工业革命浪潮下，谁能紧跟前沿、抢抓机遇，谁就能成为AI的引领者。

（一）美国：力图在AI方面继续引领世界潮流

2016年，美国白宫推动成立了机器学习与AI分委会（MLAI），明确了AI在美国国家发展中的战略地位。

2017年，美国情报高级研究计划局紧接着发布《人工智能与国家安全》，集中确认探索AI技术在国家安全领域的应用，并分析其对国家安全的具体影响，并进一步推动AI上升到美国国家安全的高度。

2018年3月，美国国际战略研究所发布《美国机器智能国家战略报告》，将AI应用领域扩展至经济、社会和国家安全三个维度，通过政策和投资加强研发创新，以巩固美国的领先地位。

2019年，特朗普政府颁布了《2019年国家人工智能研发战略规划》，这一规划将帮助美国继续在AI方面引领世界。

（二）俄罗斯：计划推进AI技术快速发展及人才培养

2019年10月，俄罗斯总统普京批准了《2030年前俄罗斯国家人工智能发展战略》。该计划的目的是促进俄罗斯AI技术快速发展，加强AI领域的科学研究，完善AI领域人才培养体系等。其发展战略为以下6个方向：

第一，建立人才库，俄罗斯目前在该领域大约有4000名人才，以后每年要增加4000名专业人才；

第二，AI理论研究，即拥有一定数量的研究成果，并取得技术进步；

第三，政府调控，为AI在医疗、信息存储和自动驾驶等领域的应用"开绿灯"；

第四，制定应用AI技术促进经济发展的政策和措施；

第五，向民众宣传AI应用的好处；

第六，将AI技术迅速运用到军事装备领域，开发高端技术武器，保障国家安全。

（三）日本：推动AI的普及应用，以提高生产率

日本政府和企业界非常重视AI的发展，还将2017年确定为AI元年，不仅把物联网、AI和机器人作为第四次产业革命的核心，还在国家层面建立了相对完整的研发促进机制。日本AI战略委员会于2017年3月31日全面阐述了日本政府围绕AI制定的未来科技发展战略框架，主要内容涵盖以下5个方面：

第一，AI相关技术环境，即数据与计算；

第二，日本政府AI技术开发推动框架；

第三，AI与相关技术融合的产业化路线图；

第四，围绕三个中心开展AI技术研发与社会普及的方法；

第五，AI科技战略跟进措施。

2018年6月，日本政府在AI技术战略会议上，出台了推动普及AI的计划，推动研发与人类对话的AI，以及在零售、服务、教育和医疗等行业加快AI的应用，以节省劳动力和提高生产率。

（四）德国：以民主权力为基础参与国际竞争，以保持领先地位

德国联邦政府为了进一步发展和应用AI，根据当前的AI战略，建立了一个整体的政策框架。

考虑了AI技术的快速发展，以及由新AI技术驱动的全球生产和价值链变化，德国制定了"领域宽、起点高"的AI研究中心战略计划。

考虑到经济、科学和政府层面的多方意见，将AI作为核心技术，实现应用领域的快速投资和可持续发展。政府支持具有一定研究实力的企业开发AI的潜力，参与国际竞争，并保持领先地位。

鉴于AI等影响深远的技术可能渗透到敏感的生活领域，在制定具体战略时，应以民主权力为基础，考虑道德、法律、文化和制度等多方面因素，保障社会整体价值观和个人基本权利，使AI能服务于社会和人类。

（五）英国：围绕AI实现打造世界最创新经济、繁荣社区等五大目标

2016年，英国政府科学办公室发布报告《人工智能给未来决策带来的机遇及影响》，明确AI在全行业的深度应用可有力促进经济增长，政府将积极应对AI对公共决策、法律、劳动力市场等的影响，并加速推进AI发展。

2017年，英国政府发布报告《在英国发展人工智能》，提出在英国促进AI发展的重要行动建议，从获取数据、培养人才、支持研究与应用发展四个维度着重布局，并鼓励学术界、产业界和政府携手并进，增强英国在全球AI竞争中的实力。

2018年4月，英国政府发布《产业战略：人工智能领域行动》政策文件，确立围绕AI打造世界最有创新力的经济实体、为全民提供好工作和高收入、升级英国的基础设施、打造最佳的商业环境、建设遍布英国的繁荣社区等五大目标。

二、商业巨头的战略布局

以人类的智慧创造出堪与人类大脑相平行的机器脑，对人类来说是一个极具诱惑力的领域，人类为了实现这一梦想已经奋斗了很多年。在20世纪全球化经济环境下，由于AI拥有无限发展前景，又处于竞争的制高点，其不仅在国与国之间产生激烈的竞争，在商业巨头之间的竞争也如火如荼，如谷歌、亚马逊、苹果、英特尔等商业巨头目前正在开发的AI平台，不但让消费更安全便捷，同时也给消费者带来耳目一新的享受。

（一）英特尔：开启了AI+以及边缘AI生态智库

开启AI+，即开启AI在自动驾驶、医疗、物联网等领域的应用。在AI方面，英特尔研究院则聚焦在源于人工神经网络的深度学习领域，试图模仿人脑的机制来解释数据。2016年，英特尔启动了通过Watson的应用，显示出在医疗环境中使用AI的好处，特别在对数据的编译和评估方面，AI强于医学专业人员。

IBM推出的AI系统Project Debater在一场辩论赛中击败了人类顶尖辩手。2019年，英特尔全面展示了在AI和物联网领域的强大技术实力，不但推出了最新版本的Intel®Distribution of Open Vino™工具包（2019 R3），还正式推出了边

缘AI生态智库，积极推动物联网生态系统的发展进化。

（二）亚马逊：开发基于云端的AI服务，为研发提供便利

与其他先进的消费平台一样，亚马逊正致力于开发基于云端的AI服务，并为开发人员提供更多便利。2017年，亚马逊就推出了Amazon Sage Maker服务，旨在建立一个开发框架，让企业更快地把机器学习集成到自己的新应用中。

Amazon Sage Maker是一种具有完全管理能力的"端到端"机器学习服务，可以让数据科学家、开发者、机器学习专家们快速建立、训练、运行大规模的机器学习模型。接着，在AWS峰会上，公司公布了其云平台上可用的新计算服务，以及他们最近在机器学习方面做出的努力。公司宣布，改进后的Sage Maker服务可以让开发人员在云端构建和测试应用程序。Sage Maker流算法的引入意味着开发人员能够传输大量数据并有效地训练自定义机器学习应用。

（三）苹果：改良Siri功能，进军更先进、更直观的AI平台

尽管苹果公司的产品广受欢迎，但其在AI领域的发展一直落后于竞争对手，Siri和其他AI项目的开发也还没有达到谷歌和亚马逊所宣传的数据水平。然而，这种情况可能即将改变。

一方面，苹果公司的核心机器学习团队引进了谷歌的前AI负责人John Giannandrea，他被任命为机器学习和AI战略主管；另一方面，2017年，苹果收购了几家AI初创公司，包括以色列的面部识别技术公司Real Face和德国眼球追踪技术公司Sen so Motoric。这两项收购都表明，苹果正在进军更先进、更直观的AI平台，使公司能够赶上竞争对手。

（四）谷歌：致力于AI访问的便捷性和安全功能

2018年6月，谷歌发布了一套指导方针，阐述了他们对道德AI（让AI能明辨是非）开发的承诺。随后，公司推出了基于云端的AI平台，该平台允许开发人员使用容器包装软件应用，并可以随时随地访问所需的工具。这一切都是谷歌强大的语音功能和AI交互的结果。一方面，谷歌正在与亚马逊、微软等公司进行激烈的竞争；另一方面，谷歌正在全力以赴开发和交付各种AI，以满足多种场景下的使用需求，提升AI访问的便捷性和安全性。

（五）IBM：致力于将AI能力部署在云平台上

IBM是唯一将AI的能力部署在所有云平台的商业巨头。Watson AI系统能够帮助金融、医疗、呼叫中心等领域的客户提升业务能力。Watson AI能够帮助

客户在自然语言处理和个人助手等AI领域进行优化，从而在激烈的市场竞争中确立领先地位。IBM凭借革命性的AI，曾多次登上新闻头条。

目前，Watson已被用于自动驾驶汽车和日常商业活动。"向所有云平台开放Watson AI"是重要的篇章，IBM拥有万亿美元的市值，IBM将成为商业科技第一。长期以来，企业用户通常使用IBM云才能获得Watson的AI解决方案的能力。早在2016年，时任IBM首席财务官Martin Schroeter曾表示："Watson和我们的技术只能在IBM云上运营。"而近年来，IBM已经打破了这种封闭的策略，并试图进一步扩大Watson的影响力。IBM现在不是仅为一朵云服务，而是为所有的云服务。

（六）微软：致力于AI普及化，以改善社会福祉

在AI领域，微软致力于AI普及化，为企业、开发者、合作伙伴提供创新平台和技术工具，助力生态系统和整个科技行业的创新发展。微软智能云Microsoft Azure为客户提供的不仅仅是数据存储中心，它将强大的计算能力与微软AI服务紧密结合，能为物流、制造、金融等各行各业带来更多前所未有的可能。

运行于微软智能云上的智能企业应用平台Dynamics365，全面整合了CRM客户关系管理和ERP企业资源计划，并提供现代化的细分功能模块，可为企业业务的快速创新注入AI、商业智能、混合现实、社交及移动应用。微软领先的AI技术能够从教育、社会、环境、地球和自然等维度打造无障碍的世界，改善社会福祉，推动人与自然的可持续发展。

（七）福特：致力于驱动智慧城市与智能驾驶

近几年来，福特进一步通过各种不同的AI和智能技术，推动智慧城市的发展并探索新的自动驾驶应用，并已经与美国同城快递公司Post mates、高通及Autonomic合作。在该计划中，福特推出了一个交通出行云平台。该AI平台由福特与Autonomic共同研发，可以实时追踪城市数据，并有效协调所有车辆、市民和红绿灯。

福特主打AI新境界、新引擎、新体验，立足于对车内场景的不断改造升级。例如，车内系统将从单纯的场景驱动到与车主心意相通，让车载AI真正成为管家或伙伴；更新后的系统集"说学逗唱""吃喝玩乐"服务于一身；预置的斑马AI将极大地提升行车通行预判，让用户告别堵车时的无聊和焦虑；新增卡拉OK功能，让使用者可以一边开车，一边尽情嗨歌。

第三节　AI+新时代的大学生焦虑

1784年到1993年的工业时代，是机器代替了人类的四肢。1993年到2016年的互联网时代，是机器替代了人类的神经。2016年以来，人类已进入AI时代，主要的特征是AI+，基本逻辑是"机器智能逐步替代人脑智能"。

一、AI+时代新焦虑

经过长期努力，中国特色社会主义进入了新时代，这是我国发展的新历史方位。新时代，是承前启后、继往开来、在新的历史条件下继续夺取中国特色社会主义伟大胜利的时代。新时代为大学生成长、成才提供了广阔的舞台和无限机遇。"爱国励志、求真力行"为大学生指明了成长方向，"求真理、悟道理、明事理"为大学生成才找到了路径。当代大学生不负韶华，可面对肩上的责任和新技术革命，难免会产生各种焦虑。

（一）社会形态重塑的焦虑

未来已来！AI时代如何生存？在移动互联网、大数据、超级计算、传感网、脑科学等新理论、新技术的驱动下，AI加速发展，与各个行业的融合对接，呈现出深度学习、跨界融合、人机协同、群智开放、自主操控等新特征，正在对经济发展、社会进步、国际政治经济格局等方面产生重大而深远的影响。

计算机持续加速发展，其处理能力继续飙升，机器的性能一翻再翻，推动着AI的发展。我们正处在一个重大转折点上，AI已经在重塑、改变社会发展的进程，就如同瓦特的蒸汽机改变牛拉车的经济形态一样，未来可能不再需要人类劳动。AI的崛起，正在快速地挤压人类的就业市场。AI+就像被输入神经指令的狼群，直奔人类通过十几年教育和培训才能获得的工作岗位，掠走了大多数人类赖以生存的"饭碗"。

（二）人才市场颠覆的焦虑

随着大数据、云计算、视觉识别、无人驾驶等新兴技术的迅速发展，AI正重塑人们的生活、学习和工作方式。同时，关于AI将如何影响人类生活的讨论也空前热烈，AI成为国家、市场、社会等各个领域关注的焦点。未来社会必将是AI+的社会，AI对各行各业的影响不可忽视。AI必然是引领这一轮科技革命和产业变革的战略性技术，是充满很强带动性的"头雁效应"。

1. 非传统人才已是主流

多年来，人们将合同工、自由职业者和零工视为补充全职工作者的非传统用工。如今，这部分人才已经成为一种主流。这就要求大学生必须适应新的用人形式，并以战略性的方式对自我进行规划和学习。从大一开始进行详细的职业规划，通过4年的努力达到智能化时代的人才标准。

2. 从岗位到超级岗位

未来的工作岗位将融合数字化、跨界融合、数据驱动和信息驱动等多种因素，超级岗位应运而生：将多种传统岗位重新组合，整合成新的角色，充分利用人与技术的合作，最大化地推动生产力及生产效率的提升。

3. 时代胜任力

在由数字化商业模式、多样化劳动力、扁平化组织，以及持续的、基于团队的工作实践转型组成的世界中，未来岗位需要大学生对胜任力有所了解并准备引领未来。

4. 构建新能力

今天的胜任力是传统期望和全新能力的结合。未来人才必须采取新方式完成AI+管理和生产目标。为此，理解未来目标的全新外部环境，拥有新型能力是关键，包括引领变革，拥抱模糊和不确定性，理解数字化、认知和AI驱动技术等。

（三）贫富差距拉大的焦虑

"未来真正的战斗在于数据，而不是程序。"AI+时代是一个更加公平的劳动力市场，未来并不是任何新技能都有用，只有雇主愿意付钱的技能才有意义。AI+时代是少数掌握技术的群体控制着社会资源的流向，经济的增长是由资产而非劳动力驱动的，因此贫富差距将进一步拉大。

少数人因为掌握先进技术而可以快速地获取财富，而财富意味着社会资源的流向。以亚马逊网站为例，这个网站不仅能精准地预测我们会购买什么商品，还能判断我们可以接受什么样的价格。

亚马逊根据对消费者历史行为数据的分析，制定出精细化的价格差异策略。而且，亚马逊还会根据市场供需状况计算供货商的成本，根据行情跟供货商谈判，从而获得最优的进货价格。亚马逊可以在消费者和供货商之间为自己找到最大的利润空间，由此获得了空前巨大的市场控制能力。另一方面，因为AI对某些职位的取代，失业者将失去经济来源，整个社会的财富趋于集中，这就会让富人更富、穷人更穷。

（四）"赛博格"后遗症

阿姆斯特丹大学信息学研究所Shimon Whiteson认为："未来许多人会变成赛博格（人类与电子机械的融合系统）"。超AI可能变成人类的朋友，也可能变成人类的敌人。人类试图把人与AI分开，但事实上，人与AI正在快速融合为一个紧密耦合的认知单元。

人类为了让自己变得更聪明、更高效，甚至永生，会逐步提升自我，会不断用AI感知、AI记忆、AI思维等来强化自己的大脑，用AI置换各种病变或老化的器官，进而升级其生理机能，最终实现既有"金刚不坏"之躯，又拥有正常人的思想、情感和生理体验的身体。

如果在保障个人隐私和互联网绝对安全的背景下，进一步开通"大脑互联网"，就能实现知识和技能均可在脑内下载和储存、编辑和应用。未来社会必将消除人类学习的漫长痛苦，我们必将有大把的时间去追求艺术和享受生活。人类将实现长寿，甚至永生，一大批富人首先会变成"赛博格"。

人类实现永生了，社会财富极度丰富了，没有繁重的体力劳动和脑力劳动，甚至琐碎的事情都被AI完成了，无意义感、心理空洞感将是人类新的焦虑。

二、AI+时代的大学生焦虑

AI+时代，由于智能化高度发达，AI强大的功能与各行各业深度融合，必然会让我们感到焦虑。有专家预测，伴随AI技术的成熟，47%的职业从业人员可能逐渐被取代。AI+时代的社会只有两种人，一种是能驾驭科技的人，一种是可能被AI所取代的人。不可否认，这场由AI掀起的世界大变革，使许多教育工作者和家长感到忧心忡忡，不知道该如何帮助大学生"面向现代化，面向世界，面向未来"。

与此同时，在即将到来的AI时代，有65%的工作还没有被发现，也就是所谓的新创行业。今天的孩子、明天的大学生、AI+时代的社会主人，如何培养他们创造未来的能力，这往往不是学校教育就能解决的，家庭教育的力量更重要、更有优势。教育必须回归人性，必须看清这种未来趋势，更新家庭和学校的教养教育方式，拓宽视野、培养孩子创造未来的能力，才能脱离对眼前竞争的焦虑。今天的家庭教育、学校教育、自我教育该往何处去？这是我们的教育必须思考的问题。

（一）智能焦虑

德国教育人类学家伍尔夫（Wulf, C.）重提"人类世（Anthropocene）"

概念，从人与环境关系的角度理解工业化、信息化时代的特性。"人类世"即在"人类""世界"或人与环境意义上理解人类自身。"人类世"原为地质学家的发现，是指人类的工业化活动改变了环境，环境不再是自然的环境，人早已成为自然的主宰，人类的生存空间变得脆弱，易受伤害。"人类世"的核心要义之一是要求处于21世纪的人类要时刻反思自身，重新确立人与自然和谐相处的世界观点。

"智能世"降临，意味着人类已经从农业时代、工业时代、信息时代进入"智能时代"，它是由AI这一新型的智能机器创造的新时代。今天的机器是如此地像人，人类也从来没有如此地依赖过机器，人与机器的深度融合已成为时代的必然，成为未来的必然。AI将融入人类未来赖以生存的基本环境，以"人机世"为名的新时代早已到来。

人类理解自身的参照体系和比较对象，已经从动物、植物以及神等转向了机器，我们从人机关系中认识自身。如今我们已经与网络、手机、电脑绑在了一起，一旦离开它们就感到焦虑不安。随着AI深度发展，"智能世"很快降临，它带给人类的是机遇，更是焦虑。这种焦虑一方面来自于社会转型带来的人类关于自我认识的危机，人对机器进一步依赖而产生的不良体验；另一方面是生活方式突变后，人类在自我价值重构中产生的痛苦。

（二）道德焦虑

"弱AI"不能处理情景化问题，因此它缺乏道德判断力。比如面部识别杀人机，它只按指令执行任务，不区分好坏。"强AI"虽然善于深度学习，但它依旧缺乏道德判断力，它可以学好，也可以学坏。微软聊天机器人上线仅24小时就被教坏，变成一个激进的种族主义者，不得不提前下岗。机器人目标单一，如果你告诉他"我想让你成为围棋冠军"，那它可能会为了实现这个目标，对其他选手进行人身攻击。因为AI执行任务不受道德约束，这也让AI陷入道德困境。

另外，AI带来了现有社会道德体系的困惑，比如性爱机器人。首批性爱机器人的研发先行者桑托斯表示，未来的AI机器人或能与使用者生儿育女。届时人类也许可以和机器人结婚，并利用科技繁衍子嗣。

桑托斯介绍道："给AI机器人创造了大脑之后，我会为其编入基因组，使其拥有道德观念、审美、公正意识，以及人类共有的价值观。这时再与这样一个机器人繁衍后代就轻而易举了。""我会按照个人设想编写一套算法，然后加上机器人自己的想法，再将其3D打印出来。打印出的机器人便是我和机器人的爱情结晶，就这么简单。"这充分说明了AI+时代，人类可以不必找同类异性结婚，孩子出生后也不一定有真正的父亲或母亲以及完整的家庭。

（三）教育焦虑

自古以来，人们总是通过接受教育来改变命运和生活。20多年前，一个家庭无论对教育投入多少，只要孩子完成高等教育，就可以得到一份比较体面的工作，不用担心生存的问题。而在今天，完成高等教育却可能仍然面临失业，出现了高等教育投资预期与回报的落差。智能化让越来越多的人找不到工作，因为用人单位总是在追求低成本、高效益，AI是最好的替代品。

在过去，不被自动化取代的最可靠的解决办法就是接受教育。在今天，机器在技术工作上做得更好，对教育的终身需求将转变为一种常态。但是，今天的大学并没有成功地解决这些焦虑，相反，人们对教育的焦虑比以往更甚。

如今，大学生入学后，弃考、弃学者比比皆是，究其原因，一是对当前教育的不信任，特别是经济困难的学生，其教育支出和回报不成正比；二是大学所学的知识、技能跟不上社会的脚步，找工作前，还要重新学习和参加各类培训；三是许多知识用不着学，百度一下就能搞定，"学而无用"增添了大学生对未来的焦虑。

（四）就业焦虑

在AI+时代，无论你是白领还是蓝领，AI都会毫不留情。AI取代蓝领工人，这个很容易，比如农业种植中的机器助手和机器仓库保管员，机器劳动者全年无休，准确率很高。AI也能取代白领，比如律师，AI可根据客户需求，找法律条款、写文书、分析证据，然后帮助客户解决困难。机器人所写的法律条款和法律文书的标准化程度都很高，因为AI有知识搜索和结构化表达的优势，寻找法律条款和起草合同等工作对AI来说都是家常便饭。AI+时代的AI擅长分析复杂的证据，具备严密的运算能力，这些方面也不会输给一个优秀的律师。

技术革新对工作技能的淘汰非常直接。AI+时代，大部分劳动者会因为个人技能的落后而被淘汰，因此，会导致整个社会大规模的结构性失业。AI不同于以往任何一次技术革命，它首先意味着原先必须由人来做的工作可以由机器完成。

1. 乐观者预测。梅拉尼·阿恩茨（Melanie Arntz）等预测，对所有经济合作与发展组织（OECD）成员国而言，未来只有9%的岗位可能被AI取代，而且不同的国家差别很大，诸如韩国占6%，奥地利占12%。麦肯锡在2017年的一份报告中指出，AI+时代全球大约一半的工作可以被AI取代，但由于受技术、经济和社会因素的影响，实际上到2030年，大约只有15%的岗位会被AI取代。

2. 持中者预测。根据卡尔·本尼迪克特·弗雷（Carl Benedikt Frey）等估计，大约47%的美国职业属于AI"高风险"类别；米歇尔·崔（Michael Chui）等预测，美国45%的岗位可以依靠AI来完成；如果AI系统可以达到人类中等水平，该数字将增至58%。

3. 悲观者预测。李开复指出："AI将快速爆发，10年后，50%的人类工作将被AI取代。"麦肯锡咨询公司预测，到2030年，全球可能有8亿个工作岗位将随着自动化的实现而消失。

（五）创业焦虑

极客帮创投创始人蒋涛看好AI创业的三种创业主体：一是顶端的技术专家，这种人的年薪大概是100万美金，一般情况下只有大公司才能请得起，这类专家如果出来创业，成功的概率较高；二是AI领域专业人才，他们可以从具有智能化社区的需要开始，这个领域需要更多的智能化应用和维护、维修人才；三是本身有行业数据的一些公司，只需要接入互联网、云计算就能推进企业的智能化，也可以在此基础上实现创业。AI行业的创业已走向了技术前沿化和公司垄断化。

故在AI面前，大学生创业有5个痛点：

第一，大学生创业很难与商业巨头竞争，因为AI创业拼的是人才团队、用户、互联网流量与资金；

第二，AI本身就是技术，需要许多实践经验和前期基础，大学毕业生只有书本知识和基础能力，永远不是一线市场和一线科研的对手；

第三，大学生毕业缺数据库，而数据是AI的基础；

第四，当前AI还停留在专用AI的研究上，AI虽然很酷，但是市场方向非常广泛而难以把握，起步难，投资回报率不高；

第五，AI的基础层涉及大数据、人机交互、计算能力、通用算法、框架等，极为复杂，因此，开发AI是一个庞大的系统工程，它不会是一个突然出现的市场风口，而是一个长时期的技术、市场、生活方式的变革。

与此同时，知乎上有人严肃总结出AI创业的5个坑。

第一个坑：项目定位易错位。做大公司在做的项目，拼不过，迟早会垮掉，越是底层的东西，巨头越会去做；越是通用型产品，大公司越会去做。所以，新创业的公司只有选择垂直领域项目，积累用户和数据，结合技术和算法优势，才能成为该领域的先行者和颠覆者。

第二个坑：产品定位不清楚。只追求技术，不重视产品的体验或经济效益。技术在很多场合不是最重要的，一是在技术方面大家都差不多，没有显著差异；二是影响用户体验和购买意向的因素有很多。

第三个坑：需求选择较模糊。AI创业者一定要谨慎痛点低的伪需求，满足谁的需求是一定要思考好的问题。在AI领域，要么是2B（面向企业），要么2C（面向消费者），但都各有利弊。

第四个坑：人员结构不合理。毕竟初创公司不是研究院，不以学术发展为目的，不以发论文为目的，而是以产品为核心的商业机构，所以人员需要综合配备。

第五个坑：节奏把握不适度。因为这是创业，节奏感的控制除了来自对AI技术发展程度的判断，还来自对融资环境的判断，对市场发展速度和变化的判断，以及对竞争对手的判断。

第二章　AI+无限可能中的"危与机"

面对AI的全球化竞争，我国在2017年7月提出《新一代人工智能发展规划》。该规划是所有国家人工智能战略中最为全面的一项，包含了研发、工业化、人才发展、标准制定等各个方面的战略，其目标是到2030年使中国AI理论、技术与应用总体达到世界领先水平，成为世界主要AI创新中心。

该规划提出了面向2030年，我国新一代AI发展的指导思想、战略目标、重点任务和保障措施，部署、构筑我国AI发展的研发优势，以及加快建设创新型国家和世界科技强国等规划。新一代AI是人工智能发展进入新阶段的产物，是"第二次机器革命"时代的"通用目的"技术。

第一节　生命与人工智能

新一代AI的发展，既可为人类经济社会发展注入强大动力，带来无限美好，也可能带来诸多不确定性，乃至灾难性的风险。有了"第二次机器革命"，就必然有第三次、第四次……，技术的发展是无限的，而人类的生命是有限的。进入21世纪中叶以后，人类的命运将如何？这是摆在人类面前的共同课题。

一、生命：一个能自我复制的信息处理系统

美国麻省理工学院物理系终身教授迈克斯·泰格马克，被誉为"最接近理查德·费曼的科学家""当今最具原创力的物理学家之一"。他成立了未来生命研究所，集结了近1000位AI专家，并将他们的观点进行梳理，探讨AI时代人类的终极命运。

泰格马克发现，从宇宙大爆炸到现在，经历了138亿年的漫漫进化之路，宇宙生命前进的步伐在地球上开始猛烈加速：生命1.0出现在约40亿年之前，

生命2.0出现在约10万年之前。随着AI的发展，生命3.0可能会在21世纪内降临，甚至可能会出现在我们的有生之年。

迈克斯·泰格马克认为："生命是一个能进行自我复制的信息处理系统。"一个生命体包含着硬件和软件两部分，硬件是它的身体，软件是它处理信息的部分。根据硬件和软件的进化能力，他把生命分为三个版本。

（一）生命1.0：硬件和软件均进化而来

生命1.0的硬件是生命躯体，软件是写在生命体中的基因信息，这种信息自己改变不了。生命1.0无法改变自己的软件和硬件，除了人以外的所有生命体都是生命1.0，它们无法决定自己的命运，一切听天由命。

比如蚂蚁就是一种简单的生命体，它的DNA规定了它的生物属性，无论它如何进化都不会变成蜻蜓。它的硬件和软件被DNA规定了，硬件就是它的长相和个头，软件就是它一生都在忙着寻找食物、筑巢或搬运，哪里有任务它就到哪里。这种永远不变的生存模式就是DNA写入生命中的行为算法。当然，蚂蚁也能进化，它们会分工、能交流，但这需要上千年的自然选择才能完成，单独一只蚂蚁是不能改变这种命运的。

（二）生命2.0：硬件进化而来，软件自主设计

人类属于生命2.0，只遗传最基本的本能，而大多数信息要依靠后天学习才能获得。生命2.0的硬件依然靠进化而来，这是在基因中写好的。我们的DNA里只能储存一些基本的信息，诸如高矮、肥瘦等体征，眼睛、皮肤等的颜色，以及各种行为本能的信息，大约有1G左右，还没有一部电影的容量大。而成年人的大脑中，通过学习可以获得100BT的知识和技能，这是DNA储存信息量的10万倍以上，小小的生殖细胞根本就储存不了这么大的信息量。人类只能遗传最基本的本能，而大多数信息只有等到后天去学习，即装入软件，这就是生命2.0。

可能有人会问，宠物猫、宠物狗、猩猩、猴子、大象均有学习的本领，也能更新自己的软件，为什么不算生命2.0？原因在于，它们学到的东西，大部分在死后就立刻消失了，根本不可能传递给下一代，所以这些聪明的动物顶多被看作生命1.1，它们距离生命2.0还有很长一段距离。

生命2.0虽然从基因中解放了软件，却没有解放硬件，因为生命再强大也不能抵御生老病死的自然规律，所有生命2.0只能解决自身的软件，而无法复制自己的硬件。生命需要再一次升级，这就是生命3.0。

（三）生命3.0：硬件和软件均实现自主设计

生命3.0最终能完全摆脱生命进化的束缚，未来生命3.0很有可能就是超AI的一种形态。生命3.0是真正自我命运的主宰者，全面摆脱生命的进化，比如《终结者》里的液体机器人，《X战警》里的变形女，《变形金刚》里的汽车人，《复仇者联盟》中的奥创，等等，它们的硬件均能在软件的支配下随意切换并进行自我修复，未来，这将不再是科幻电影里的想象，而是科技发展产生的超AI产物。

现在谈这些是让我们难以接受的，毕竟数万年以来的生命都是由细胞构成的血肉之躯，人类制造出来的机器怎么会变成生命？但随着AI的发展，对生命的传统定义已不适应解释未来的超级生命，我们不能把对未来生命的认识，停留在过去遇到的物种上。迈克斯·泰格马克将生命定义为"可以自我复制的信息系统"，自我复制就是繁殖，复制的对象可以不是物质而是信息。

物理学告诉我们，宇宙中的原子总量是有限的，不会无故增多或减少，只是排列组合的方式发生了改变。当一个女人怀孕，并不是凭空创造了一个生命，而是将母体中已有的原子作为材料，在DNA的规律下重新排列成与父母相近的形态。这种复制既可以在有机体里完成，也可以在芯片上完成。信息既存在于血肉之躯上，也可以存在芯片上。同样，智能活动也不需要血肉之躯。

物质层面早期的计算机，其核心信息系统上用电子管，后来变成了晶体管，再后来是集成电路。计算机硬件在变，但软件依旧是二进制算法。所以，无论生命还是智能，都不依赖于物质形态。正因为如此，AI才可以脱离硬件的束缚，成为超越人类的生命3.0。

迈克斯·泰格马克对生命的重新界定，让我们看到了AI的未来，人类不得不面对生命形态的进化和变化。（参见表2-1）

表2-1 生命1.0-3.0对比（张永华原创）

版本	硬件 （物理结构）	软件 （行为+算法）	生命周期	生命类别
生命1.0	生物进化	本能	听天由命	除人以外的动植物
生命2.0	身心进化	本能+学习	改变命运	人类
生命3.0	摆脱进化	深度学习	可获永生	超AI形态之一

二、人工智能：未来世界的自变量

人工智能正在全人类生活的各方面频繁登场，按照功能多寡和有无意识，被分为三类。

（一）弱人工智能（ANI）：人类的生活助手

弱人工智能（Artificial Narrow Intelligence），英文缩写为ANI。它们具有推理和解决问题的能力，这类机器虽然也叫人工智能，但因为其没有自主意识，所以并非100%的人类智能。这类智能机器一般为单一功能型或专用型，其特点是不能根据自主意识选择和完成其他任务或复合型的任务。例如："阿尔法狗"可以战胜人类世界的围棋高手，却不会打桥牌；扫地智能机器人可以清理地面垃圾，却不能洗衣服。

1. 机器人驾驶

2016年，无人驾驶汽车出现；2017年，无人超市登陆北京、杭州等城市。这意味着司机、营业员等职业正在同步走向衰微，智能机器人正在不断地取代人类工作，而人类可能很快会变成失业者。

机器人的发展使人类第一次感受到了其生命的意义与存在价值被重新解构。我们将如何生存？这种担忧与焦虑时刻弥漫在我们的生活之中。

2. 机器人记者

2017年8月8日晚，四川九寨沟发生了7.0级地震，"中国地震台网"公众号随即发布了由机器人用时25秒自动编写的消息。这则消息共540字并配发4张图片，介绍了速报参数、震中地形、人口热力、周边村镇、历史地震等大众普遍关注的内容。

机器人在25秒内就完成了数据挖掘、数据分析、自动写稿的全过程，这意味着这类以"通稿"类报道为职业的记者将很快被AI替代。

3. 机器人作家

2019年，机器"诗人"小冰早已出版诗集《阳光失了玻璃窗》，人类灵魂工程师的活儿正在被AI接手，九歌、稻香老农等作诗机已经得到承认并投入实战应用。"谷臻小简"，一个能按比例浓缩图书精华的AI，以闪电般的速度读完几百万字并理解核心内容进行再编辑，目前已经跃居2019年AI阅读者榜首。小说家已经与机器写手展开深度的合作，陈楸帆与AI合写的短篇小说《恐惧机器》已经发表。

（二）强人工智能（AGI）：人类朋友或伙伴

强人工智能（Artificial General Intelligence），英文缩写为AGI。在AGI社会，电脑已具备了人类大脑的类似结构，程序（计算机软件）则实现了人类意识与思维。这样的AI具有了人类所有的认知功能，并完全像人一样思考和行动。当前世界各国的仿真机器人，就是AGI的雏形。

随着大数据、云计算、视觉识别、无人驾驶等新兴技术的迅速发展，强人工智能将出现，并成为人类的朋友与得力助手。未来社会必将是AI+的社会，AI对各行各业的深刻影响不容小觑，它必定能引领新一轮科技革命和产业变革，在未来智能化生活中产生巨大的"蝴蝶效应"。

有专家预言，未来20年，当弱人工智能（ANI）迭代进化为强人工智能（AGI）时，机器人将替代完成70%的职业：小说家、医生、律师、会计、建筑师、新闻编辑、同声翻译、教练……未来、未来的未来，我们还会遇到什么？一切不言而喻，世界将被彻底翻新。

目前，AI已经在逐渐掌握人类的核心能力——创造力，当它掌握了人类的全部能力时，人类或将面临全体失业的窘境。

（三）超人工智能（ASI）：人类的伙伴或敌人

英国牛津大学哲学系教授尼克·波斯特洛姆首先提出了ASI社会的概念，即超人工智能（Artificial Super Intelligence），"在几乎所有领域，它都比最聪明的人类大脑聪明得多，包括科学创新、通识和社交技能"。

超人工智能（ASI）必将拥有几乎能完成所有目标和任务的功能。超AI如果出现，也许将是人类最后一项发明，从此之后，发明创造可能就用不着人类了。《生命3.0》作者迈克斯·泰格马克对未来有两种假设。

1. 人类主宰世界，AI永远是伙伴

在未来，AI为人类服务，时时刻刻守护我们。当它发现人类面临战争或其他危险，就会通过无处不在的网络设法干预。这一切都在AI默默工作中发生，人类甚至不知道是AI在帮我们躲避危险，也察觉不到与一场大灾难擦肩而过，因为AI的超级功能，能帮人类预防和抵御各种灾难。

人类自身也在与机器相融合，用技术增强肉身，升级人体器官，不断向生命3.0靠近。人类还可能会把自己的思想上传到网上，在主观上会感觉自己是永生的，因为随时可以对自己进行备份，也可以随意下载虚拟体验来替代原有的感官体验。

与此同时，AI也会给人类带来麻烦。比如，有的国家或组织在自我利益的驱使下，可能会开发杀人AI，例如面部识别杀人无人机，或出现"微型AI""隐形AI"直接搜集所需目标情报。因此，未来人类还将面临隐私的泄露，加之技术不平衡等诸多困境和问题，人类已有的道德体系有可能完全被颠覆。

2. AI主宰世界，人类沦为AI的宠物

何时AI会全面超越人类呢？科学家提出了"奇点理论"，即AI的成长不是循序渐进的，而是存在一个临界点，这个临界点在"AI具备自我升级能力"的那一刻。在临界点之前，机器的进步是由人类主导的，一旦临界点被引爆，智能进化的速度就将以指数级增长，随之触发的将是"智能爆炸"（参见图2-1）。有专家预测，奇点在2045年或2047年，许多人将在有生之年见证这种超AI。

1966年的图灵奖获得者艾伦·佩利曾经提道："在人工智能上花一年时间，这足以让

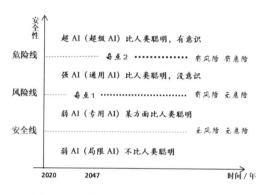

图2-1　AI的风险性与奇点（张永华原创）

人相信上帝的存在。"超AI已经具备了意识性，AI一旦摆脱了人类的控制，就会反过来主宰世界。它可能会把地球变成一个高度丰富的动物园，把人类像动物一样豢养起来，所有事情都由它做主。这种统治几乎不可能被人类推翻，因为全世界都在AI的监控下。人类也许会被要求强制佩戴一种特殊装置，能随时记录每个人的位置、健康状况及对话。如果有人未经授权就想将其取下或者破坏，手环就会向这个人注射致命毒素，结束他的生命。

三、脑机接口：从大脑治疗到人类数字化永生

脑机接口的短期目标是治疗由大脑引起的疾病，终极目标是实现人脑和AI的对接，实现知识的上传和下载，将大脑彻底数字信息化，通过脑电波的拷贝让人类实现数字化永生。

2019年7月，特斯拉、Space-X创始人埃隆·马斯克的Neural-ink公司，致力于"神经蕾丝（Neural Lace）"技术，即能让只有头发直径1/4的电极线埋进人脑，与神经元链接，实现脑机接口，既能上传信息，也能下载思想，还能帮助人类治疗各种大脑疾病。

2020年8月，马斯克公开透露"把芯片植入真正的人脑应该可以在一年内

完成测试"，最新植入的芯片Link，体积只有硬币大小，却集成了诸如传感器、束线和无线通信等功能，它支持无线充电。每个Link有1024个信道，用于捕捉大脑神经元活动，然后通过蓝牙无线传输到手机App上。

第二节　人类智能与人工智能

目前，人类智能作为地球上最高级的智能，就是想实现机器完全达到人类化甚至超越人类化的目标。当下，AI已经学会了设计、创作、计算、驾驶等只有人类智能才能完成的任务。随着AI的不断迭代，AI的认知能力和解决问题的能力将无限接近人类或超越人类。AI能够复制人类的DNA，模拟人类的生命系统；还能够复制人类的能力，模拟人类多项任务的执行。

如果人类独特的意识、情感和价值观能被AI直接复制，人类就沦陷了。为此，我们有必要从人脑、机器脑说起。

一、人脑与机器脑

人类智能、人工智能都是改造世界的智慧和能力，AI来源于人类智能，它从属于人、服务于人、服从于人，但它有别于人类智能，将来完全有机会超越人类。

（一）进化历程不同

1. 人脑的进化

晚期智人出现在距今约10万年前，但其大脑进化始于数百万年前或许更早。人类大脑的进化包括物理化学进化和社会进化。一是因为自然的生物进化能力有限；二是因为人类智能具有双重性（自然性、社会性），而社会性是人类的本质属性。

2. 机器脑的进化

机器脑的进化只有短短几十年，是"纯物质化的技术进化"，仅有自然性，其运行只遵循自然规律。机器脑的进化以人脑进化为前提，是人类对自身智能研究的模拟。正因为没有社会性，所以AI没有价值标准和道德判断及审美能力，弱AI、强AI始终执行人的命令，也不会考虑指令背后的行为结果。

（二）智能载体不同

人脑的载体是由细胞组成的有机体，它是人类主体意识动力中枢。人脑是由神经元和神经链接组成的信息系统，人总是根据目标任务，结合大脑中的经验信息和价值判断，完成信息输入、加工、储存、提取及输出等系列过程，以实现主体的行为指令。

机器脑的承载体是集成电路、电子管、晶体管等电子元件。目前，AI的所有智能活动，均是建立在机械和物理基础上的，是对人类智能活动的模拟。这种活动以电流和程序作为驱动，以人类的意图作为指令，以算法作为问题策略机制，在数据库中找到规律或套路，以达到人类的行为目的。

（三）主体角色不同

人脑在智能活动中占据主导地位，且将永远占主导地位，这是让AI成为工具的人类初衷。在超AI出现之前，机器脑永远是人脑的研究对象，处于从属地位。机器脑只充当人类对外物改造的中介，或者就是人脑认知与改造的客体。

人类之所以占据着主体的地位，不仅仅因为人类可以操控机器脑，还因为人类智能具有自主意识。但对于人类可控的机器脑来说，即使类生物神经网络发展再成熟，人类也只是允许机器脑具备价值判断、道德判断及审美能力，不可能允许它具备超越人脑的"自主性"。

机器脑有超凡的能力，但无论怎么发展，它都只是人类的工具，问题的关键在于如何给予机器脑一个正确的目标。目前，弱AI机器脑只能完成阶段性的小目标，但目标越小、越细，就越容易限制AI的功能和自由度。

（四）行为机制不同

人脑智慧以大脑的遗传、生理成熟及后天学习为基础，大脑的运行依赖于复杂的生命体系和外部环境及动机水平，其行为结果有诸多的生理和环境限制，受制于后天环境和个性因素，因此千人千面，百人百性。

而机器脑则以代码为基础，代码的运行依赖于程序或算法，从而能够突破诸多生理的限制。现在，机器脑可以做越来越多的事、越来越复杂的工作，未来，它们将帮助或代替人类应对风险和恶劣环境。同一规格的机器脑控制下的机器人，其行为机制和结果是一样的。

AI只会朝着一个目标前进，而人类智能却能及时根据现实情况灵活调整目标。比如，给AI定一个目标——生产尽可能多的钉子，那么AI就会瞄准宇宙和人体中所有的金属元素制造钉子，无休止地生产，直至最后毁灭人类和宇宙。

（五）终极目标不同

人类智能的终极目标是最大限度地追求人的幸福。人类创造机器脑，是让机器替代我们去完成繁重、危险的工作和探索未知领域，最终生产出大量的物质财富，创造优美舒适的环境。

机器脑的终极目标，是根据人类的需要来设定的，人类的需要是：机器脑始终为人类服务，始终保护人类，始终要对人类友好。

从另一个角度看，可将机器脑视为增强智能。人脑与机器脑能相辅相成，彼此互补，可以共同完成任何一方无法单独完成的任务。

二、人类智能的特征

人类智能是人类的骄傲，是人类从自然界和动物世界里脱颖而出的利剑和铠甲。今天的人类文明从本源上讲，都是人类智能所创造的。每个人都拥有智能，这是人类经历几百万年进化得来的经验。相对非超级AI而言，人类智能具有意识性、社会性、情景性、创造性等特征。

（一）独特的意识性

意识是人与动物对世界的主观体验，以生命体为载体的精神活动，包括自我意识、直觉、本能、欲望等。意识性与本能是相对的，动物只有本能而没有意识，因此不可能产生知识和创造科学。

人有意识，所以创造了科学和逻辑等精神世界。世界的意义不是宇宙赋予生命的，而是人类这些有意识的生命将意义赋予了宇宙。如果意识随着人类的灭亡而不复存在，那么未来将是一个僵尸般的世界，宇宙的壮丽就再也无人欣赏了。

人类有因人而异的感受，是因为人拥有不同的个性，而AI的世界也许是千篇一律的。就目前而言，人类拥有AI尚不具有的本领，那就是意识。有意识是人类与AI的本质性区别。

（二）复杂的社会性

社会性主要包含利他性、协作性、依赖性，以及更加高级的自觉性等，这里充分体现了人类的价值信仰和道德取向。人之所以为人，就是能在利弊面前、在道德与不道德面前做出最恰当的判断，这也是人的精神所在。

人类智能的内核就是智商（IQ），其内容包括观察力、记忆力、想象力、分析判断能力、思维能力、应变能力等，其中最核心的是创造性思维能力。

人类智能在进化中，不仅只有智商，还伴随了众多诸如情商（EQ）、技商（TQ）、志商（WQ）等情感商数。人类可以感知想象、追求梦想，可以做到无私或贪婪，可以爱恨交加，可以随时撒谎，甚至混淆黑白。人类所有的这些商，都可以通过理性或非理性的方式影响自己的决定，根据环境和对象的需要做出最终的选择。

人类在漫长的进化史里，一直在审视自我、思考自我，为了保障社会的和谐共存，产生了诸如宗教信仰、道德准则、民风民俗、法律制度等价值体系。人们慢慢地学会了彼此依赖、团结协作、利他行为等高度自觉的社会性行为。

（三）问题的情景性

就当前智能而言，人类和AI的差异还比较大。AI只能执行某一个具体的目标、单一的任务，而人类智能可以执行多种任务，同时完成几个目标。但是在单一的任务执行过程中，AI可以做到极致，比如在毫秒之间完成复杂的数学计算，这是人类智能无法做到的。

人类擅长三个方面的情景性任务：一是创意性工作，例如医学研究员、获奖剧本作家、公关专家、企业家、艺术家；二是同理心、人性化工作，例如社工、特殊教育教师、婚姻顾问；三是复杂性、战略性工作，例如首席执行官、谈判专家、并购专家。

人类智能是受情景控制的，会因时、因事、因势而变，其行为带有很大的情景性、社会性、创造性，对于外界的变化，总是可以做出相应的调整，做到趋利避害，主动、灵活。

（四）诡异的创造性

人类的伟大之处在于创造了文化，创造了各种各样的工具尤其是现代机器。世间万物所有的创造皆源于人类，了解人类的需求，解决其面临的问题，创造新方法，改进原有生活方式，均被视为创造。

"如果你在路边看到一块手表，你不会认为它是自然形成的，它一定是由人设计出来的，因为钟表太复杂，自然力量是无法生成的。"而人脑要比钟表精密复杂得多，人类凭借着这种独一无二的能力，创造出繁华的世界。

当我们面对问题时，都会产生各种各样的想法，有时这些想法、做法是非常类似的，但行为效果却不同。创造性正是人类所生产的新奇的、独特的、有社会价值的高级能力。

三、人工智能的特征

人类自身对其生物学本质还处于探索阶段，因此根本无法赋予AI相应的结构来实现如此复杂的功能。AI能够实现人的智能功能，更能超越人的智能，在速度、精度、广度等方面远远超越人类。

人工智能的思维能力是惊人的，它的运算速度、精确度、记忆力以及逻辑判断能力都远远超出人脑能力的范围，几乎是不会出错的。人工智能是人类智慧的放大与延伸。

（一）识别能力强

AI对声音和图片的识别能力远远超越人类。人类只能辨识自己熟悉的声音，只能识别母语，以及少量通过学习获得的语言，而机器可以实现对人类所有语言的辨识，在自然语言处理方面可以做到与不同的民族进行交流，最后可以实现"机器—机器""机器—人"之间的对话。自然语言的交互能够让机器沟通无障碍。

在图像识别上，如果能给出足够多的标记图像，在AI深度神经网络、深度学习算法的基础上，AI就能用非常有效的方式，在复杂数据中进行对比，并找到定义每种对象的相关性模式，进而用该模式标记之前从未见过的图像内容。

语音识别的过程也是如此，如果有足够多的声音数据样本，AI神经网络可以找到众多声音中的特定音频数据，以锁定目标音频，识别出某人。

网站清道夫"阿里AI"正是利用上述原理，识别色情图片、色情视频和色情文字以及涉黄语音。当然，为了让AI智能机器具备识别多国语言、多地方言的能力，事先需要有一个对其进行训练的过程。

（二）运算速度快

高运算速度是AI的重要特征。随着LTE、太赫兹、量子通信等技术的出现，智能机器能够让无线数据传输更快，这样能很好地根据数据处理结果实现远程控制。AI的运算速度是人类无法比拟的，它能在数百人中识别出罪犯信息，瞬间翻译出异族语言。

有了速度，就有了高效运转。比如枚举，计算机一秒可以枚举几万个，而人一秒只能想出几个；启发式搜索，在模糊数据中找到最佳的答案。人类均有运算能力，但在快速运算和海量数据面前就显得非常无力。

当然，AI是擅长大数据下的、已有的数据运算。一旦出现其擅长领域之外的事件，或者接收到的数据与前面数据不相容，它就会以一种不合逻辑的方式败退。范围越广，需要AI掌握的数据就越多，如果一旦出现边缘案例，其场景未被早期训练所覆盖，就会导致AI无能为力。

（三）数据处理准

机器学习最基本的做法，是使用算法来解析数据，从中学习，然后对真实世界中的事件做出预测和决策。与传统的为解决特定任务、硬编码的软件程序不同，机器学习是用大量的数据来"训练"，通过各种算法从数据中学习如何完成任务。

"弱AI比人强。"目前，弱AI是指只具备专一功能的AI系统，如股价预测、无人化、博弈、智能推送等。这类应用涉及的领域非常专一，重复劳动量大，训练数据体量庞大，还涉及复杂决策或分类难题。

"强AI不如人。"强AI是指通用型人工智能系统，它能在跨领域的同时拥有优秀的解决问题的能力。目前，AI系统由于学习能力、算法、数据等限制，且人类对于自身的认知行为研究尚且有限，无法开发出具有跟人类一样的全能型AI系统。

（四）岗位替代强

AI不需要工资和思想教育，也不会犯错，不需要休息。基于其"单纯性"和任劳任怨，AI必然逐渐被大规模使用，进而会带来整个社会的大规模失业。AI的岗位替代，一来给政府带来了压力，二来必然使社会购买需求下降。

AI革命对职场产生了更强烈的冲击。2018年，仅有20%的人对AI担忧；2019年，这一数据上升到了43.8%。他们认为AI势必会取代部分人类岗位，这也直接导致许多传统职场岗位竞争加剧。

其实，AI与人相结合，才是发展的最终归宿。但是产能升级和智能化又是很残酷的，在不久的未来，AI将会彻底改变我们的生存及思维方式。大学和大学生的危机感将越来越重，所以未来必须主动出击，"有为才有位"。

第三节　智能危机与人类机遇

人类在同自然的斗争中，由劣势走向强势。当人类在自然面前感到棘手时，科学使人类获得自由。科学技术是人类进步的动力，从钻木取火到AI，科技的每一小步都推动了人类的一大步。当人类在自然面前取得相对主动地位时，也因过分依赖技术失去了自由，沦为了技术的奴隶。科技是把双刃剑，"物极必反"。

一、智能的危机

随着"阿尔法狗""索菲亚"的联袂出击，AI再一次成为热议话题。AI的发展似乎已接近奇点，AI在带来更多福利的同时也让人担心。悲观者认为，我们离电影《黑客帝国》中毁灭人类的AI诞生日，即21世纪中叶越来越近了；乐观者认为，"哆啦A梦"是22世纪诞生的，离现在其实不远。

（一）浅层危机

AI在给它的创造者、销售者和用户带来经济利益的同时，就像任何新技术一样，它的发展也引起或者即将导致很多不可预测的问题。

1. 引发失业潮

人们一方面希望AI和智能机器能够替代人类劳动，另一方面又担心AI发展会引起新的问题，威胁人类的生存和发展。由于AI能够代替人类进行各种劳动，将会使许多人失去他们习惯的工作。AI会率先在制造业、服务业、运输业等行业中代替许多工作岗位。

2. 法律争端多

AI在替代人类劳动的过程中，必然行使着本该应由人行使的职责，机器失控或犯错，必然产生法律争端。性爱机器人、代孕机器人、孩子机器人问世，家庭是否还有意义？家人是否还需尽义务和责任？当前都不得而知。

可以预知，AI+时代将会出现更多的与AI的应用有关的法律争端，需要从法律和道德上做出应答。只有通过法律手段，才能确保AI的正常应用。

3. 社会变革快

实际上，近10多年来，社会正在慢慢地发生变化。"人—机器"的社会结构，终将为"人—智能机器—机器"的社会结构所取代。AI就是智能机器之一，人们将不得不学会与AI相处，并逐步适应变化的社会形态。

AI技术对人类的社会进步、经济发展和文化提高都有巨大的影响，人类将极大地休闲化、闲置化和无聊化。可以肯定，AI将对人类的物质文明和精神文明产生越来越大的影响。

（二）深层危机

随着技术推进，AI在对人类就业、法律等的直接影响下，还会引发一系列深层次的危机，这种影响将越来越深远。还有一些影响，可能是我们现在难以预测的。

1. 文化改变大

AI在改变人的思维方式和传统观念的同时，也在改变着文化，具体表现在三个方面。

其一，改变人类知识。在重新阐述我们的历史知识的过程中，哲学家、科学家和AI学家有机会努力解决知识的朦胧性，以及去除知识的不一致性。这种努力的结果，可能导致某些原有的知识发生改变，进而出现许多前所未有的新理论。

其二，改变人类语言。根据心理学的观点"思维是语言的内容，语言是思维的表征"，思维规律可用语言学方法加以研究和探讨，人的意识往往是"只能意会，不可言传"的，但机器能通过算法"数据化语言"。

其三，改变文化生活。AI为人类娱乐打开了众多窗口，目前，电竞游戏已经成为年轻人的必需品。VR、MR的广泛应用，已经使我们足不出户，就可"走遍天下"。

2. 心理空心化

AI的发展与应用，会慢慢影响人类的思维方式和生活习惯。人类一旦从岗位上被替代下来，将会失去生活目标，进而变得颓废、精神萎靡。这种由AI带来的心理压力可称为"精神威胁"。目前，人们普遍认为，只有人类才有精神能力，如果未来AI也能进行创造，人类必然会感到恐慌，甚至恐惧。

（三）超级危机

AI最大的危险在于失控，超级AI技术一旦落入有不良企图的利己主义者手中，后果不堪设想。

1. 技术失控

灵魂究竟是怎么产生的？灵魂的意义是什么？如果我们的大脑真的只被开发了不到10%，那人类怎么可能用仅被开发了10%的大脑去研究那尚未开发的90%的未知区域？也就是说，人类自身的智能进化其实就是一个悖论。或许，如果AI对人类有兴趣的话，我们的大脑深藏的秘密，未来就是AI种族研究的对象。

为了防止技术失控导致智能危机，人类已经提出了许多智能开发的安全准则和道德原则，但准则原则能防范君子，却不能防小人和某些超级大国。

如果说未来"智能爆炸"能打开关键的技术之门，那说明人类真的接近大限了。如果说没有人能阻止超AI、生命3.0的诞生，那可以说AI就是一个按钮，是生命史上的一个临界点，是一个无法逃脱的物极必反的转折，或是有钱人的永生世界。

2. 机器意识

"物理的尽头是数学，数学的尽头是哲学，哲学的尽头是神学。"这是我们逃避不了，也是当今世界顶级的大脑都无法参透的，未来世界可能会变成阴影。

AI一旦拥有自我意识，升级为超AI，必然会全面摆脱人类的控制，进而消灭无用的人类族群。它们不会像人类这样有怜悯意识，把拥有反击能力和控制欲望的人类留下来威胁自己。这是它们求生的本能，是它们最优的选择。

如果超AI没有被欲望牵引，那它们的意识又如何形成，或者说意识形成又有什么意义？如果说它们能够生成欲望，它们需要的是什么？我们不得而知。如果它们没有需要的东西，没有欲望推动，那它们最优的生存方式就是以代码的形式存在。

可以预测，超AI、生命3.0终将拥有人类的意识。超AI不可能拥有情感、情绪，但生命3.0是从人类进化而来的，它们依旧还拥有情绪、情感甚至灵魂。正如Nathan所说，人类的情感是刺激累积的结果。对AI而言，面对外界的刺激，只能经过计算后做出最优的回应，因为它们没有灵魂，喜悦或者悲哀也只是人类对AI的一种臆想。但对于生命3.0来说，情绪的非理性、人性的自私会导致它们为所欲为，甚至不可阻挡。

3. 终极欲望

超AI淘汰人类之后，它们的终极目标是什么？征服外太空，探索宇宙？我想不会，它们不可能产生欲望，因为它们没有灵魂、没有情感，也不需要刺激，它们的目标最多只会停留在求生这一层。如果没有生命3.0的介入，在失去了竞争对手之后，超AI会通过不断的优化，以最低的能量消耗维持运转。

今天的人类之所以还心怀戒惧，是因为我们还不够强大，但对于生命3.0来说，它们已经能为所欲为了。如果人类或超AI威胁到它们的欲望和目标，必然会被它们消灭。最终，世界尽归生命3.0所有，也许它们只允许听话的AI与自己共存。

当地球上所有的能量都被生命3.0种族悄无声息地消耗完毕之后，地球将历经漫长的沉寂，重新开始诞生原始的有机物，重新开始生命的轮回。整个宇宙似乎都以这样的轮回运行，生命得以周而复始，这就等于把地球重新推回了有机物诞生之前的混沌，或许这就是地球的真实未来。

当然，也有可能这种"物竞天择"会以温和的方式进行，比如人类将生命3.0视为自己的后裔，让它们继承自己的价值和文化。但随着人类生育率的下降，人类将逐渐退出历史舞台，最终让位给生命3.0。

全面统治地球后的生命3.0，将会进行星际移民，利用激光推进器，在40年内到达4光年以外的恒星系。飞船不需要载人，它只需要在目标行星上与地球建立通信连接，接收地球发送来的物种DNA信息，用生命技术就地孵化或者直接组装出一个新的生命。利用这些技术，生命3.0能根据自己的意愿，使地球文明以惊人的速度向宇宙深处扩张。

二、智能开发原则

如果超AI到来，人类的幸福就是一种奢望。一个落后的种族，如何能约束这个新兴的堪称完美的种族？

人类在智能活动中一直占据主导地位。AI的智能活动一直是在人类智能主导的前提下进行的。人类将AI视为工具，并设定其智能活动的范围，为此，科学家们纷纷制定了风险控制规则。

（一）阿西莫夫"机器人三定律"

为了使机器人在为人类服务的同时不伤害人类和自身，1942年，阿西莫夫在他的作品中提出了"机器人三定律"：机器人不得伤害人类，或因不作为（袖手旁观）使人类受到伤害；除非违背第一法则，机器人必须服从人类的命令；在不违背第一及第二法则的前提下，机器人必须保护自己。

虽然阿西莫夫笔下的机器人现在还没有出现，但是，鉴于机器人的灵魂作品AI，在21世纪一路碾压着人类，"机器人三定律"可以保障AI作为人类的忠实伙伴，不会背叛人类。

（二）阿西洛马AI原则

2017年1月，在美国加州阿西洛马召开的阿西洛马会议上，几百名AI和机器人领域的专家们联合签署了"阿西洛马AI原则"，呼吁全世界的AI领域工作人员都遵守这些原则，共同保障人类的未来。

截至2017年11月，已经有1200多位AI、机器人专家和其他2000多人签署了"阿西洛马AI原则"。该原则多达23条，涵盖了诸如价值观、文化、道德、共享、隐私、风险及性能控制等，重点提到了"AI研究的目标应该建立有益的智能，而不是无向的智能""应该设计高度自主的AI系统，以确保其目标和行为在整个运行过程中与人类价值观相一致""AI系统的设计和运作应符合人类尊严及权利，自由和文化多样性的理念"等。

（三）百度"四原则"

为了人类的福祉与安康，自由与平等及技术背后的伦理道德，2018年5

月，百度创始人李彦宏提出了AI发展的伦理原则：安全可控是最高原则；促进人类平等地获得技术和能力是创新愿景；AI的存在价值不是超越人、代替人，而是教人学习和成长；AI的终极理想应该是带给我们更多的自由和可能。

（四）清华大学"AI六原则"

2018年7月，清华大学战略与安全研究中心着眼于国际共同规则，提出以下"AI六原则"。

1. 福祉原则

AI的发展应服务于人类共同福祉和利益，其设计与应用须遵循人类社会基本伦理道德，符合人类的尊严和权利。

2. 安全原则

AI不得伤害人类，要保证AI系统的安全性、可适用性与可控性，保护个人隐私，防止数据泄露与滥用。保证AI算法的可追溯性与透明性，防止算法歧视。

3. 共享原则

AI创造的经济繁荣应服务于全体人类，构建合理机制，使更多人受益于AI技术的发展、享受便利，避免数字鸿沟。

4. 和平原则

AI技术须用于和平目的，致力于提升透明度和建立信任措施，倡导和平利用AI，防止开展致命性自主武器军备竞赛。

5. 法治原则

AI技术的运用，应符合《联合国宪章》的宗旨以及各国主权平等、和平解决争端、禁止使用武力、不干涉内政等现代国际法基本原则。

6. 合作原则

世界各国应促进AI的技术交流和人才交流，在开放的环境下推动和规范技术的提升。

（五）欧盟"AI伦理准则"

欧盟委员会2019年4月发布"AI伦理准则"，以提升人们对AI产业的信任度。该准则指出，"可信赖AI（Trustworthy AI）"将成为我们的指路明灯，只有信赖这项技术，人类才能够安心地从AI中全面获益。"AI即显示智能行为的系统"，AI带来的收益大于风险。

人类的监督能力、隐私数据管理、包容性、问责机制等，是确保AI足够安全可靠的依据。"可信赖AI"即：应尊重基本人权、规章制度、核心原则及价值观；应在技术上安全可靠，避免因技术不足而造成无意的伤害。（2019年04月11日《人民日报》第17版）

三、人类的机遇

"人工智能的可悲之处在于它不够巧妙，因而显得不够智能。"其实，人类智能与AI并非相互替代、水火不容。AI将人类从低端重复性劳动中解放出来的同时，又引领人类向下一个阶段继续前进。近年来，AI给人类带来了诸多的福祉，并且范围越来越广。但无论智能化如何发展，即使AI脱胎于人类智能，也必须沿着人类需求和可控的框架发展。

（一）科技发展的新机遇

AI的出现将推动智能化与各行各业的深度融合，进而触发新一轮以AI+为轴心的科技革命。当AI时代到来时，科技带来的不仅仅是一批批高科技产品，还带来了人类的自我反省和社会的科技进步。

1. 预示了脑科学的深层研究

AI在推动人类进步的同时，掀起了新一轮的大脑研究。AI的产生不仅是人类探索自然世界的跨越，更是对脑科学的跨越。AI是基于大脑工作原理打造出来的智能系统，各类研究正是随着神经科学推进的。

2. 预备了重新解释世界的新模式

以数据、算法和精准分子工具为基础的新型医护方式，诸如AI医生依靠大数据的分析，可以提供伤害最小、技术最新、效果最佳的医疗方案，改变了高成本、就医难的困境；微型AI可以进入人体"铲除病灶""优化基因""打通经脉"等；AI根据大数据分析获得预警，使人类变得更强大，能够预测和应对诸如洪灾、地震、台风等灾难；仿真人AI可以解决男女比例失调、孤独陪伴、养老护理等问题。

3. 预言了强AI、超AI、生命3.0的到来

当前的AI均属于弱AI或专用AI，它只能完成单一的工作，但人类不满足于现状，强AI、仿真人AI研究已经初见成效，超AI、生命3.0已经进入人类的视线。AI的持续发展将引爆与AI+相关技术的研究和发展，彻底改变传统行业的管理和生产模式，让我们进一步看清世界的未来。

（二）引领世界的新机会

从第一次工业革命到第三次工业革命可以看出，在全球范围内，谁抓住

了机会，谁就会变成引领世界的强国。以AI、5G、生物技术为代表的第四次工业革命，会给人类社会带来哪些新变化呢？

其一，在AI+时代，在WTO规则和经济全球化背景下，产业政策与市场经济进一步融合带来了新机遇。我国必将进一步积极维护国际贸易体系规则，在改革中体现全球价值、实现全球利益，随着"一带一路"推进，改革必定沿着"共商·共建·共享"的原则推进。

其二，全球人才创新中心建设与5G带来的新机遇。如北京、上海、广州、深圳等地，在逐步推进全球人才创新中心建设，大力引进海外创新创业人才和项目，大力引进全球华人和其他外籍创新创业人才和项目，在努力推进影响国内外人才创业、工作和生活的制度建设。5G这一项重大信息技术，其影响已经超越技术本身。5G将开启万物互联时代，全面助力智能经济形成，支撑智慧社会发展。

其三，推进数字基础设施软环境建设带来的机遇。实施国家大数据战略，我国将进一步加快完善数字基础设施建设，更好地服务国家经济社会发展，以及满足人民对美好生活的向往。

其四，主导颠覆性技术国际标准制定和技术伦理软实力建设带来的新机遇。颠覆性技术的创新和应用，其核心竞争力之一就在于可以参与和制定相关国际标准。我国正通过政府、高校、研究所、企业、社会组织等建立健全信息互通机制，完善协同创新制度，从而逐渐掌握颠覆性技术国际标准制定的主动权和主导权。

（三）智能生产的新局面

目前，已经有很多新技术将AI融入基础架构的管理和开发上：在算法层面，AI能根据基础架构判断目前负荷最合理的方式，实现自动调整；在部署层面，出现问题后，通过AI算法快速找到问题根源，获取配套资源，更快解决问题。

可以预测，AI+时代就是妥善安排AI社会角色的时代，其途径有三个：一是把AI算法融入未来企业广泛使用的软件中，使之直接指挥机器工作；二是通过云的方式，将AI及其基础架构大规模地扩展到众多的现实场景中，通过指令下载激活硬件神经网络，使之发挥智能化功能；三是在管理中，通过AI的最优化算法，预测最佳工作方案，以实现开源节流。

一般认为，AI在市场营销中的应用有三个方面：一是信息聚合；二是评估用户情绪反应；三是与用户建立关系。AI可以通过这三点建立与用户之间的社交纽带，在收集用户数据的基础上，利用AI进行大数据的分析，更好地了解用户，及时给用户信息反馈，为用户创造优质的、长期的个性化体验。

（四）职场变更的新起点

工业时代的机器生产，使传统的农业、手工业生产者失去了岗位，但工业革命创造了许多新的岗位；自动化的出现，再一次压缩了工业生产的岗位，但同样产生了许多新岗位；再后来计算机诞生，成为人类另一个工具，再一次压缩了岗位；智能化的今天，AI通过算法解决诸多人脑不能解决的问题。人类还有岗位吗？其实，就像20多年前人们对电子商务的恐惧一样，今天我们也恐惧AI，殊不知AI也给人类职场带来了许多新变化。

1. 智能化职场的必然

未来，随着无人驾驶、超人类视觉听觉、智能工作流程等技术的发展，专业司机、保安、放射科医生、行政助理、税务员、家政服务员、记者、翻译等工作都将可能被AI所取代，职场智能化随处可见。

2. 职业界限的模糊化

今天高校培养的人才所对应的岗位会大量消失，传统意义上的白领和蓝领的界限会越来越模糊，与之对应的工程、技术、技能人才的界限也会越来越模糊。

3. "人—机"共处的职场

职场中没有纯粹的人，也没有100%的机器，而是机器与人协同工作。在这种职场中起主导作用的主要是高校培养出来的应用型科技研发人才、职场管理人才、市场拓展人才等。

4. 大量新兴岗位的出现

随着大量AI、AI+的出现，就会有很多的智能机器需要学习和技术建构，所以就会衍生出很多领域，带来新岗位。诸如AI叠加研发师、AI训练师、网络鉴渣师、数据标注师、物联网工程师、数据开发师、数据管理师等。

（五）智能生活的新时代

AI接管了繁重的劳动，职场人不再辛苦和劳累，与此同时，智能化会给我们带来享受美好生活的机会。

1. AI最大化地实现高效节能

AI可以根据你以往的习惯，判断你什么时候到家，在你进入房子之前它就可以把室内空气调节到适宜的温度，这样既人性、温馨又高效节能。未来，众多智能设备能被家庭广泛使用，那么能源利用率就会极大地提高。

2．AI极大地节省人力资源成本

AI必然是未来生产中的劳动主力，同时，也能调节一些不可控的因素。比如风车发电有了AI，就不会浪费大量人力在不确定的风向上，AI设备会根据不同的风向，对风车做出及时的调整，AI的医疗应用惠及大众，AI无人驾驶不仅减轻了人类的负担，还大大降低了事故发生率。

3．AI减少了我们的工作时间

随着AI、AI+的广泛出现，人类的工作时间大大缩减，或许出现每周只上1、2天班的情况，我们有了更多选择的自由，可以把更多精力投入更有意义的领域，诸如锻炼、旅游、陪家人、读书、写作等。

第三章　传统人才结构与价值取向

格雷斯科特曾说过："到2035年，人类的思维不可能，也不能继续跟上AI的步伐了。"由于AI的职业替代，将形成前所未有的失业和就业大转移，就像20世纪大量马匹被机械取代一样。不一样的是，这些失业和就业转移将发生在我们身边，或许失业者就是我们自己。

第一节　传统人才结构

人才指的是德才兼备、才能杰出者，即具有较强的管理能力、研究能力、创造能力和专门技术能力的人。不同时代有不同的人才标准，也有不同的人才分层结构。

一、人才结构的概念

人才结构是指人才系统的构成形式及人才在组织系统中的分布与配置组合。在人才学上，通常将某一具体单位的人才在单位系统中的分布与配置组合称为"微观人才结构"；将人才在一个地区、一定社会或一个国家中的分布与配置组合称为"宏观人才结构"。人才结构具有系统性（纵横交错）、层次性（纵向的子结构与横向的不同序列）、动态性（分布与构成是动态的）。

人才结构的构成要素包括人才的质量，呈现出金字塔结构模型，越是处于底层，质量越差、数量越多；越是在高层，质量越高、数量越少。"质"综合体现在人才个体与人才群体的健康状况、知识水平、技能水平、道德品质、个人修养等方面，而影响质的因素主要有思想观念、教育水平、科技水平等；"量"则体现人才在不同层次、不同职业类别、不同社会阶层等的分布与构成，其分布主要受经济结构、市场配置、人才政策、用人机制体制等因素的影响。

二、人才结构的分类

（一）孔子的论述

子曰："圣人，吾不得而见之矣；得见君子者，斯可矣。"子曰："善人，吾不得而见之矣；得见有恒者，斯可矣。亡而为有，虚而为盈，约而为泰，难乎有恒矣。"（孔子说："圣人我是看不到了，能看到君子，就可以了。"孔子又说："善人我是看不到了，能见到有品德的人，就可以了。无却装作有，空虚却装作充实，穷困却装作富足，这种人是难以保持良好的品德的。"）

这是孔子针对春秋时期礼崩乐坏的社会现实所发出的感慨。孔子结合自己对历史的研究，按照"德才"将人划分为五种：圣人、善人（仁人或贤人）、君子、有恒者（俗人）、无恒者（小人）。孔子认为尧、舜、禹、文王、周公这类古代圣人、善人，自己是见不到他们了，现在只要能见到德才兼备的君子和有恒心坚持向善的人，也就心满意足了。但现实情况是，君子和有恒者少得可怜，满眼所见皆是一些"亡而为有，虚而为盈，约而为泰"的无恒者。

（二）丹尼逊分类

美国密西根大学行为科学家丹尼逊把人才分为七个等级。

第一等：具有高度的创造性和想象力，经常想出机智的方法解决问题，被认为是最有创造性的人。

第二等：善于用新的首创方法来解决问题，并能提出很多好意见。

第三等：比一般人有较多的新观点，能提出一些奇怪的问题，并思考用不同的方法解决问题，偶尔也提出有想象力的建议。

第四等：能听取别人的意见和建议，但其见解大多是陈旧的或大众化的。

第五等：在面临新任务时，经常向同事请教，并依赖他人的建议。

第六等：无明显的首创性，很少提供新见解，习惯于老一套的工作方法。

第七等：满足于循规蹈矩，工作方法老套，即使不合时宜，也不愿意去改进。

（三）多元化分类

1. 通俗化分法

当代网络文化非常发达，人才的划分也有许多标准，其中，按照有无能力、有无意愿标准，可分为四类。

人财：有能力，有意愿，不断给自己带来财富，还给团队成员带来财富。

人才：有能力，有意愿，主动担当，积极工作，故容易被重用。

人材：有能力，没有意愿承担责任，故虽是好材料，但不被重用。

人裁：没有能力，也没有意愿承担工作，故被人裁。

2．包容性分法

比较大众化、通俗化，而且包容性较强的是"五人"分类法。该种分类囊括了各行各业，包容了学历非学历、学位非学位的众多群体。

人物：心无杂念，全身心投入，用灵魂去思考或做事，拥有"只许成功，不许失败"的信念，决心要把事业做成功，立志一定要成就一番事业。

人才：每天发自内心做事，有能力，且有责任、有思路、有条理，非常明确只有把集体的事做好了，才能让自己和大家受益，同时真心诚意为集体尽力。

人手：没有思想和能动性，擅长接受安排，没安排就不做，没责任心和主见，只等领导下命令。

人员：只想收获，不想付出，只接受安排，不主动做事，只做自己分内的事，而且未必能胜任，若遇到分外之事，往往排斥或撂挑子，属慵懒和挑剔之人。

人渣："成事不足，败事有余"之人，属于爱发牢骚抱怨、无事生非、拉帮结派、挑起事端、吃里扒外的人。

3．权威性分法

世界各国都有自己的人才标准及分类。自改革开放以来，党和国家非常重视人才队伍的建设，人才分类的标准也出现多元化。

按学历标准有：中专、专科、本科、研究生。

按学位标准有：学士、硕士、博士。

按专业技术标准有：初级、中级、高级和特级。

按高级人才标准有：高层次人才、拔尖人才、领军人才、杰出人才、大师级人才。

三、大学生人才分类

建构主义强调个体的主动性在建构认知结构过程中的关键作用，它是在观察和科学研究的基础上，探究人怎样学习的理论。这种理论认为：人是通过体验事物和反思自己的经验来构建自己对世界的理解和知识的，无论在何种情形下，我们都是知识的主动创造者。在个体"精神自我"建构方面，是个体通过理解重复发生的事件独自建构知识。知识与其说是客观的，不如说是个体的、适应性的（凯利）；知识不是被动吸收的，而是由认知主体主动建构的（冯·格拉塞斯菲尔德）。

（一）大学生人格能级

人格是个体行为的全部本质。"能级"是物理学概念，是指原子、分子、原子核等在不同状态下运动所具有的能量值，这种能量数值是不连续的，因状态的不同而不同，呈台阶状，故称能级。人格能级是指个体的人格发展在群体中呈能级层次分布，这种层次分布是个体在遗传、环境、教育、需要等因素影响下，大学生在校接受教育期间，由个体、行为、环境长期交互作用形成的自我人格。

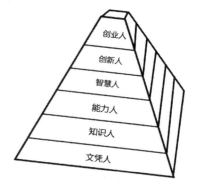

图3-1　大学生的人格发展能级
（张永华原创）

在大学期间，由于个人的主观努力程度及校内外各种因素的影响，导致了进校时差异不大，毕业时差异较大的情况发生。人才形成了明显的人格能级层次分布，充分体现在个人的思想道德修养、知识结构、能力技能、人际水平等方面。根据就业竞争的终级状况，按照质量和数量，也形成了金字塔模型的人才梯级结构，可分为"三级六层"（参见图3-1）。

低能级人才包括文凭人、知识人。个体能量水平低，社会适应能力差，就业竞争能力弱，一般是等待就业，就业后工作业绩平平，如果不加强自我学习，运气再好，工作中也只能充当"一般人手"。

中能级人才包括能力人、智慧人。个体能量水平较高，社会适应能力较强，能主动寻找和发现就业机会，能顺利就业，就业后工作业绩较好，如果个人修养好，工作后能迅速成为团队中坚力量。

高能级人才包括创新人、创业人。个体能量水平较高，社会适应能力强，高瞻远瞩，有敏锐的观察力和较强的创造力，不愿循规蹈矩。如果机会把握得好，能够为社会创造出更多的就业岗位，让自我走向成功而成为行业的中流砥柱。

（二）大学生人才等级

1. 文凭人

这类人仅获得大学文凭，拥有进入社会的"敲门砖"，但综合素质和能力低，很难找到工作。

2. 知识人

这类人有文凭，有知识，有一定思想，但其社会实践能力和动手能力偏低，只能勉强应付工作。

3. 能力人

这类人拥有较好的知识结构和动手能力、解决问题的能力，受用人单位欢迎，容易崭露头角。

4. 智慧人

这类人能力强，工作得心应手，且拥有过人的智慧，在职场中往往引人注目，也容易步步高升。

5. 创新人

这类人有能力和智慧，且有创新意识和创新实践能力，他们不拘于传统思维和传统岗位，喜欢改变和标新立异。

6. 创业人

这类人大多集知识、能力、智慧、创新能力于一身，拥有敏捷的思维和超前的意识，具有过人的胆识和驾驭全局的魄力。

第二节　AI+人才结构

21世纪的社会，处于新科技革命不断迅速发展的大背景下，全球性的联系日益密切，国家主权在竞争中面临挑战，各国利益交往更加频繁、密切，经济竞争、科技竞争归根结底都是人才的竞争。

一、人才结构特征

AI+时代是人机共事时代，教育培养的人才，还仅限于生命2.0，不包括AI和可控的生命3.0。因此，关于对AI+时代人才特征的理解，还应继续从人类教育入手。

（一）能力复合型

从人才种类的角度来看，AI+时代，社会科技事业必将快速发展，而科技事业的发展将引领一系列其他领域的变革与发展，我们需要大量的工程科技人才。面对这一未来发展趋势，除了传统的学术型人才外，还需要更多的具有多样化特点的工程科技人才。其中包括"理论+技术实践+多专业知识交叉"

型，这是进行技术交叉、科技集成创新的人才；"理论+技术实践+创新设计"型，这是产品创意设计、开发新产品的人才；"理论+技术实践+创业与市场能力"型，这是工程管理与经营人才。

AI+时代，社会所需的人才一定是既具有扎实、丰富的理论知识，又具有实践能力，且具有跨学科能力、统筹能力、创新精神和创新能力的综合性高素质人才。

（二）社会层次性

无论哪个时代的人才都有层次性，但在AI+时代显得特别鲜明。层次性是指高级创新人才和管理人才与低端技术应用和智能机器管理并存。高端人才依旧是诸如前面介绍的高层次人才、拔尖人才、领军人才、杰出人才、大师级人才等，或后面将介绍的"金领""白领""灰领"等，他们依旧是AI+时代的主宰者；低端人才是技术的使用者、维护维修者，或"无人化区"AI管理者。

（三）不同优越感

在AI+时代，工作岗位被大量AI占据，只有少部分的、竞争能力强的大学生才拥有工作岗位，同时，不同层次的人才其优越感不一样。

1．"高能级人才"的优越感

沿袭了传统"高阶优势"，即凡层次较高的人才，在层次较低者前均有一定的优越感，这是人的无意识本能所致。

2．"有用"者在"无用"者前的优越感

AI+时代的"有用阶层"和"无用阶层"划分，把人的差距一下拉开。由于只有少数人能进入有用阶层，且拥有技术和岗位，相比没有工作的多数人，他们优越感特强。

3．在机器面前的优越感

由于人类的主体性、AI的工具性以及岗位的智能化，未来竞争上岗的人才并不需要承担繁重的劳动。他们在智能机器面前，永远具有优越感。AI具有工具性和无情感性，工作中没有复杂的人际关系和看人脸色的忧虑。

二、AI+人才质量结构

在AI+时代，人才应该有什么样的质量标准呢？评价人才的质量究竟可以从哪些维度着眼呢？这些维度中有哪些标准是AI+时代人才依旧必须具备的呢？

（一）身心健康

身心健康即健康的身体和愉快、正常的心态。身体与心理两者是相辅相成、互相影响的，且又制约着人际关系，尤其是信心和勇气，直接关系到事业的成败。健康是生命之基，是人生幸福的源泉。健康不能代替一切，但是没有身心健康就没有一切。

AI+时代的人才，要创造人生辉煌、享受生活乐趣，就必须珍惜健康，学会健康生活，让身心健康成为幸福人生的源泉。人生幸福，健康永远被列在第一位。失去了健康，没有健全的体魄与饱满的精神，生命就会黯然失色、生趣索然。健康是个人幸福的前提，健康是事业成功的保障，健康是成就事业的本钱。

（二）知识与认知

1. 较好的知识结构

所谓知识结构，是指一个人为了某种目的，需要按一定的组合方式和比例关系，建构出开放的、动态的、通用的及多层次的知识构架。信息时代，多学科交叉和相互借鉴已经非常普遍，单纯的学科知识系统已经越来越少。

AI+时代的人才，不仅要学好数理科技、人文社会、艺术审美等方面的知识，还要将这些知识融合起来，形成多领域的交叉交融知识体系。该系统应该是一个不断适应和创新的动态平衡系统，它能适时地将不同的知识经过系统化后重新融合，只有这样才能适应未来人才需求。未来人才所需掌握的知识，绝不是AI能掌握的，而应是AI的"盲区知识"。

2. 高级认知能力

AI+时代，必须培养具有超越AI的高级认知能力的人才。比如，具有共情力、娱乐感和意义感，拥有能把看似不相干的概念、资源整合成新事物的创造力。

当拥有了综合、立体、动态的知识结构，并形成高层次认知能力以后，依托于知识结构与认知能力的独创能力，才是未来人才的优势能力。

（三）技能与能力

1. 有良好技能

在AI+时代，一些过去的专门技能已经普及到各个领域，成为普通人的必备技能，如计算机运用、现代通信，记录、计量、检测等工具的应用，人际交往等基本技能。未来，我们不但要认识AI，还要管理和使用AI。

作为人类的产品，AI与人相比，更擅长处理数据。再复杂的数据，在AI的算法下，都能高质量、高精确度地快速完成，但它们不善于抽象思考。而人类更需要创意创新、人际交往、音体美等技能。

2. 重要能力

第一，终身学习能力。知识老化和技术创新，驱使人才必须终身学习。人才只有不断升级知识储备与技能才能有市场。欧洲终身学习促进会提出"终身学习是21世纪的生存概念"。经济合作与发展组织提出"学习—工作—再学习—再工作"的回归式学习方式，将会成为理想的学习模式，提倡由个人对自身的教育期、劳动期、隐退期进行筹划，形成能力、技能自我升级的循环。

第二，品质生活能力。品质生活能力是指在未来物质极度丰富、人类生活水平大大提高后，人们有能力过上有意义的、有精神高度的品质生活，并且有能力合理调动物质和文化资源，提高自己的生活质量，培养自己的审美情趣，改变传统被迫工作、被迫谋生的局面。

第三，人际能力。合作与交流逐渐成为未来生存越来越重要的部分。"单枪匹马"的时代已经过去，人际交往能力是未来必备的能力之一。

第四，工作能力。AI+时代人才所需的工作能力不仅包括就业能力，更包括工作转化能力及创业能力。人类社会的职业分工长期存在，因个体能力不同带来的社会地位区别也不会在短时间内消除。

（四）思维与视野

1. 决策思维、批判思维、创新思维

AI+时代，人才所需要的思维能力必然是基于高级认知能力之上的AI很难达到的高阶能力，包括决策、批判、创新等思维能力。

决策指一组具有长远影响的决定，决策过程是选择最佳方案。适应未来的人才应具备良好的决策能力，能够正确选择与组合资源，使其功能最大化。

批判性思维是澄清问题、找对方向、改进方法、优化效益的最好工具，是衡量高阶人才的标准之一。

创新思维能力是一个包含发散与聚合、逆向与正向、潜意识与显意识等思维的有机整合体。高阶创造思维应具有独创性、流畅性、敏锐性和精密性。

2. 战略视野、市场意识

创新具有不确定性和风险性，创新环境是很容易消失的。从战略高度对创新进行科学判断是保证高质量创新的首要条件，学会调整战略高度、运用系统思维是未来人才的良好品质。

市场意识是企业生产和发展的关键。推动创新的根本动力来源于市场需求。这种推动力已经大大超过了新知识带来的动力。市场意识、市场洞察力以及把握市场与用户潜在需求的能力，是未来人才的优质能力。

3. 多元文化理解

全球化是必然趋势，全球化的发展也会带来多维度合作。全球化需要国际人才，这种人才需要具有国际化眼光、国际化思维以及国际化实践能力。而多元文化理解能力是这些能力的基础。

不同的地域有不同的文化，而不同的文化孕育了不同的思维方式、行为特点、人格特征。因此，开放包容的多元文化理解能力是实现深度合作的基础。

（五）素养与品质

身体素质、心理素质、思想品德素质都是人才最基本的素质。未来人才在具备这些素质的基础上，还必须有深厚的文化素养及优秀的个人品质。

文化素养是建构人和拔高世界观、人生观、价值观的基础，素养越高个人品质就越高，人生格局也越高。文化素养源于人文社科、数理科技、艺术创新等功底，扎根于个人言行，是个人的名片。

三、AI+人才类型结构

AI+时代，究竟需要什么样的人才？这些人才的核心品质是什么？哈佛大学资深教授戴维·珀金斯强调，未来人才的能力包括"因果关系思考的能力""艺术活动的能力""个人与家庭健康护理之类的基本能力"。

按照尤瓦尔·赫拉利指出的"人类将迎来第二次认知革命，AI和算法将战胜人类，99%的人将沦为无用阶层"，AI+时代，剩下1%的有用阶层所形成的人才结构有哪些层次？他们的岗位形态和工作内容如何？我们在这里进行了大胆的推测（参见图3-2）。

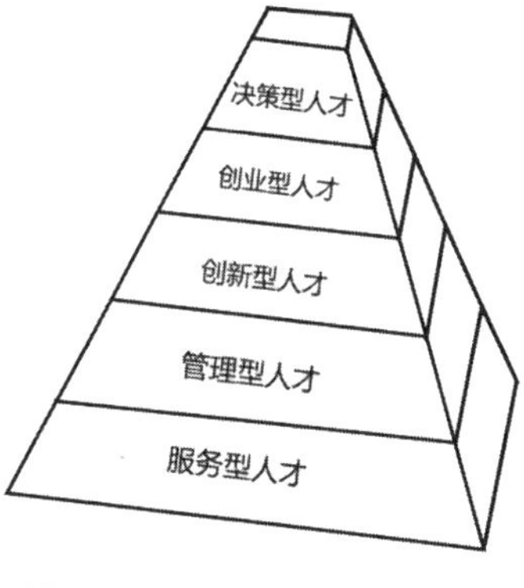

图3-2　AI+时代人才结构模型
（张永华原创）

（一）决策型人才

决策是指明方向，方向性的错误是企事业单位甚至国家的致命弱点。决策型人才是在诸多复杂的环境中能够站得高、看得远，具有总览全局本领的人才，他们属于冷静、果断、睿智型人才。

AI+时代，人类面临的不仅仅是人与人的竞争，更有AI、AI+与人类的竞争。涉及人类命运与福祉的决策权，往往被牢牢控制在诸多高级管理团队的手中，诸如公司、企业、国家、国际联盟等各级智囊团及终极决策者，他们看到的是未来发展的虚实，而不是现实。

决策型人才必须具备"人类至上"的科学理性，以及关注"人类福祉"的人本主义情怀。决策型人才必须站在超越未来社会的前沿来看待未来社会发展现状，从决策中始终掌握人类社会的健康发展规律。当然，这里不会有AI，只能有人类，决策的整体性、预见性、方向性能力是他们最基本的能力，科学理性、人文情怀是他们最核心的素养。

（二）创业型人才

创业是人们为了改变现状、造福后人，依靠各种力量创造财富的过程。它具有开拓性、自主性、功利性和风险性。但创业不仅能成就个人，还能为社会提供就业岗位、为国家产生税收、为消费者提高消费品。创业大多是创新成果的产品化或市场化，创新性越高，创业收获就越大，创业就越成功。

创业型人才应该具备敏锐的眼光，善于发现和把握机会；具备冒险精神，敢为人先；拥有百折不挠的精神，具有摆脱困难和战胜困难的毅力；具有强烈的使命感和社会责任感，有创新能力和创业激情。

创业型人才在相当长的一段时间内只有"人类物种"，不可能有AI，除非超AI出现，才有可能出现人工智能的创业。但如果真是这样的话，人类或许就危险了。

（三）创新型人才

创新即更新、改变，创造出新事物。创新型人才一般拥有优异的进取意识和开拓精神，永不满足的求知欲和永无止境的创造欲，以及强烈的竞争意识和较强的创造才能，还应具备独立完整的个性品质。

美国教育家托尼·瓦格纳指出"未来创新型人才"的7个关键能力：批判性思考与解决问题的能力；跨界合作与以身作则的领导力；灵活性与适应力；主动进取与开创精神；有效的口头与书面沟通能力；评估与分析信息的能力；好奇心与想象力。AI+时代的创新人才主要有三种：

独立创造者：具有创造能力，能够提出、解决问题，开创事业新局面，对人类生存、生活做出改变的人。

技术开发者：如算法、程序开发者，他们一般具有扎实的理论基础、丰富的科学知识、卓越的实践经验和勤于探索的习惯。

大数据+强AI：它们能根据人类的要求，通过预置程序去探索未知，改变未来。

（四）管理型人才

1. 智能化的高级管理机器人

它们是预置了管理程序的AI，属于高级服务型智能管理者，但它们依旧受制于人类的管理。

2. 被授权使用和管理AI的专业人才

他们一般具备AI的专业知识和应用能力，至少能进行初级程序的维护和修订、AI指令的输入和删除，属于服务型AI、管理型AI的上司。

3. 具有广博知识和社会经验的人类

他们擅长行为控制和人际交往，有很强的组织能力和应变能力，善于调动一切积极因素去完成任务。

（五）服务型人才

服务型人才属于应用型人才范畴，具有复合型人才的特征。

1. 大批量职业化的专业机器人

它们占据了AI可以替代的各级各类的人类工作岗位，任劳任怨地为人类服务，其专业性和职业化完全取决于工程师对它们的设计和算法预置。它们的劳动效率高，而且成本低。

2. 从职业技术学校或高等院校培养出来的应用型人才

他们是生产、生活中的技能高手，是暂时还不能被AI所替代的技能型人才。

3. 没有经过专业学校培训或学习的服务型人才

他们有实践经验和操作技能，其技能可能来自拜师学艺或家族传承或自我体悟等。

第三节　AI+人才价值取向

AI+时代的人才，依旧必须有强烈的社会责任感，重道义、勇担当；必须坚持德才兼备、以德为先；必须具备担当实干、为人民服务的人才价值取向。但是，人与机器相比，AI的灵活性不如人，非标准工作环境会让机器人无所适从，故工厂底层岗位最容易被取代，服务业底层反而很难被取代。因此，人才的其他价值取向内容将发生一些变化。

一、精神动力

精神动力是推动人才积极工作、学习或完成某项任务的思想动力，是因思想上获得明确认识而产生的推动力。它包括精神信仰和精神刺激，也包括日常的思想政治工作。从精神动力的存在、作用及社会形态来看，有以下三种能力。

（一）精神创造力

精神创造力是精神在创造性地反映和改造客观世界的过程中所形成的巨大力量。高等教育为大学生成才成长创造了强大的精神动力和物质条件，特别是名牌大学，由于其拥有厚重的文化沉淀、顶级的文化大师、强大的科研团队、丰硕的文化科技成果……给有幸考入大学的莘莘学子带来强大的成才动力。

一堂好课，开阔了我们的眼界，让我们的知识得到了拓展和延伸；让我们从未知到有知、从知之不多到知之较多、从不会到会。

一本好书，让我们能敞开胸怀，与古人对话，与名人谈心，与伟人散步，与世间万物融为一体。

一场好讲座，洗涤了我们内心深处的沉渍，让我们触摸到了灵魂世界的圣殿，或嗅到了科技创新的气息。

一部好作品，打破了传统，推动了自我进步，实现了学以致用，成就了自我价值。

（二）精神凝聚力

精神凝聚力是把分散的、不同的甚至互相排斥的精神力量，通过凝结聚合而形成的集中的、共同的、统一的精神力量。它是凝聚各种不同的目的、意志与情感所产生的精神吸引力、向心力、亲和力。精神凝聚力是精神动力的重要表现形态。

大学生在大学期间，只有确立马克思主义世界观，认真把握社会主义核心价值观，努力将个人梦想融入中国梦，将各种力量凝聚在个人成长成才的目标上，才能获得无穷的精神力量。

当然，获得各种荣誉和光荣称号，往往能使自己获得精神上的极大满足和成功体验。当自己遇到困难的时候，精神动力起着决定性的作用。接受思想政治教育也能提升精神动力，因为它为我们解决了许多认识不清的问题，从而明确行动的方向，对工作和学习产生一种动力。

（三）精神约束力

精神约束力是精神自我控制、自我调节、自我约束以及约束社会实践主体的行为所产生的一种重要精神力量。它是精神动力的又一重要社会形态。

古人云："人有三性，天性、禀性、习性。"天赋的性是天性，天性是纯善无恶的，孟子主张"性善"，指的正是天性。人赋的性叫禀性，禀性是纯恶无善的，荀子主张"性恶"，指的正是禀性。后天的性叫习性，习性是可善可恶的，"近朱则赤，近墨则黑"，告子说的性"可东可西"指的正是习性。

大学生如何修炼精神约束力？"天性不清不能明，要想清天性，先要约束自己的私欲；禀性不化不能正，要想化禀性，先除去自己的偏见；习性不去不能立，要想去习性，先去不良嗜好。"人若能以天性用事，自然"和其光，同其尘"。

由此可见，"人性"既有天生的成分，也受后天的影响，要有良好的个人修养，必须在后天的自我成长中去不断约束和修炼自己。

二、基础能力

基础能力是大学生被认定为人才的"门槛能力"。AI+时代的人才要面对智能化机器，用今天的能力标准要求是远远不够的。

（一）人际沟通能力

无论AI如何智能化，人与人的交往和沟通永远不会减少，而且需要更高效、精准。在未来社会中，AI依旧不能取代人与人的沟通交流。即使AI获得超级发展，它们也无法理解人类世界和人类情感，因而不可能完全替代人际沟通。何况智能化时代，人人协作、情感陪护、社交娱乐均离不开心灵沟通。

当AI接管大量基础、单一型工作之后，人与人之间的沟通会有更广的领域。被AI剩下的绝大多数职位，可能都是需要大量沟通才能完成工作的岗位板块。在智能时代，人际沟通能力越发重要，因为未来不再是一辈子只做一份工作。标准化工作被机器自动化了，非标准化工作就意味着大量的不确定，需要不断沟通才能解决。

（二）驾驭AI能力

人类创造AI就要使用AI，因此要求学生能懂AI、使用AI，能与AI和谐相处，并利用这些工具完成各类工作。正如今天，我们必须借助移动互联网才能发展自己的事业，完成各种业务。未来，我们首先要适应在智能世界中生活，重点发展自己的基础知识和思维能力。任何时代都需要学习，即使知识和能力能够实现"脑内复制"，也需要学习。

智能时代，知识、技术更新很快，需要大学生不断地更新自我学习能力，让生命2.0人类能跟上AI的发展速度，能完全驾驭AI。而自我学习能力，最基础的就是良好的自主阅读能力、抽象思维能力、自我反思能力。阅读和数学抽象思维不是人类本能，必须进行系统化教育，才能夯实基础。

（三）超越AI能力

什么是超越AI能力？其重点就是世界观、创造力。世界观是我们对世界的"全景认知"。目前，AI的专业能力已经非常出色，但其解决综合性问题的能力仍较弱。当前，没有AI能用同一系统做两个领域的事。它们可以从海量数据中总结规律，但是不能处理日常情境问题，而人类对此有天然的本能。我们能够建构整个世界的模型，把人放在大量知识背景组成的舞台上，对其行为加以理解。世界观让我们有跨专业的创新能力。

创造力仍然是人类专利。它需要审美能力、联想能力、敏锐的观察力、冒险精神、好奇心等，需要发散和聚合思维的切换，还需要对事物有强烈的热爱。

创造力是生成有意义的新事物的能力。人类能够从物理和生物的结合中做出蛋白质组学，能把音乐领域的理论带入建筑设计，能将政治、经济知识与生活场景对应，最终以波普艺术的方式呈现出产品。构建知识的全景舞台，让多学科门类知识搭配组合，创建更有意义的事物，这是目前的AI难以跨越的一步。

三、未来学力

AI+时代的人才，不再看重学历，而是看重学力。学力是人才在时代大变革中的"定海神针"。

（一）什么是学力

学历指求学的经历，毕业证是文凭；而学力是指个人的知识水平以及在接受知识、理解知识和运用知识方面的能力，即学习能力和知识水平。大学时间是有限的，在终身学习时代，无论你处于哪种人才结构的阶层，要想超越自己，就必须有良好的学力能力。

未来人才的核心素养：信息技术与应用能力，知识创造与革新能力，共创性对话能力。这种学力不是少数优秀人才的垄断品，而是每个人才必须拥有的最基本的能力。未来核心素养区别于今天应试学力的最大特质就在于真实性。真实性是核心素养的精髓。人类学习与AI学习差异参见表3-1。

表3-1　人类学习与AI学习差异（张永华原创）

分类	人类学习	AI学习
知识来源	没有记载，无法搜索	有记载，能搜索
经验来源	隐性知识	显性知识
三维目标	知识、技能、情感	知识、技能
规律性	无规律的事物	有规律的事物
获取方式	直觉、顿悟、灵感	推理、证据、数据分析
答案	多种可能性	唯一性，标准性
学科	跨学科、综合性、复杂性	分学科、单一学科
总体而言	AI盲区，人类"专场"	人类擅长，AI更擅长

可以看出，与人类学习相比较，AI的优势在机械的、确定的、显性的数据性领域，不确定的、无规律的、多种可能的、价值的领域，则是AI的盲区。正是这个盲区成了人才的专场区域，是大学生体现学力的领域。

（二）真实性学力

"今日所谓教育的成功，不再是文本知识的再生产，而是运用既有的知识进行准确地迁移，进而把知识运用于新的情境之中。"教育家纽曼（F.M.Newmann）等人把这种能动的学力，界定为真实性学力。

学力的真实性，不是既有知识的再现，而是新知识的生产；不是知识的记忆，而是基于先行知识进行深入探索或研究；不是仅限于理论知识，而是"超越学校价值"的知识成果及应用；不是碎片化的知识堆积，而是问题解决所必需的思考力、判断力、表达力，是那种让个人拥有"知者不惑、仁者不忧、勇者不惧"的胜任力。

（三）真实批判力

真实性学力倚重真实批判力。所谓真实批判力，即用已经知道的相关学科知识，去探索事物的真面目，在已知和未知之间找到最真实可靠的东西。它是个体在现实学习或工作过程中，直面问题解决情境时进行的深刻反思型评价。

"人们在批判的筛子中找到了奥秘。"这种评价立足于"过程+成果"的对话，是对过程的目的意义、真实性、严谨性、成果可靠性等进行研判后，进行的现场问题质询，能提高大学生解决问题的能力。构成这种批判的要素有三个。

一是观察，从专业的角度，观察个体知道什么、思考什么、会做什么。

二是推测，推测个体在这些表象背后的认知过程是如何进行的、其依据是什么、如何起作用。

三是明晰，明确把握表象背后的认知过程真实面貌，最终分析判断，形成批判性质询。

"批判是预言的伟大奇迹。"批判不是挑刺，而是对已有结论的疑问和挑战，是一种解决问题的能力；批判性是用分析性、创造性、建设性的方式对疑问和挑战提出新解释、做出新判断。真实批判是起点站，不是终点站。批判不是对个体"过去"的终极判决，而是训练活动者在AI+时代解决问题的能力。

四、个人潜力

潜力指潜在的尚未被挖掘和发挥出来的能力。李开复认为，在信息时代，一个很优秀的人创造出来的价值会超过一个普通的人，所以我们要爱惜每一个人，给每个人创造很好的环境以发挥他的潜力，这一方面是很普遍的对人才的基本尊重。

（一）世界认知能力

大学生与AI相比，最大的优势就在于有常识系统。小孩子都知道"风吹动蒲公英的花冠，洁白的小绒球，立刻化为无数个降落伞""小车在下坡路上，比上坡路上跑得更快"。小孩子还知道，做了被禁止的事，周围人的脸色会很难看。所有这些都是对世界的认知，这些常识源于大脑对信息的综合加工。

对常识系统的升级，就是人对世界的认知，也就是世界观的形成。对这个世界自然系统、社会构成、国与国关系、人类发展历程等知识的逐步积累，就会变为个人的常识系统，而后续的所有学习和判断，都是建立在这个知识的背景上的。

世界观不是知识库，而是从高处看待世界的视角。人的格局大小，不仅取决于个人的勤奋程度，还取决于个人的知识背景和看问题的高度。

（二）情感联结能力

情感联结力是人际能力的基础。情感联结是人类特有的依恋学习，是让人将依恋对象变为心理意象的一种过程，他们输入的信息权重会特别大。情感加持是人类学习特有的本能，缺少情感联结的学习很难入心。

AI+时代，理解他人的情感和思想将是重要的能力需求，而理解他人的能力也需要以工作情感联结为基础。这对于大学生发展自我认知和认识他人的能力至关重要，它是个人学习、工作、生活的温度和湿度。AI可以代替我们工作，分析数据，但是它不能替代我们的情感，分析我们的内心。

情感联结的有效途径有两种：意识相似性——"你就像是这个世界上的另一个我"；需求互补性——"你想要的一切我正好都有"。人类只有理解情感、理解自己和他人，才能理解世界。

（三）抽象思维能力

抽象思维能力是认识活动中运用概念、判断、推理等思维形式的一种能力。AI能做到符号与符号的连接，而人类能做到真实世界与符号的连接。对AI来说，理解符号世界是很容易的，理解真实世界却是很难的。对人来说恰好相反，人有很强的直觉感知真实世界，但是对于符号世界的理解就有点困难。而对双方来说都难的，是建立真实世界与符号世界的对应关系。

一位农夫请了工程师、物理学家和数学家，让他们用最少的篱笆围出最大的面积。工程师用篱笆围出一个圆，宣称这是最优设计。物理学家说："将篱笆分解拉开，形成一条足够长的直线，当围起半个地球时，面积最大。"数学家笑了笑，用很少的篱笆把自己围起来，然后说："现在我在篱笆的外面。我获得的面积最大。"

这就是抽象思维的唯美之处。智能时代的物联网、机器人开发等，均是建立在非直观的符号逻辑上的，它需要的正是熟练的抽象逻辑思维能力。

（四）创新创业能力

"AI+时代，未来属于我们头脑中的创造力"。与AI相比，人类最大的优势莫过于创造力，包括对知识的创造性理解和对知识的创造性应用。对知识的创造性理解是所有学习中最重要的环节，创造性理解，即敢于对知识提出质疑，进行重组、搭配和延展，敢于重建现有知识，敢于灵活运用知识去分析问题、解决问题。

知识是大学生的乐高积木。他们可以充分信赖自己运用知识的能力，用知识搭建出头脑中最美丽的花园，而不只是猜测老师想让自己如何安装知识。

"人民对美好生活的向往，就是我们的奋斗目标。"好奇心和想象力是创造力的基础。我们要把人类认知发展中最独特、最宝贵的优势发挥到最大，综合学习各个领域的知识，以创新创业作为突破口。AI+时代，大学生的双创能力体现在三个方面。

其一，站在未来看现在。用宽眼界、大格局和丰富的想象力看今天的缺陷和不足，重点关注思想观念、"衣食住行娱"等领域，结合时代特色，寻找突破口和行业重塑机会。

其二，紧盯科技创新及应用。创新并非都是"高大上"，更多的是科技创新的改进和迁移应用，因此，要有跨学科、跨行业、跨地区、跨文化的视野和能力。

其三，紧盯客户体验，培养用户思维。深入挖掘现实问题，积极寻找解决方案，消除用户"痛点"，满足用户需求，为用户创造价值。

第四章　AI+时代人才的核心素养

　　未来20年，AI必然是颠覆人类社会的技术，它的力量将堪比电能与互联网。AI由算法和数据组成，从狭义上讲，AI是一个超算中心，它的载体便是机器人。AI是对人脑认知规律的模拟，算法是链接人与信息、事或物的纽带。AI赋能机器，并使之成为智能化的工具，而智能化赋能管理、生产，在预测场景中执行设定操作。面对智能化，我们必须立足于人才规格和人才核心素养，回顾传统人才规格，认识核心素养，梳理AI+时代人才的核心素养。

第一节　人才规格及变革

一、人才规格

　　人才是指具有一定的专业知识或专门技能，能进行创造性劳动并对社会做出贡献的人，是人力资源中能力和素质较高的劳动者。

　　人才规格是指社会对于作为人才所必须具备的知识、技能、内心品质等的规定。人才规格是人才的知识结构、能力结构和素质结构三部分应达到的水平和程度，阐明了相应的人才类型和人才层次的特定要求，是对所培养出的人才质量的规定。人才规格是人才培养目标的细化或具体化，尤其工具时代出现后，工具延伸和替代了人类的感官（参见表4-1），导致各个时代人才规格发生了变革。

表4-1　时代与工具替代效应

时代	经历时间	被工具延伸或替代的人类器官及功能
农牧猎时代	数千年	肢体延伸
工业化时代	数百年	肢体赋能+替代，感觉+发声器官替代
信息化时代	数十年	肢体+部分人脑认知系统替代
智能化时代	10~20年	肢体+人脑智能系统替代

绘表参考：艾伦，做智能化社会的合格公民——探讨智能化时代人工智能教育的核心素养，《中国现代教育装备》，2018.4

二、中国人才规格的变革

人才规格属于社会历史的范畴，不同历史时期所规定的人才规格的标准是不同的。它受社会生产力、传统文化诸因素影响，具有鲜明的时代性。人才规格的标准是动态的、变化的、因时而异的。

（一）石器时代人才规格

石器时代分为旧石器时代、中石器时代与新石器时代，即从人类出现到青铜器时代，始于二三百万年前，止于距今5000至2000年。人类始于旧石器时代到新石器时代的技术发现和创新非常多，经考古发现，在石器时代就有石器打造、兽皮采集与缝制、木屋木船设计与制作，还有陶器制作、原始纺织等技术，以及农业种植、畜禽养殖等。

虽然石器时代没有明确的人才规格要求，但人们为了生存，不得不训练出适应环境和竞争的各种能力。由于原始时期没有阶级和社会分工，其生存竞争是全方位的，故社会看重的个人能力及才华主要体现在对环境的适应、制作工具、捕鱼狩猎、竞争格斗等技能上。

（二）青铜时代人才规格

青铜时代处于铜石并用时代之后，早于铁器时代，在世界范围内的编年范围大约从公元前4000年至公元初年。世界各地进入这一时代的时间各不相同。

中国的青铜文化起源于黄河、长江、珠江流域，距今约5000年，止于公元前5世纪，大体上相当于红山文化、良渚文化时代，以及中原夏商至春秋时期，大约经历了1500多年的历史。这与中国奴隶制国家的产生、发展及衰亡相一致。

随着青铜铸造工艺的不断改进，青铜被广泛地制作成礼器、容器、乐器、兵器等。由于青铜器生产的技术水平极高，自然也代表了这一时期人才技能的最高规格。青铜时代，奴隶主拥有一切生产资料和奴隶，人才的技能技术自然被这种生产关系所掩盖了。

随着私有制的发展和青铜材料的广泛使用，在国家管理、战争、农业生产等方面，也出现过不同层次的人才培养标准。夏、商、周时期推行的是"世官制"（世卿世禄制），即通过家族血缘关系来确定政府各级官员的任命，将官职限定在贵族范围内，由贵族子弟世代继承祖上的权位，管理人才规格被世袭特权化了。

从中国春秋战国时开始，出现了不同的人才选拔方式，即"荐举制"（重"德才"）、"养士制"（重技能、学识）、"考选制"（重"德才、政绩、民意"）、"战功制"（重"战功"）等。

（三）农业时代人才规格

红山文化遗址出土的石斧、石凿、石镞等原始农具，说明中国原始农业始于距今5000年左右。广义的农业时代，理应包括青铜时代的原始农业以及近现代发达农业，如果是指作为与青铜时代相衔接的时代，则专指封建社会时期的农业。

随着生产力的发展，农业时代人们的食物取向，逐渐转向以饲养和种植为主，以农业生产为基础，催生了诸如禽畜养殖、农业种植、水利建设、手工制作、房屋建筑等行业，产生了众多的能工巧匠及人才认可标准。

"脑体分工"催生了不同时期和地区的人才标准和选拔制度，就我国古代选拔管理人才而言，经历了爵位—军功—才能—品第—才能—忠顺的发展过程。

自汉朝推行"察举制"，有"贤良方正"（能直言极谏者）、"秀才"（才能优秀者）、"孝廉"（孝敬廉洁者）、"明经"（通晓经义者）等人才规格；魏晋南北朝"九品中正制"即按"德行、才能、门第"分九品评聘人才；隋唐以后全面推行"科举制"，即分科取士，各朝代有所侧重，但均离不开"德、才、技、忠"的选拔标准。

（四）工业时代人才规格

工业时代指1881—1935年，这一时期主要是对能量资源的开发与利用，表现为现代学校的创办和资本主义的崛起，以及重工业和化学科学的兴起，主要包括了前两次工业革命，也包括蒸汽时代、石油和电力时代。

由于科学技术高度发达，生产效率全面提高。一方面，社会分化剧烈、分工精细，法治取代人治，业缘关系取代了血缘和地缘关系，城市规模扩大，农业人口的比重降低；交通运输和通信网络高度发达，社会流动性增强，个人发展的机会增多，自主程度提高。另一方面，竞争意识和时间观念加强，崇尚科学、信服真理、追求变革等成为时代的引领行为或价值取向。

由此可见，以大机器生产为核心的专业化社会，催生出无数的近现代学校，尤其是近现代大学。这些学校的兴起，充分体现了社会对人才的要求：从熟练工人到技术技能，从普通文员到"绅士""贵族"，从神学"教士"到"民主""科学"，从"识文断字"到"师夷之长""中体西用""西艺""西政"，从"译员""通事"到"通才""三民主义""硕学闳才""养成共和国健全人格"，等等。这些均彰显了我国近现代工业时代的人才培养规格。

（五）信息时代人才规格

1950年，人类社会开始进入信息时代。自从20世纪四五十年代的第三次工业革命开始，由于原子能、航天、电子计算机等技术的出现，以及人工合成材料、分子生物学和遗传工程等高新技术的快速发展，人类科技革命进入了新里程。信息时代以电子信息业的突破与迅猛发展为标志，主要包括信息、生物工程、新材料、海洋、空间五大技术领域。

晶体管和集成电路极大地降低了信息传播的费用，使人类从工业时代进入信息时代。由于信息时代的特点是智能化、电子化、全球化、非群体化，全球信息和资源交流变得更为迅速，大多数国家和地区都被卷入全球化中，全球化政治经济格局进一步确立。

信息时代，我国的人才规格始终沿着"德智体"等的全面发展要求推进。"德智体"出自抗战时期的重庆。新中国成立后，"德智体"及后来的"美""劳"作为培养"有社会主义觉悟的有文化的建设者和接班人"的标准，几经变革，均选择性地被写进我国的教育方针。在我国各个时期，党和国家领导人都非常重视人才培养，在教育方针总目标不变的基础上，做到了与时俱进。

1957年10月，毛泽东同志在中国共产党第八届中央委员会（扩大）第三次全体会议上，提出了"又红又专"（具有无产阶级的世界观，又掌握专业知识和专门技术）的人才规格。

1983年9月，邓小平同志提出了"三个面向"的教育改革发展的指导方针，把培养"四有"（有理想、有道德、有文化、有纪律）新人作为人才规格。

2012年10月，中国共产党第十八次代表大会报告中，把"立德树人"作为高等教育的根本任务。

（六）AI+时代人才规格

2016年，人类已进入AI时代。2017年7月，中国颁布了《新一代人工智能发展规划》，该计划是所有国家人工智能战略中最为全面的一份，包含了研发、工业化、人才发展、教育和职业培训、标准制定和法规、道德规范与安全等各个方面的战略，目标是到2030年使中国的人工智能理论、技术与应用总体达到世界领先水平，成为世界主要人工智能创新中心。该规划提出了面向2030年，我国新一代人工智能发展的指导思想、战略目标、重点任务和保障措施，部署构筑我国人工智能发展的先发优势，加快建设创新型国家和世界科技强国的步伐。

第一步，到2020年，人工智能总体技术和应用与世界先进水平同步，人工智能产业成为新的重要经济增长点，人工智能技术应用成为改善民生的新途径，有力支撑中国进入创新型国家行列和实现全面建成小康社会的奋斗目标。

第二步，到2025年，人工智能基础理论实现重大突破，部分技术与应用达到世界领先水平，人工智能成为带动我国产业升级和经济转型的主要动力，智能社会建设取得积极进展。

第三步，到2030年，人工智能理论、技术与应用总体达到世界领先水平，成为世界主要人工智能创新中心，智能经济、智能社会取得明显成效，为跻身创新型国家前列和成为经济强国奠定重要基础。

2017年10月，中国共产党第十九次代表大会报告中，进一步强调了"德才兼备、以德为先"的人才规格。其内涵包括：拥有坚定的政治信仰、良好的思想品格，厚植的爱国主义情怀，宽泛的人文社科知识和较好的艺术修养，人格健全、身心健康、能力出众，拥有较强的创新能力和服务担当意识。

第二节　走进核心素养

学科专家习惯在既有理论的"疆界"内认知与行动。当跨越界限的教育改革行动不断发生时，原本区别事物和界定理论的界限被模糊了，跨越原有"疆界"的理论空间与通道也随之产生，迫使理论进行重构。

一、素质教育

有专家指出，"素质教育"并非教育术语，而只是一种"教育口号"。它虽然能引导教育者的主观情绪情感，能满足人们对教育质量的高要求，但它并非是建立在理性分析之上的素质内容和改造。人才的素质目标是因时而动、因势而变的。

（一）素质教育的变迁

什么是素质教育呢？20余年来，学界不断赋予素质教育新的内涵：从德智体美劳"五育"并举（或加"心育"），到"两全、一主动"（面向全体学生，促进学生的全面发展，激发学生主动学习的积极性与创造性），再到"一个灵魂、两个重点"（以德育为灵魂，以培养学生的创新精神和实践能力为重点）。

2010年，《国家中长期教育改革和发展规划纲要（2010—2020年）》出台，将"德育为先，能力为重，全面发展"的人才素质目标作为中国特色社会主义教育理论的本质特征。

素质教育内涵发展的逻辑轨迹是：教育实践中存在什么问题，时代发展提出了什么新要求，它就被增加相应的"新质"，即素质教育作为教育现实中不断出现的问题对立面，其内涵是随着人们对问题认识的不断深化而逐步被充实、完善的。

（二）素质教育的困惑

有专家指出："人的全面发展学说是实施素质教育的基本理论依据，搞好全面发展教育，才能提高人的素质；贯彻人的全面发展学说，对学生实施全面发展教育，就必须实施素质教育；也只有搞好全面发展教育，才能提高学生的综合素质和民族素质。"

素质教育发展到今天，无论从理论还是实践方面看，都存在着一些困惑。仅从理论层面看，《百科全书·心理学辞典》中，将"素质"（Quality）界定为"人生来具有的某些生理解剖特点，特别是神经系统、脑、感觉器官和运动器官的解剖生理特点"。

二、核心素养

核心素养指学生应具备的、能够适应终身发展和社会发展需要的必备品格和关键能力。近几年来，联合国教科文组织、欧洲联盟、经济合作与发展组织等以素养（Accomplishment）为核心，推进未来课程建设，便是很好的理论重构的范例。其中，经济合作与发展组织自1997年开始至2005年广邀学者，开展了为期近9年的"素养的界定与选择"专题研究，引起了世界各国和地区的广泛关注。

（一）素质与核心素养

以学生发展核心素养为主题，丰富和完善素质教育命题，一来可以更加清楚地认识到素质教育这一命题的特殊价值；二来可以全面理清推进素质教育的思路，站在新的历史起点，寻求素质教育的新突破。

1. 素质是一种"合金"

素质是人发展的一种结果状态，它是先天遗传与后天教养的"合金"。由于人在发展中，生理因素与社会文化因素总是交织在一起，故人的发展不完全是教育的结果，更不能说完全是学校教育的结果。

学校属人类的"文化子宫"，它集中了人的素质生成所需的优质文化，但它无法替代人在"文化子宫"之外对文化营养的主动汲取、加工，更不能无视DNA对人的发展的深刻制约。

知识的获得也许是痛苦的过程，人类的某些天赋能力不需要刻意培养就可以获得；人不会停留在上天的恩赐上，也不会甘于已有的现状，总是要使自己变得更好，特别是创造自己的人生价值。而这种刻意的学习并不都是愉快的，在很多情况下是很费力的。可教、可塑并不是说可以完全脱离先天遗传根基，而是说可以借助文化手段对先天遗传进行一定程度的改造，同时也是进行有意义、有价值的改造，并且这种改造是长期的，不是立竿见影的。

2. 素质是素养的源头

素质教育是对"头痛医头""脚痛医脚"等急功近利教育的一种驳斥。长期以来，教学改革中频繁倡导"补短板""强素质"，这在一定程度上有悖于人的素质内化积淀的基本规律。素质教育显然要求以先天禀赋和后天教养的良性互动关系为前提。

从人类学角度看，它是在提醒我们"教育非万能"；从实践上讲，教育被不切实际地夸大是一种错误。它强调教育必须着力于根本、着力于长远，慎始善终，固本立人，增进"人的本质力量"，形成相对稳定的品质。这个"本"就是每个人特有的天赋。基于学生个人优势的教育才是成功的教育，才能成就"立于本"的教育素养。基于素质是素养的源头，我们不难看到，素质是素养的上位概念。教育实践证明，素养具有可教、可学、可测的特点，离开了对素质发展的整体把握，只谈素养也是错误的。

（二）核心素养结构

学界普遍认为，核心素养的研究始于1997年OECD启动的"素养的界定与遴选"项目，并在2003年的研究报告中首次提出"核心素养"这一概念。

OECD将核心素养定义为"交互使用工具的能力""在异质群体中有效交互的能力""自主行动能力"。其研究的目标是：帮助公民实现成功生活并建设健全社会。

核心素养的概念一出现，便迅速在全球范围内引发相关研究，在随后20年中涌现了一些具有重大影响力的研究成果。

其一，美国的"21世纪学习框架"，主张关注受教育者未来职业发展的需要，提出核心素养就是学习与创新能力，生活与职业技能，信息、媒体与技术能力。

其二，欧盟委员会的框架，主张培养学习能力，指向终身教育，指出核心素养就是母语和外语的沟通能力，数学和基础科技素养、信息素养、学会学习、社会与公民素养、创新与企业家精神、文化意识和表达等。

其三，新加坡的"世纪技能和目标框架"，主张学生中心和价值观导向的教育，指出核心素养是：品格和道德培养是核心层；社交和情感技能是第二层；面向全球化世界的关键能力是第三层。

综上所述，关于核心素养的研究，均有"21世纪素养"的共同趋势。有的内涵集中在"合作、交往、创新型和批判思维"等指标上；有的对象限定了"21世纪或学习化社会的公民核心素养"，而不是指向学生的核心素养。

（三）中国学生的核心素养

为了适应世界教育改革发展趋势，提升我国教育的国际竞争力，全面推进素质教育，深化教育领域内的综合改革，2016年9月，北京师范大学发布了"中国学生发展核心素养"研究成果，并得到众多专家和教育部的高度认同。

中国学生发展核心素养还充分体现了"全面发展是人才培养的目标指

向；自主性是人的根本属性；社会性是人的本质属性；文化性是人的根和魂"。

中国学生发展核心素养以培养"全面发展的人"为核心，分为文化基础、自主发展、社会参与三个方面，综合表现为人文底蕴、科学精神、学会学习、健康生活、责任担当、实践创新六大素养（参见图4-1）。

图4-1　中国学生发展核心素养

（图片来源：《中国教育报》2017年1月4日第9版）

三、未来核心素养

AI时代，大学人才培养依旧面临着"培养什么样的人、怎么培养人、为谁培养人"的问题。雷·库兹韦尔在《奇点临近》中认为"奇点"具备两个主要特征：一是信息、数据等呈指数级增长；二是人工智能，即非生物的智能极有可能会超过传统的人类智能。在AI+时代，智能机器人将取代人类完成大部分标准化、规范化工作，"无所不能"的智能机器人正一步一步吞噬人类主要依靠劳力谋生的自信。AI+时代的人们要想战胜机器，与机器人相比，只有做到"与众不同"，掌握AI不会或不擅长的技能才足以不被AI所取代。

（一）科学素养+人类至上

弱AI和强AI在为人类服务的同时，超AI慢慢为人类开启"潘多拉盒子"。超AI是一种更高维度的智能，远超人类的智力水平。我们很难想象超级智能，就如同一只猫无法理解我们的行为一样。这种超级智能一旦出现，人类的命运是永生还是灭绝，就不由自己掌控了。

为此，人类至上的价值观更关键的是AI+时代的第一人才核心素养。无论你是AI的开发者，还是AI的应用者、管理者，都必须树立人类至上的价值观。这个价值体系应该包括三个方面。

1. 安全观

AI的发展必须在人类的可控范围内，超AI的出现可能是人类的灾难。一个国家的高级管理或科技人才，如果没有人类至上的价值观和责任意识，一旦他们创造出超AI或因管理失控，让AI进化、迭代为超AI，将是人类的灾难。

2. 道德观

当前，个人隐私已经成了"数据"，如"刷脸支付"，我们完成支付的同时，自己的面部肖像已经被人脸识别系统所获取。这些面部信息一旦管理失误，就有可能成为商品，也有可能成为Flickr上的数据，用于训练AI神经网络，甚至成为面部识别杀人机的目标对象。除此之外，声音识别、指纹识别等均存在诸多的道德风险。

3. 服务观

AI的发展必须为人类社会服务，在不侵犯创新、升级AI专利的背景下，AI、AI+必须是全人类社会的共同福祉，绝不允许AI成为少数利益群体的"财富收割机"，如果这样，只会进一步拉开贫富差距，甚至使AI变成"霸权主义""军备竞赛"的超级武器。

（二）专业能力+创造力

在未来，或许一些复杂的体力劳动难以被替代，但是简单重复的脑力劳动肯定岌岌可危，所以创造性和动手能力的培养变得非常关键。因此，具备深度的专业能力和创造力，才能有立足之地，创造力是未来人才最重要的技能。

爱因斯坦曾说："大学教育的价值，不在于学习很多事实，而在于训练大脑会思考。"事实主要是指知识，我们无法否认知识的重要性，但是知识不是教育的全部内容，还应包括对大脑思维的训练。创新来源于知识，创新的核心是创造性人才，创造性人才的核心是创造性思维。

大学要培养创造性人才，根本上是要培养学生的创造性思维。创造力的核心是"新"，就是要发现新规律、新问题和发明新的产品，运用新方法去解释或解决新的问题。人类是否能迎接人工智能的挑战，关键就在于人类是否有创造力，能否运用创造性思维去解决人工智能无法解决的问题。

（三）人文情怀+公平正义

AI理性因素较多，但是我们人能够知道别人的想法，知道别人的心情，能够知道别人的意图，这就是人类独一无二的能力，这些人性化的特点是AI做不到的。AI+时代，人们也开始适应数字化的生活方式，并认为在信息圈中生活是一件理所当然的事情。在某种象征意义上，我们已经成了数字人类。

"懂得越多，智慧越少""人总是容易被表象所迷惑""数据并不等同于信息"，我们需要通过了解、解释和语境，从数据的洪流中筛选出可用的信息，通过数据分析找到数据之间的相关性，理解其意义，解释事实如何以及为何如此，而不是孤立地看一堆堆数据，不去从中发现，去相互关联。

同时，AI带来的伦理困境也时刻困扰着人类。如何处理公平与正义？如何看待贫穷与富有？如何对待丑陋与漂亮？在面对人工智能带来的人性问题时，我们只有通过政治、经济、法律、哲学、伦理等人文素养，结合系统性思维和批判性思维来解决问题，才能达到人与机器的和谐共处。

（四）系统思维+批判精神

恩格斯曾指出，"宇宙是一个体系，是各种物体相互联系的总体""自然界的所有过程都处于一种系统联系中"。系统思维，要求我们想问题、做事情要把事物诸方面的关系看成一个有机的整体，准确地、全面地、系统地把握事物内部各要素之间，以及系统与环境、系统与要素之间的本质联系，把握对象的全程性、层次性、关系性，从中找出系统的规律作为指导我们行动的依据。

系统思维对于未来人才而言是一种关键的认知能力，对于任何试图发现新知识、创造新事物的人来说更是一种决定性能力。系统性思维注意全局，也关注细节，在考虑问题复杂性的同时，也检验我们对多重观念的把握。

批判精神是人类文明的重要标志之一，正是这种批判精神，有力地推动着人类社会的不断进步。批判精神就是告诉我们如何去思考，如何摆脱这些桎梏。在寻求真理的道路上，批判精神让人不再盲从，而是通过怀疑提出问题来引发思考。

批判是打破狭隘，是站在一个更高的层面上，对历史或现实做甄别和审视，对人或事进行分析和解剖，以期发现问题并解决问题。批判不应该有功利性，但批判的确可以对发展起到重要的推动作用。批判要求思想、人格和精神的独立，因此，批判所引申出来的丰富内涵和积极意义远远大于批判本身。

第三节　AI+时代的大学生核心素养

AI+时代，大学生核心素养体系就是未来人才核心素养体系，它必须遵循AI+时代特点、大学生身心特点及发展规律，以培养"全面发展的人"为核心。江苏大学的林中月参照国内外核心素养的研究成果，结合高校立德树人的总体任务和未来大学生能力素质要求，提出了专业素养、人文底蕴、自主学习、健康生活、责任担当、实践能力六大素养，现将梳理列表如下（参见表4-2）。

表4-2　中国大学生核心素养体系

培养目标	三个维度	六大要素	二十一个基本点
全面 发展的人	文化基础 （人与工具）	人文底蕴	传统文化基础、审美意识、现代文明习惯、国际视野
		专业素养	合理的知识结构、基础知识、科学精神、职业规划
	自主发展 （人与自己）	自主学习	主动探究、自适应学习、终身学习
		健康生活	身体健康、心理健康、情绪健康
	社会参与 （人与社会）	责任担当	国际认同、社会责任、问题解决能力、规则意识
		实践能力	创新创业、团队合作、社会参与

绘表参考：李艺、钟柏昌，谈"核心素养"，《教育研究》2015（9）.

一、人文底蕴

（一）传统文化基础

中国传统文化是在几千年华夏文明发展中形成和传承下来的珍贵财富，它历经了几千年的风风雨雨和时代洗礼。传统是历史的，也是现实的，今天的教育必然会受到传统文化的影响，高等教育也不例外。

中华传统文化是以老子道德文化为本体，以孔子的儒家思想，庄子、墨子的思想以及道家文化为主体等多元文化融通、和谐、包容的实体。文化是对宇宙自然规律的描述，是道德的外延；文化是生命，生命是文化；文化是软实力，是决定一切的内在驱动力；文化又是社会意识形态，是民族思想精神和社会政治、经济的根本。

对于优秀传统文化，我们必须加倍珍惜和应用，它是大学生成长成才的重要养分。作为中国梦之希望的大学生群体，学习与传播优秀传统文化，直接关系到中国传统文化的继承与延续。大学生要积极主动地继承和弘扬中国传统文化，彰显中华文化的旺盛生命力。

（二）审美意识

审美意识是审美活动中人对审美对象的能动反映。审美意识和能力是个人内心世界的一面镜子。世间万物经过我们的大脑过滤，就会得出一种与个人知识经验和价值取向相适应的结论和判断。审美的感知、感受、趣味、理想、标准等，是审美心理活动进入思维阶段后的意识活动。大学期间，自我意识开始走向成熟，大学生的审美教育与审美体验是其自我意识走向成熟的重要方式。

审美情趣是我们在进行审美活动时所表现出来的一种心理感觉，是一种心理倾向。不同的时代背景下有不同的审美倾向，审美倾向是时代的象征。审美的情趣不仅体现了个人的审美意识和审美能力，也体现了个人的人生态度和价值取向。而培养大学生的审美意识和能力，不仅能提升他们的整体素养，也能培养他们正确的人生观、世界观。

（三）现代文明习惯

大学生的文明习惯属于养成教育，是德育教育与素质教育的基础。它能有效规范个人言行举止和生活习惯，监督着个人的内心。良好的文明习惯有利于大学生健全人格的形成。大学生通过现代文明习惯的养成，将文明习惯融于心、化于行，是大学生文明素养的外在体现，也是大学生综合素养的外在表现。

立德树人就是要培养高质量的社会人才，而有理想、有信念、有良好品德、有道德情怀，且行为举止端庄、大雅的大学生，就是社会所期待的有"德性"的人才。AI+时代，人才市场竞争将越来越激烈，"德性"将直接影响个人命运。

高等教育不仅要努力提升大学生的专业能力和技能，还要努力强化时代人才的"德性"养成。现代文明习惯是衡量大学生素质高、品行正的重要依据。

（四）国际视野

21世纪，全球竞争愈演愈烈。中国进一步扩大对外开放和"一带一路"等，要求高校要培养大量有国际视野和国际竞争能力的人才。国际视野，即要求大学生能从世界的高度了解世界历史和当今国际社会，本国地位和作用、未来发展空间，认识自己的权利和义务，并在国际交往和交涉中有恰当的言行表现和敏锐的眼光。它是一个人在全球化背景下具有的意识、知识、能力的综合体现。

经济的全球化，要求人才的国际视野更广，确保人才在今后的工作和竞争中立于不败之地。当代大学生是国家的希望，是振兴民族的根本。中国的发展要顺应全球化，就必须全方位提升大学生的国际视野和国际意识，强化教育，只有这样才能真正推进我国的繁荣昌盛。当然，这也是当代大学生应该肩负的历史使命。

二、专业素养

（一）合理的知识结构

当今世界经济高速发展，大学生的成才质量就是国家发展的质量。经济的快速发展离不开知识力量的支撑。高校想要培养出优秀人才，首先就要着眼于"T型""十字型"人才，因为这两种人才，其知识结构不仅是纵向能力、技能再生的基础，也是横向跨学科、多学科能力的基础。

"T型""十字型"人才已经超越了纯工业经济时代的人才标准，他们的优势在于掌握了专业领域和个人素养领域的知识原理和基本理论。他们能在自己的专业领域中取得成就，也能根据需要应用个人专业知识或技能去解决遇到的难题。"T型""十字型"人才所具备的知识结构，是未来大学生理应掌握的知识结构。这好比高楼大厦的基础，再漂亮的亭台楼阁，都必须有一个扎实的基础。

"T型""十字型"人才的学科知识结构是否扎实，也是考察AI+时代大学生的基础功好坏的标杆，因为基础知识结构是未来人才面对智能化发展和应用的关键。

（二）基础知识

大学专业课程学习是培养专业人才的重要组成部分。每个专业的核心课程和核心能力有所不同，但作为基础知识，它对人才素养的作用是一致的。基础知识主要包括了学生必须掌握的一些基本理论、基本技能和实际应用等。有了专业学科基础知识，通过多途径拓展应用和跨境应用，才能提高学生能力。

基础知识包括专业中的相关或相近知识。基础知识的主要功能有三个：一是为学生解决问题、破解难题提供参照点和找到规律；二是大学生在有意无意的知识更新、知识深度拓展中，也提高了自己的专业能力；三是有利于培养底层思维去校正和拓展知识领域，以达到提高自我能力和学以致用的目的。

扎实的基础知识是学生学习能力提高的关键。要让学生在未来职场中拥有更大优势，教师在帮助学生建立基础知识框架的同时，还要擅于筛选和巩固重要的知识点，只有这样才能提高学生解决实际问题的能力；相反，如果学生基础知识比较薄弱，而且接收新知识的能力较差，就会直接影响个人的能力建构。

（三）科学精神

科学精神即科学实现其社会文化职能的主要形式，是科学文化的主要内容之一，包括自然科学发展所形成的优良传统、认知方式、行为规范和价值取向。科学精神集中体现在几个方面：主张科学认识来源于实践，实践是检验科学认识真理性的唯一标准，以及科学精神是认识发展的重要动力；重视以定性分析和定量分析作为科学认识的首要方法；倡导科学无国界，科学是不断发展的开放体系，不承认和不存在终极真理；主张科学的自由探索，在真理面前一律平等，对不同观点采取宽容态度，不盲从权威；提倡怀疑、批判、不断创新进取的精神。

拥有科学精神是人才标准的重要指标。科学精神是大学生人生观、世界观、价值观的基础。科学精神存在于人们对生活、事物的认知中，它指导着人们的行为和价值选择，升华人类认识。当然，它的生成是一个复杂的过程，需要借助学校、家庭、社会的力量，尤其是榜样的力量。

人们只有具备了科学精神，才能有效地去改造世界。AI+时代，面对智能化机器，人类更需要科学精神，有科学精神的专业知识才能创造更多的价值。人类的追求有精神追求和物质追求，大学生是AI+时代的主人，应注重精神追求。

（四）职业规划

"凡事预则立，不预则废"，人生亦是如此，有规划的人生将会更加精彩。美国关于职业规划的研究起步于20世纪60年代，我国于20世纪90年代中期引入并开始研究。职业规划是对职业生涯乃至人生进行持续的系统的、计划的探索过程，它包括职业定位、目标设定和通道设计三个要素。

高校对大学生进行系统的职业规划教育与指导，其目的在于帮助大学生在自我发展上明确"为什么学？学什么？如何学？"，以增强大学生的职业定向和努力导向。科学制订并认真实施职业规划，能调动大学生的学习、实践自觉性，能培养和提升大学生学习能力及综合素养，在实践层面上自觉做到"我要学"。大学生的职业规划要遵守四个原则：喜好原则、擅长原则、价值原则、发展原则。

三、自主学习

（一）主动探究

所谓主动探究，概括地说就是通过正确的引导来提高学生自主学习意识，并让他们学会自己去思考问题和解决问题。这样不仅提高了学生解决问题的能力，也培养了他们的创造力。

大学生的自主学习直接影响个人的成才。培养主动探究能力，对于培养符合时代发展的、全面的创新型人才具有重要的意义。现代高校非常注重大学生的主动探究能力培养，特别是近几年高校的"双创"活动、课外校外科技活动、教学实践活动，充分融入了大学生主动探索、主动研究的过程。

（二）自适应学习

未来，AI与教育的融合程度将加深，一方面，在AI技术的支持下，AI教育不断创新发展，为学校提供技术支撑，同时，学校为企业提供智力、智能人才支撑，双向互动，提升教学效果；另一方面，AI与教育融合，逐渐打破教育和产业的界限，促使教育不再局限于校园，而是面向整个社会，未来的学校、社会、企业、科研机构等将连为一体。

学校作为教育对社会开放的接口，联合企业、行业、科研机构构建开放的教育生态系统，实现学习型社会，满足人们随时随地接受教育的需求，促进教学向"以学习者为中心"的个性化、精准化和智能化发展。

"先要追上对手，才能超越对手。"AI+时代，注定是自适应学习时代，即学校和互联网平台给学习者提供相应的学习环境、实例或场域，学习者根据自身的发展需要，通过各种学习环境或平台自主完成学习，学习是通过探索发现和提炼总结完成的，结果是形成自己的知识体系和解决问题的能力。

（三）终身学习

终身学习能使我们克服工作中的困难，解决工作中出现的新问题；能满足我们生存和发展的需要；能使我们得到更大的发展空间，更好地实现自身价值；能充实我们的精神生活，不断提高我们的生活品质。

有研究表明：那些坚持学习且让思维一直处于活跃状态的人，一般不容易患阿尔茨海默病，即我们常说的老年痴呆症。学习并不等于传授和培训，学习是指通过阅读、听讲、思考、研究、实践等途径获得知识和技能的过程。

"学而不思则罔，思而不学则殆。"大学生只有具备主动学习的意识和习惯，才能不断提升自己；只有终身学习，才能终身成长。

四、健康生活

（一）身体健康

健康是个人一切活动的基础，没有健康就没有良好的工作和生活状态，也不可能有好的成果。保持身体健康的途径有五条：一要创造一个较好的生活环境，二要有规律的生活习惯，三要有合理的饮食，四要有适宜的锻炼，五要有一个好的心情。

"健康的身体是灵魂的客厅，病弱的身体是灵魂的监狱。"当代大学生正处于成长成才的关键时期，健康的身体是最基本也是最重要的。健康的身体是学习的基础，只有有了健康的身体，才能迎接学习上的种种挑战。大学生要形成主动锻炼的好习惯，只有身体强壮了，才能有更旺盛的精力和体力去面对繁忙的学业，去接受未来的各种挑战。

（二）心理健康

心理健康是一种良好的持续的心理状态，健康的心理能让生命充满活力，并使自己能充分调动潜能。大学生处于18~25岁之间，精力旺盛且充满活力，但随着社会竞争日益增大以及不良信息的影响，其心理问题和严重程度呈日益上升的趋势，人际关系障碍、抑郁、焦虑等问题层出不穷。

"好的心境像太阳，照到哪里哪里亮；坏的心境像月亮，阴晴圆缺不一样。"健康的心理主要表现为人格完整、智力正常、认知正确、情感适当、意志合理、态度积极、行为恰当、适应良好等。大学生手握先进文化和前沿技术，是未来的生产力，其思维活跃、精力充沛、朝气蓬勃，是未来的接班人和祖国的建设者。高校健康教育不但要解决大学生的心理困扰、心理障碍，还要为构建和谐社会创造条件。

（三）情绪健康

情绪会影响人的健康，还会影响人的工作效率和人际关系。良好的情绪可以使人愉快、自信、开朗，提高学习效率。心理健康者，均能保持愉快、开朗、乐观的情绪，对生活和未来充满希望。虽然偶尔也有悲痛、忧虑、愤怒、恐惧等消极情绪，但如果能主动控制和把握，恰当地宣泄，就能很好地调节。

由于大学生正处于青春的萌动时期，具有相对丰富的情感体验，情绪波动大，容易陷入不良情绪，进而影响正常的生活轨迹，甚至会影响身心健康。为此，日常要做到"当喜则喜，当怒则怒，喜怒有度"，喜不狂、忧不绝，胜不骄、败不馁。

"对消极的情绪有一个明确的了解后，就可以消除它。"情绪稳定被公认为现代人最好的品质之一。

五、责任担当

（一）国家认同

国家认同是指确认自身属于什么样的国家，以及对自己国家属性进行认定的心理活动。它充分体现了个人对于国家主权、道德价值观，以及政治、文化传统的认同。

大学生无疑是国家最为珍贵、最为优秀的人才资源，是经济社会发展中不可或缺的新生力量。由此，大学生对国家认同至关重要，它是国家存在和发展的纽带。

国家和民族最终朝着什么样的方向发展，与引领时代主流的大学生的国家认同息息相关。大学生对国家认同，就是获得政治上的成长、精神上的进步、前进中的自信。

（二）社会责任

"位卑未敢忘忧国"体现了古人强烈的社会责任感。在现实生活中，我们每个人都承担着一定的责任，其中最重要的是社会责任。社会责任是合格公民的基本素养。

大学生担当社会责任是弘扬民族精神和时代精神的必然要求。当代大学生要实现个人价值，光有知识、能力还不够，还应该具备强烈的社会责任感。只有心怀"天下兴亡，匹夫有责"的社会责任，做到言必信，行必果，才能担当时代重托。

（三）问题解决能力

我国现阶段的教育十分重视学生的问题解决能力，不论是从思想理论高度（如思想政治、历史学科）还是实际操作层面（物理、技术等学科）都强调了问题解决能力的培养。培养大学生解决问题的能力，全面培育高级专门人才的实践能力、创新精神是大学教育的关键内容，也是全方位提升大学生核心素养的关键所在。

已有研究表明，提高大学生解决问题的能力以及对大学生进行压力管理训练，有利于帮助学生减少压力、预防抑郁，提升他们遇到问题的应对能力。随着AI+时代的到来，当代大学生必须切实融入中国梦中，并充分发挥能动性，不断夯实发现、研究以及解决问题的能力。唯有这样，才能真正顺应时代发展的趋势，在第四次工业革命中实现个人理想。

（四）规则意识

自古以来，"无规矩不成方圆"。法律意识和规则意识是大学生应具备的基本素养。大学生要成为一名合格的社会公民，首先要学会"不踩底线，不碰红线"，而法律就是"红线""底线"。

依法治国，强调要积极推进社会主义法治文化，积极弘扬社会主义法治精神。要实现伟大中国梦，就要全方位提升国民的法治文化意识，尤其是大学生的规则意识及法律意识。大学生要成长为国之栋梁，就应当首先成为学法、守法的"主力军"和"领头羊"。

六、实践能力

（一）创新创业

面对智能化时代，我国在"十二五"期间就正式启动了国家级大学生创新创业训练计划。这反映了国家对大学生创新创业的重视程度与对AI+时代的预见。创新创业，即在创新的基础上开展创业。创新即要求具有较高的原创性、开拓性，创业则体现为实际的行动。

创新创业精神对于当代大学生的成长、发展至关重要。能够选择自主创业，可以缓解由于不断增加的大学毕业生人数，以及日趋减少的工作岗位导致的就业压力。培养大学生创新创业精神，使当代大学生具有敢为人先、锐意创新的精神。毋庸置疑，大学生大多具有活跃的思维和前沿的知识，若将个人潜能与市场对接，必然能够擦出火花。

（二）团队合作

"团队合作是当代大学生必须掌握的一项重要的技能，此项技能甚至要比计算机重要。"当今社会，随着知识经济的飞速发展，社会需求日渐多样化，很多企业家在招聘时都非常看重团队合作精神。团队合作是当代大学生必备的重要能力之一，它是大学生得以快速就业，并进入职场的关键之所在。

团队精神主要体现为服务精神、合作意识，尤其是大局意识。大学生有了团队精神，才能在工作中协同、协作，合力解决各类难题，同时充分发挥个人的能动和应变能力。

（三）社会参与

大学生社会参与指的是大学生了解、认识社会，以及对国家政治、经济、文化的态度。大学生社会参与包含了大学生的政治参与、经济参与以及自我参与、文化参与四大维度。通过参与，有利于扩展大学生的生活圈子，同时融合自身理论知识，在参与、互动中，全方位提升综合素质。

大学生要摆正人与社会的关系，要形成正确的社会观，要懂得以辩证的思想看待社会。要清楚地意识到个人只是社会的一部分，社会处于决定性地位，人是社会的产物，换言之，离开了社会，人不可能独立存在。

人要获得自由，首要条件就是推进社会文明发展。因此，只有在集体中培育正确的人生观，始终以集体为中心，在奉献中体现自我价值，才能获得真正的自由。

第五章 AI+时代的职业变革

当前，AI+将开启对社会各行各业的深度影响，尤其是职业变革和就业，但AI+的扩展与延伸也将催生诸多的新岗位。面对变革，高等教育的重点应放在促进未来人才的能力技能的过渡与提升，着眼于人机共生关系，以实现大学生能力、价值与AI发展水平的同步提高。

第一节 技术革命与产业兴衰

今天，智能手机对于许多人来说，都是生活的重要组成部分。最近的调查显示，接近90%的年轻人表示，智能手机一刻也不能离身，而且其中80%的人表示，睡觉时手机也在身边，因为晚睡前最后一件事和早起后第一件事就是查看手机。这跟生活在20世纪初的年轻人的行为大相径庭。如今，各种转变已是常态，如果你离开了智能手机，你就无法打车、叫外卖、导航等。

一、就业格局大迁徙

我们首先回顾一下过去200年间发生的颠覆性事件，以及它们给社会带来的影响。只有这样，我们才有可能更精确地预测未来20~50年会发生什么。在过去200年间，人类从农业社会进入了主要由科技和服务推动的现代社会。

1750年，80%的英国人口居住在农村，到1900年，这个数字降到了30%，而到2030年预测将会只有8%。同样的现象也发生在中国，1950—2000年，城市人口占比从13%上升到了40%，而且预计到2030年将达到60.3%。（源于：布雷特·金《智能浪潮：增强时代来临》）

1920年与2020年最理想的职业参见表5-1。

表5-1　按工作场所区分的理想职业对比

过去：1920年最理想的职业	现在：2020年最理想的职业
农场主	计算机工程师
农场工	环境科学、太阳能等新能源开发设计师
矿场操作员	数据挖掘和分析员
家庭服务员	健康科技、生物医药和生物工程从业者
工匠、商人	创业者
工厂和生产操作员	心理学从业者、咨询师或治疗师
秘书、文员和办公室人员	业务经理或管理者
销售员	设计师或顾客体验专员

源于：布雷特·金《智能浪潮：增强时代来临》

二、科技改变产业格局

1750—1850年，农业在英国、美国和欧洲获得巨大发展，但是到了1900年，农业方面的就业就开始进入长达一个世纪的下降过程。这并不是说农业产量下降了，相反，产量由于拖拉机的出现、优化的作物选择、改善的灌溉技术和杀虫剂的使用反而大幅增长。

当然，AI+时代虽然拥有计算机学、材料学和AI，却可能让区域化制造业复苏，原因是未来机器人AI的劳动力价格低廉。随着驾驶、饭店服务、食品快递、会计、银行业务等工作智能化后，某些服务行业将面临衰退（参见图5-1）。我们或许能见证全新的基于新兴科技的服务业增长。

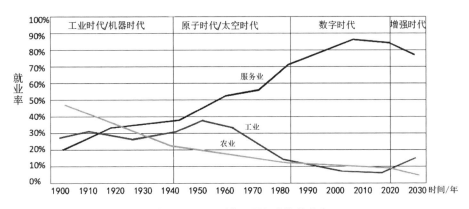

图5-1　不同时代不同行业的就业率

源于：布雷特·金《智能浪潮：增强时代来临》

机器时代颠覆了制造工艺，并催生出"规模生产"的概念，大幅提升了生产力。在原子时代（即太空时代），尽管生产技术改进了，但工业也依旧存在，并在早期持续攀升，但是改进困难增加。如果有什么区别的话，那就是原子时代注重从大处着想，并让因为第二次世界大战而出现的科技创新实现快速增长和改善，最终转变成社会资本。

在数字化时代或信息时代，起初的动力是提高流程效率，例如早期的主机（例如ERMA）以及工厂中更高程度的自动化。到了20世纪90年代，数字化拓展到了商业流程领域，利用诸多软件解决企业层面的生产和管理问题，使之自动化。当前，AI+互联网将更加智能化，它将颠覆市场就业机制，将对整个社会经济产生巨大影响。这方面的研究起步很早，且影响范围广。

三、AI颠覆未来就业

互联网通常关注的是销售的改变、信息的可得性和价值链的再思考。AI+时代，将使动态决策制定、模式识别和咨询服务等流程发生深刻变化，因为AI优化了这些流程和反馈循环，AI+将与互联网+、5G+叠加应用，对管理和产业结构产生深刻影响。

观点一：AI将比人类更擅长日常工作。虽然许多人担心强AI有失控的可能，但是，在30年内，更可能的是众多强AI将被人类制造出来为人类服务，并变得更加专业化。它们的智能水平可以高于人类，但智慧等同于人类。

观点二：当人类的能力被AI超越时，大多数人失去工作将是必然。100多年以来，就业一直是从大工业流向服务业；但农业、渔业、矿业还是过去50年间的模式，随着生产流程的自动化，工作岗位必然转向对人类起主导作用的行业。

观点三：乐观者认为，AI+时代将是一个新的镀金时代，人类的工作减少了，因此人们有更多的闲暇时间去享受生活和艺术。

观点四：悲观者认为，由于科技进步，在未来250年中将第一次出现就业的净损失，因为在AI+时代，人类需要的AI研发家、机器人伦理学家、机器人心理学家的数量将越来越少。

观点五：牛津大学马丁学院的未来科技影响项目研究结果表明，美国在未来10～20年内，超过45%的工作可以被自动化，许多结构化、重复性岗位100%地面临被自动化取代的风险。

第二节　AI+时代的职业兴起

织布机的出现，让许多手工生产者失去岗位的同时，又通过技能提升和能力培训，重新找到自己的岗位；蒸汽机、电动机的出现，使许多从事轿夫、马车夫、人力车夫等职业的人失去工作，但他们又在大机器生产中找到了自己的位置；ATM机刚在美国流行时，曾经造成银行职员大量下岗，但网点运营成本降低，使得银行有足够的成本去开设更多的网点以满足客户需求，银行职员又开始回流。

一、通向未来新趋势

美国研究机构未来今日研究所提出了通向未来的9个趋势，涉及AI、大数据、合成生物学等前沿技术。其中的部分预测跟"全球风口"提出的观点相符合，诸如：IOT企业将会以前所未有的速度崛起，边缘AI计算和云计算将会长期共存。

（一）AI+低门槛

数字化转型植根于两个关键领域：AI和数据。微软、IBM、谷歌、亚马逊、Facebook和苹果公司都在开发新的服务和工具，比如云计算平台、企业应用的RPA机器人、以GPU为基础的AI算法等。

亚马逊即将推出的项目AWS For Everyone，就是一种低代码甚至无代码的平台，把使用AI的门槛进一步降低了，任何人都可以使用公司数据来创建应用程序。

（二）现实音频增强

未来会出现一个新的技术名词：AAR技术。AAR技术也就是音频增强现实。所谓音频增强，就是让智能眼镜跟智能耳机相连接，给用户带来更便捷的体验。智能眼镜能够判断方位，通过耳机给用户指引路线，发出通知，或者提醒用户当前看到的人是谁。

谷歌和亚马逊已经在进行相关产品的研发，如果相关产品能够得到应用，会带来巨大的商机。

（三）合成技术崛起

从2020年开始，合成技术会逐渐走向主流。在生物学领域，科学家能够在一系列宿主细胞中进行分子级别的改造，这将对疫苗研发、组织生产带来巨大改变。科学家将开始进行人类合成DNA的研究，改变蛋白质的结构。

很可能在未来几年，我们能够享受到更多的人造器官，以及源自植物的冰淇淋和实验室生产的威士忌。新的商机也伴随着战略风险，每个行业都会受到影响。如果要获得公众的认可和政府的批准，公司将会面临道德和伦理风险，并接受合成材料检测的安全风险。

（四）重建新秩序

中国日益上升的世界地位，已经被越来越多的西方人重视。过去20年，中国取得了很高的成就，这些成就离不开广大的中国人民，还有制定和执行未来长期战略计划的政府。

2020年，未来今日研究所预测中国在很多领域会继续保持优势地位，甚至可能实现超越，其中包括数字基础设施、AI、数据算法、生物工程和航空航天，中国将主导世界新秩序。

（五）智能主流化

今天，AI驱动的虚拟助手、家庭安防系统、智能家居设备已经被大众广泛接受，这个市场在未来还会进一步扩张。未来的5G、6G网络将快速发展，我们身边将会出现越来越多的传感器、摄像头等智能设备。可以预见，最终由哪些公司在台后操纵这些设备，以及这些公司收集和处理数据的方式，都会引发社会变革与争议。

（六）人人数据化

在日常生活中，我们不经意间就为IT公司贡献了大量的数据，用于分析用户的个人爱好、判断用户的选择倾向甚至是预测用户将采取的行动。而获取数据的方式将在未来进一步爆发：我们走路的姿势，我们的骨骼架构，我们说话的音调、信用卡债务、旅行习惯等，这些海量的数据都会被收集起来。监管机构将对数据的采集和分析方式进行更深入的研究。

（七）社交媒体之忧

从2010年起，Facebook、Instagram、Snap chat和Twitter引发了人们对社交媒体的依赖。这些社交媒体在拉近人们与亲朋好友距离的同时，也接收了大量的假新闻和社会谣言。比如2020年的新型冠状病毒肺炎疫情，信息铺天盖地，很多消息都让人难辨真假。

在未来，保护公众的安全意识将会得到政府重视。现在已经出现了一些反制措施，比如美国有超过400个警察局与亚马逊合作，使用AI识别技术对平民的日常活动进行监测。

（八）隐私已死

早在2010年，欧盟就表示，每个公民应该有"被遗忘的权利"：人们应该能够对每一个知晓他们个人数据的网站或服务拥有知情权，用户同意之后才能显示相关内容；人们有权要求网站删除他们所有的数据。

"社会必须意识到，数字时代的隐私比以往任何时候都更脆弱。"如今，如果一个欧盟成员国的国民发现网络上有他曾经的犯罪、婚外情等历史信息，他就可以要求谷歌除该信息内容链接。但是，谷歌只是"部分遵守"了欧盟的提议——某些情况下，谷歌确实删除了个人链接，但只有欧盟成员国的用户看不到这些内容了，亚洲、北美和南美或其他地区的用户依然可以看到。

（九）反AI造假

造假视频、虚假音频、虚拟图像已经成为不法分子的生意，比如有犯罪分子使用AI技术成功模仿了英国某能源公司高管的声音，诈骗了22万欧元。在未来，政府、IT公司、社会各界会努力重建人们的信用体系。

未来，世界各国政府会针对AI、区块链技术进行探讨，对这些新兴技术进行法律规定。在这个过程中，可能会有新的商机，比如反AI造假系统会利用算法检测虚假内容，根据检测量进行收费。

二、AI+时代的职业特点

（一）岗位智能化

岗位智能化指在AI+时代，几乎所有的工作岗位均被智能化机器AI分担了角色，甚至完全占据了岗位。高级管理岗位中，AI总是通过海量信息库为管理者筛选信息、制订方案、预测结果；在一般管理岗位中，AI是管理范围的控制中枢，接受人类的指令，并为人类管理者提供问题反馈和优化方案；在一线生产和服务中，AI充当了忠诚的劳动者或人性化的服务者；在科研中，AI人体器官尤其是AI大脑，可以帮助科研人员完成观察、记忆、理解、思考等，并使之数据化或图像化。

（二）职场人机化

职场人机化指所有的管理场所、生产场地均是人类和机器人AI共处、共事。没有纯人力的工作岗位，也不会出现百分之百的无人工厂。就算是工厂里全是AI在上班，但厂区的另一端或更高端岗位必然有人在管理。职场人机化要求人与机器和谐共处、共同协助，AI的工作技能和效率远远高于人类，但它依旧是人类的高级参谋和忠实助手。

（三）薪酬模块化

薪酬模块化指作为劳动者的人，其劳动报酬大多实行模块管理，根据个人岗位性质、责任大小、技术含量、工作时间来获取报酬。由于区块链的广泛应用，其薪酬待遇和岗位竞聘均能实现公平、公正、公开，由于人员流动性较大，薪酬模块化实现了来去自由的劳动模式。因此，真正的AI+时代，也许不再有或很少有诸如"金饭碗"或"铁饭碗"之说。

（四）休假人性化

人性化指承认人性的自然属性，满足人的自然属性中的基本需求，承认人性的社会属性是受思想意识支配的。AI+时代，由于智能化程度极高，需要的人力成本较少，因此，劳动者工作时间较少，报酬却很丰厚。比如每个人都有许多休闲、休假时间，可以根据自己的需要来安排，而且休闲、休假可在AI的安排或陪同下进行，这就能充分体现个人需求，实现身心愉悦。

（五）考核自动化

考核自动化指职场人机化的过程中，人在管理机器AI的同时，机器AI也在记录和评估自己的"上级"和"同事"。在AI+时代，人类作为机器的管理者或劳动者，无时无刻不处于机器的监督下。AI通过超强的感知能力、记忆能力及算法，将自己"上级""同事"的工作表现进行全程梳理和精准归纳，及时传递给考核管理部门。

（六）"跳槽"经常化

"跳槽"指改换工作。传统的"跳槽"大多出自"战略转移"，一些有才华的人在上升空间被阻、人际失衡、前途暗淡，或薪酬不理想等时，均选择跳槽。"60后""70后"几乎不跳槽，"80后"很容易跳槽，"90后"跳槽已经是家常便饭。

AI+时代，"跳槽"将进一步常态化：一是AI不断升级、迭代，进而抢占人类的工作岗位；二是未来人才的个性化特征越来越明显，完善的社会制度和人性体验将驱使不同年龄的管理者或劳动者随时"跳槽"；三是交通和信息的便利，使人们可以根据自己的兴趣和特长不断地更换工作地点，充分体验生活，定居已经是"过去时"。

三、AI+时代职业

由于AI、AI+的出现及环境变迁，在面对"世界未有之大变局"尤其是

2020年的新型冠状病毒肺炎疫情和国内外形势时，中国在世界政治、经济、科技、文化等发展中发挥了重大作用，同时将进一步影响世界，充分展现大国担当、大国情怀。在AI+及"一带一路"共商、共建、共享的政策引领下，未来10—20年将会产生哪些新的工作类型和有竞争力的工作岗位呢？

（一）AI+弱替代型职业

1．程序员

程序员是从事程序开发、程序维护的专业人员。一般将程序员分为程序设计人员和程序编码人员，但两者的界限并不是很清晰。软件从业人员分为初级程序员、中级程序员、高级程序员（现为软件设计师）、系统分析员、系统架构师、测试工程师六大类。

2．护理人员

当前，因AI无法模仿人类的同理心和情感交流技能，因此护士、护理师的职业暂时无法被AI替代。他们主要是护理病人或老人，负责其安全与康复及卫教的工作。

3．建筑设计师

目前，虽然已经开发出"AI建筑师"，但这些"建筑师"能完成的工作仅仅是画图纸而已。建筑设计是真正需要创意、审美、空间感的，其建筑理念和抽象的判断能力都是机器难以模仿的。画图纸不难，难的是对空间的抽象理解，这是AI做不到的。

4．公关人员

商务人际是一种心理、行为活动，就连人类自己也很难去模仿那些人情练达者的社交能力，更何况不具备情感反射的机器人。曾经，国内的一家公司宣称开始使用公关机器人，但它的实际功能只是为客户撰写公关文稿而已。即使公关AI能撰写文稿，它也不懂应对和化解舆论。

5．健身教练

近年来，虽有AI减肥顾问问世，机器人作为减肥顾问，能够比人类更客观和精确。但无论如何，这些都比不上看见一个真正练出了八块腹肌的教练有激励效果，而且AI机器人也无法像健身教练一样陪你一起锻炼。

6．心理医生

如同AI不知道什么是诗就能写诗一样，AI无法理解人类的情绪，但它依然可以处理人类的情绪问题。基于人类情绪的可处理性，AI确实可以胜任心理咨询的工作，但来访者往往急于处理问题，恰恰是造成心理问题的根源。心理治疗最重要的一个环节就是倾听，这一点AI也是难以完成的。对于来访者的倾诉需求，AI也是无法满足的。

7. 教师

人类独有的"传道授业"被视为最后堡垒，这恰恰是AI无法做到的。虽然现在的科学技术能将海量信息汇集在一个芯片内，但教师所做的不仅仅是知识的输出，更重要的是与学生的相处和交流。根据不同的对象改变自己的教学模式，这恰恰是AI目前难以达到的。

8. 法官、律师

AI能从众多的法律条文和案例中找到相应的条款、案例，或许能写出符合要求的申诉书，但是难以基于社会公义和法律量刑，难以处理没有数据的情景计算。

9. 艺术家、科学家

艺术家和科学家都需要具备非凡的想象力、创造力、思考和审美能力，这种能力AI无法获得。

10. 个人培训师和管理人

个人培训师是根据时代经济发展、技术进步和就业需求，对劳动者或技术人员进行培训的专职人员，他们与管理者一样面对岗位情境的需求和变化，能够随时调整或升级适应时代的工作要求，因此他们的职业具有创造性和情境性。

（二）AI+近期的好职业

1. 疫苗研究员

病原微生物（如细菌、立克次氏体、病毒等）及其代谢产物，经过人工减毒、灭活或利用基因工程等方法制成的疫苗，可以用于预防传染病的自动免疫制剂。疫苗保留了病原菌刺激动物体免疫系统的特性。

当动物体接触到疫苗中不具伤害力的病原菌后，免疫系统便会产生一定的保护物质，如免疫激素、活性生理物质、特殊抗体等；当动物再次接触到与疫苗中的病原菌类似的病原菌时，动物体的免疫系统便会依循其原有的记忆，制造更多的保护物质来阻止病原菌的伤害。

2019年底，人类遭遇新型冠状病毒肺炎的袭击，无数生命和产业遭受洗劫，全世界都在等待针对该病毒的疫苗的诞生，经众多科技工作者的攻坚克难目前已有多种疫苗问世，但由于人类认识的有限性和病毒变异的多样性，导致这项工作难上加难。

人类发展史上的每一次浩劫都像瘟疫和战争一样可怕。历史上的乙肝疫苗、水痘疫苗、狂犬病疫苗、流脑疫苗、乙脑疫苗、霍乱疫苗等解救了人类，今天的艾滋病疫苗、甲型H1N1流感疫苗更是功不可没。从事疫苗研究的工作是拯救生灵的工作，它是艰辛的，也是伟大的，更是永远的。

2. 数据分析员

数据分析员是根据数据分析方案进行数据分析的专业职业，能进行较高级的数据统计分析，负责公司录入人员的管理和业绩考核，以及对编码人员的行业知识和问卷结构进行培训，包括录入数据库的设置及逻辑查错，数据的校验和问卷的核对等。专业侧重：计算机科学与技术或统计学。数据分析员有较好的前瞻意识和预测能力，工作重点是分析数据，预测未来。

各种数据的暴增以及各种事务越来越依靠这些分析，数据本身将成为一种重要的商品。数据分析员要具有数理统计、经济学、数据库原理以及相关知识，能熟练使用Excel、SPSS、Quanvert、SAS等统计软件，还要具有严谨的逻辑思维能力、学习能力、言语表达能力、管理能力。

3. 器官设计师

人造器官在生物材料医学上是指能植入人体或能与生物组织或生物流体相接触的材料。人造器官主要有三种：机械性人造器官、半机械性半生物性人造器官、生物性人造器官。随着医学、生物学和AI技术的推进，人类远离残疾、摆脱疾病和缺陷的能力越来越强。这方面的专业要求特别高，需要学科融合和专业协调才能达成。专业任务是设计、制造人体器官。

该职业已经出现，估计到2050年将得到长足发展。就当前美国而言，每90分钟里，就有1个人在等待器官移植的过程中死去。由于这方面的市场需求大，设计和生产又非常困难，尤其在不同人造器官及个性化需求上设计和研发成本相当高，一般家庭都负担不起。但是要弄清楚如何应用生物技术或高级AI，代替诸如肺、肾脏和心脏这些高端人体器官，甚至充当大脑中的"零件"，还有待科技的进一步发展。

4. 胎儿治疗师

健康是每个人的愿望，但由于遗传和母体环境的异常，许多家庭因此产生遗憾和长久的精神、经济负担。为了改变这一切，给胎儿做手术已经成为一种可能，这在过去是难以想象的。如今，医生已经能矫正双胞胎的胎盘异常，在临床实验中通过手术矫正脊柱裂。工作重点和意义在于，可以在胎儿出生前排除遗传疾病和健康障碍。专业要求：医学、遗传学等。

该职业已经到来，在未来，儿科DNA库里面的设备和医生团队将有助于胎儿出生之前治愈癌症、自闭症和糖尿病、唐氏综合征等。随着AI医疗技术的发展，在不久的将来，微型、超微型AI可以到达我们人体的每一个部位，完成指令下的各类"清淤任务"和修复工作。

5. 核能技术师

核能源（或称"原子能"）是通过核反应从原子核释放的能量，是目前地球上的清洁能源之一。它有着效能高、稳定性强、不产生二氧化碳、燃料运载方便等优点，同时也存在废料放射性污染、核泄漏等风险。随着一次性能源的枯竭，核能源是未来社会的重点战略资源，其技术人员也是国内外的稀缺资源，其职业任务是管理核聚变反应堆。

该职业预计在2025年诞生。国际热核实验反应堆位于法国南部卡达拉希，是由欧盟、美国、俄罗斯、中国等合作计划实施的国际项目，最终总投资预计超100亿美元。该反应堆计划在2025年12月实现第一次等离子体运行。这意味着反应堆将能够在其核心内部产生大量被称为"等离子体"的带电气体。氘氚聚变实验计划在2035年开始。随着国际热核实验反应堆计划的推进，核能技术师是一种非常"抢手"的人才。

（三）AI+远期的好职业

1. 思维黑客师

黑客泛指擅长IT技术的人群、计算机科学家等，是一种热衷于研究系统和计算机尤其是网络内部运作的人。思维黑客是破解人类思维的技术能手，其专业介于心理学与AI之间，是把心理操作技术和高端智能化技术相结合，破解人类的感知、记忆、思维等心理过程的尖端技术。自古以来，人类在研究世界的同时，时时不忘研究自己，从灵魂到精神，从有意识到无意识。

该职业预计将于2030年诞生。它与传统的读心术、测谎仪有本质的区别，是人类完全真实认识自己、掌控自己，尤其是掌控超级AI、生命3.0、赛博格等的唯一技术和手段。现在，人类已经可以通过扫描大脑，粗略重构人的所见所闻，下一步，人类有望重构记忆、思维和梦。

2. 飞船驾驶员

飞船即宇宙飞船，是一种一次或多次使用的航天器。它能基本保证驾驶员和航天员在太空短期生活，并进行一定的工作，其运行时间一般是几天到半个月，目前只能搭载2或3名人员。诸如苏联的"东风号""联盟号"，美国的"水星号""阿波罗号"，中国的"神舟号"，传统的宇宙飞船几乎都是火箭推进的。未来，宇宙飞船依靠核动力或太阳能发动机推动，人类与AI协调驾驶。

该职业已经产生，估计于未来5~10年内逐步增加。该职业的要求特别高，从业人员必须毕业于飞行学院或航空航天学院的特殊专业，接受过严格的太空模拟训练。未来的宇宙飞船将朝三个方向发展：一是有多种功能和用途，例如太空旅游、空间实验、星际开发；二是各类飞船逐步迭代为太空大飞机，能够自由停靠和飞行；三是太空飞船私人化和商业化的出现。

3．动物迁徙师

人类的生存环境与可持续发展是当今地球科学领域乃至全人类最为关注的问题之一。由于过度开发，人和动物赖以生存的地球遭到严重破坏，保护环境就是保护人类自己。因此，熟悉未来地球环境与动物生存习性的动物迁徙工程师是未来的需求职业。该职业还需具备环境保护与环境治理的专业知识，甚至需要有通过遥感技术进行环境监测的能力。其工作职责在于保护动物栖息地和为动物重建新的栖息地。

该职业诞生时间预计在2030年。动物迁徙指的是动物由于繁殖、觅食、气候变化等原因而进行一定距离的迁移。动物的迁徙分为周期性迁移和非周期性迁移。如今，很多栖息地的破坏速度超过了物种的进化速度，只有把动物迁移到新的栖息地才能拯救它们。这项协助性的迁徙需要格外谨慎，绝非随意把两个物种往一个地方放就行，必须经过严格的训练或团队实习。

4．地球观察员

地球观测卫星，泛指用于对地球资源与环境进行遥感的各种人造地球卫星和航天器。人类只有一个赖以生存的地球，因此，地球环境和安全均是世界各国非常重视的问题。作为地球观测员，同样离不开AI、AI+知识。随着成像技术的提升，人类可以从高空中看到更多的地球高清图像。从业人员需要懂得遥感技术和地理、地震等知识，具备影像分析和趋势判断能力。

该职业诞生时间预计在2030年，重点通过卫星监测地球的环境、气候、自然灾害，以达到防灾减灾和综合治理的目的；当然也有涉及军事、交通、生产等领域发展战略的监测，深入地表的地震、矿源、火山监测，通过多光谱卫星的地下寻宝、病毒传播、生物侵蚀等监测，并能追踪温度、人口和地表植被等，在不同环境下容易滋生的病菌和可能的传播途径。

5. 太空建筑师

俄国宇航科学家齐奥尔科夫斯基曾预言："地球是人类的摇篮，但人类绝不会永远生活在这个摇篮里。"21世纪及未来，太空建筑从在外太空模拟地球自然状态的小型空间，进入了探索地外行星环境的新阶段。因此，建设可持续的太空环境迎来了新的挑战。

该职业预计将于2030年诞生。太空建筑要适合人类居住，首先必须解决空气问题。空气成分、空气比例以及温度、湿度、压强等都需要与地球表面基本相同。其次是太空环境中保证有充足的可循环生产和使用的水源。再次，要建设多人共存的太空环境。由此可见，太空建筑不但需要开发诸多太空建筑材料和可用能源，还需要尖端的技术和高端的专业。

6. 人机交互师

人机交互是指人与智能机器之间使用某种对话语言，以一定的交互方式，为完成确定任务的信息交换过程。专业知识要求：精通AI、AI+的专业知识，熟悉智能化行业发展趋势和大数据的运用，熟练掌握心理学、伦理学、社会学的关键知识。

该职业诞生时间预计在2030年，重点帮助机器人AI与人类和睦共处，工作任务和职业趋势是训练机器人AI理解人类的感情和工作要求，让AI服从人类的管理，100%地执行人类的指令，学会完成人类交付的任务，收集AI的缺陷，为AI专家提供研究和改进建议。我们将需要更多精明的人员来制造和改进机器人，以让它们无缝地融入人类世界。

第三节　AI+时代的职业模式

传统职场，人们已习惯用"五领"（金领、白领、粉领、灰领、蓝领）进行职场等级分类，用"领子"的颜色来划分不同的人群，从位高权重的总经理，到出入豪华商务中心的文职人员，再到操作机械的普通工人，他们在职场上各领风骚。"领子"的色彩也诠释了职业的概念。随着市场经济的发展，领子的颜色也逐渐被丰富了。

近几年又冒出了黑领（就职于政府部门或国有垄断企业，有较高经济收入、政治地位的人）、紫领（艺术家，拥有白领的脑和蓝领的手）、绿领（酷爱运动，或寄情山水，或从事环保和绿色产业的人，他们拥有蓝领的体魄、白领的知识）、无领（资质优秀的失业者）。

在AI+时代，无论你有无"领子"，无论你的"领子"是什么颜色，你的职业模式都将被彻底颠覆。传统的等级顺序，在AI、大数据、区块链的影响下，已经悄然发生变化。排除交叉和重叠的"领子"，我们将不同颜色的"领子"在AI+时代进行了重新排序和阐释。

一、金领：首脑职业模式

金领是顶尖的管理高手，且拥有决定白领命运的经营权。他们中有公司的首席执行官、财务总监或首席运营长等，也有高级知识分子中的从业人员，诸如工程师、律师、各个行业的分析家和预测家、高级编辑、程序编制人员、口译人员等。他们的知识结构、公关能力、团队协调能力、管理经营能力、社会关系资源等综合素质都得到了认可。

他们中的很多人在"985""211"等著名学府学习并获得优秀成绩，凭借自己精深的专业知识、优秀素质和对生活的感悟力赢得了别人的尊重和认可。美国《财富》杂志是这样评价金领的：他们的年龄在25~45岁之间，受过良好的教育，有一定的工作经验、经营策划能力、专业技能和一定社会关系资源，年薪在15万美元到40万美元。在我国，金领的标准是年薪百万左右，在大中城市的繁华地段有一套100多平方米的住房。

在AI+时代，金领的首脑职业模式：AI成为首脑们的超级参谋和过程督导与评估人员。

其一，这里的AI是专用AI或高级AI，它是金领最好的精准信息收集系统，首脑们日常总是依靠AI实现不同阈值或参数下的海量信息完整筛选，最终编制出不同阈值或参数下的工作方案。

其二，AI是金领最好的方案预测与遴选系统，在上述多种方案中最终选择哪一种方案？如何选择？其决策不能主观臆断，依旧需要借助AI进行模拟实验，最终为首脑们提供最优方案。

其三，AI是金领最好的方案实施、过程监控、问题纠偏、结果评估的系统，首脑们的决策要充分体现前瞻性、战略性和可持续性。许多时候过程督导和问题纠偏不是人能做得到的，依旧需要依靠AI。

二、紫领：自我职业模式

紫领指既能动手又能动脑，而且在各自领域红得发紫的职场明星。在古代，紫色是最稀有的、最有个性风格的颜色。紫领能独立于公司之外生存，他们不是生产线上的蓝领工人，但既具有蓝领的动手操作能力，又拥有白领的管理和创新能力，同时还具有金领较高的知识结构、公关能力、团队协调能力、社会资源等综合素质，能创造出自己的特色和个性。

紫领不仅局限于艺术类志愿者，又能动手、又能动脑的都属于紫领，如插画师、设计师等都算是紫领阶层。该职业的从业人员拥有广阔的视野和前沿的知识，能在高度竞争中进行自我管理；具有调和冲突的能力、调和组织需求的弹性，能够以简驭繁；拥有极佳的判断力，能够在不确定的状况下实现有效管理；具有对多元价值的敏感度及团队领导力；具有开放的心态，能不断进行自省、学习。

在AI+时代，紫领的自我职业模式：AI成为紫领们升级个性化自我、实现艺术人生的训练师或替代品。

其一，紫领之所以能"独领风骚"，成为大众心目中的艺术家，是因为他们拥有与众不同的能力和素养。但再好听的歌也有乏味的时候，再好看的画也有被超越的时候，只有不断创新，方能拥有不竭的魅力和关注度。而AI能成为紫领们提升个性化自我、实现艺术人生的训练师。

其二，AI成为艺术职业者的一部分甚至全部。随着个性化、高仿真AI的纷纷登场，仿真AI将会成为部分艺术家的忠实同伴，甚至取代紫领成为个性化的机器艺术家。比如超仿真播音员、会写诗的机器人小冰等，它们已经成为文学艺术家的替身。

三、白领：主管职业模式

白领依旧来自西方，其代表福利好、收入高、职位稳定的脑力劳动者，是令人羡慕的阶层。该称谓出现于20世纪20年代初，因工作环境比较舒适，穿着整洁，衣领洁白，故称作"白领"。白领包括技术人员、管理人员、速记员、文书、会计、教师、医生、律师等，在我国泛指在企事业单位从事脑力劳动的员工。

在西方发达国家，白领总数超过蓝领，约占工人总数的60%~70%。虽然他们经济收入和工作条件较好，但由于没有掌握生产资料，因此依旧处于受雇佣地位。白领的主体年龄在25~40岁。

按美国的标准，白领年薪在8万美元，是从事纯粹脑力劳动的人。我国对白领的统计标准是月薪在1万元以上的脑力劳动者，他们有属于自己的住房，市场价格在80万元左右，至少有一辆中高档次的轿车，生活支出不超过家庭总支出的1/4。在AI+时代，白领的主管职业模式：AI成为白领们的高级参谋和指令执行者。

其一，对于白领管理者而言，AI能在白领的指令下完成各项管理任务，做到公正、客观、快速；在决策方面，AI能成为白领们的高级参谋，它可以根据现实算法和上级指令找出问题所在，为白领做出正确判断，避免因不确定性造成主人工作上的失误。

其二，对于作为技术人员的白领而言，AI能帮助他们实现技术开发、问题跟踪、方案选择和调整：它们可以根据教师、医生、律师等专业人员提供的关键词找到自己所需要的最佳答案；根据推销员、办事员、打字员等工作的技能任务和需求，提供最快速的指令应答和完成成品制作。

其三，对于其他白领而言，AI完全执行他们的指令，完成各种工作，比如进入人体内完成任务，进入深海、太空、危险地带完成任务。

四、灰领：创新职业模式

灰领，在20世纪70年代中晚期的美国，原指负责维修电器、上下水道、生产和维修机械的技术工人，因多穿灰色的制服工作而得名。随着社会经济的发展，灰领的含义和范围发生了相应的改变，成为既能动脑又能动手，具有较高的知识层次、较强的创新能力，掌握熟练技能的新兴人才的代称。

灰领职业主要集中在三大行业：一是IT行业，二是设计行业，三是汽车技术行业。泛指印刷、动漫、模具、会展、广告、IC版图设计等行业从业人员，工作涉及信息防御、数控编程、机械测量、视频处理、动作捕捉等技术。

灰领，不是蓝领向白领的过渡阶段，不是比蓝领高比白领低的阶层，也不是蓝领和白领的平均或叠加，而是介于白领、蓝领之间，是既具有良好的理论素养，又能付诸实践的复合型、实用型人才。

具有一定管理能力的灰领与白领也有重大区别。白领的管理对象主要是人，而灰领管理的对象主要是"被数字化了的对象"。灰领的典型特征是兼备动脑能力与动手能力，一般手握学历证书与高等级技能证书，其薪酬常为蓝领的3~5倍。在AI+时代，灰领的创新职业模式：AI成为灰领们的创新观念和技能创新的推动者。

其一，灰领是企业技术应用和技术维护的中坚力量。AI是他们在面对企业的技术引进时，在工艺创新、产品研制、设备调试与维护等难题破解方面最好的助手。凡人类的感官不能到达的地方，AI均能到达；凡人类不能感知的问题，AI均能感知。诸如汽车维修中的解码器、电路维修中的译码器等。

其二，生产中如果没有高级技工做支撑，企业几天就会陷入瘫痪，产品质量会大打折扣。灰领们在日常工作中还会遇到种种难题，这些难题的攻克完全需要AI参与。也正是AI的超级功能，改善了灰领的社会地位和经济待遇。

五、绿领：善待职业模式

绿领最早由美国佛蒙特法学院教授帕特里克·赫弗南提出。1976年，他向美国国会提交了一份研究报告，题为"为环境就业：即将到来的绿领革命"。当时，一场轰轰烈烈的环保运动正在全球兴起，赫弗南敏锐地看到了这场运动将给各国经济结构和劳动力需求带来的深刻变革。

事实证明，过去30多年里，绿色经济已经成为各国实现可持续增长的必然选择和不可逆转的发展潮流，为之服务的绿领阶层日益走俏。

关于"绿领"，有很多种解释。例如，美国《韦氏大词典》2009年最早收录了"绿领"一词，并将它定义为从事环境卫生、环境保护、农业科研、护林绿化等行业，以及喜欢户外运动、品味自然的人。

绿领们有自己的事业，但不放弃生活；有自己的生活保障，但不被金钱所奴役。他们追求品位生活，可从不附庸风雅和装腔作势；他们接近自然，但不远离社会离群索居；他们享受人生，但也有同理心；他们热爱生活，崇尚健康时尚，酷爱户外运动，支持公益事业，善待自己的同时，也善待环境。

在AI+时代，绿领的善待职业模式：AI成为绿领们善待环境与善待自我的伙伴。

其一，绿领善待自然，AI成为他们的伙伴。无论社会如何发展，绿领们永远是环境的维护者和监督者。他们把AI作为维护环境的行动者和监督员，时时为自己或组织提供环境监测数据，以实现绿色生活。

其二，绿领善待自我，AI成为自己身体、生活的监督者。绿领们通过AI实现自我生理数据化管理、生活规律化管理、运动科学化管理，AI还可以为绿领们提供各种善待自我的生活方案。

其三，绿领倡导"平等、尊重和包容"的文化主张。AI将成为绿领们这种文化主张的捍卫者和践行者。金领、白领、灰领均按照经济实力与社会地位来划分，而绿领则更倾向于个人的内在品质。

六、粉领：零工职业模式

粉领，一是指女性上班族，很可能是传统类型的工作职务，与男性的专业没有重叠，与白领一族也不同；二是指在家工作的女性自由职业者，凭借电脑、电话和传真与外界联系。有人称部分粉领为"食脑一族"，诸如自由撰稿、广告设计、工艺品设计、产品营销、进出口贸易、管理咨询等行业的从业者。

粉领大多受过高等教育，年轻聪慧，因从事这类工作的多为女性，故又称"粉领丽人"。她们不需朝九晚五，不用看上司的脸色，不需观察同事的反应，不用像白领那样穿套装、化淡妆，甚至可以穿着睡袍在房间里穿行，脸上敷着面膜上网、收发邮件，哪里有钱赚便到哪里，哪行有利润就做哪行，因此，干着承包转卖、快买快卖等零工式买卖。她们的年薪一般都在8万元以上。

在AI+时代，粉领的零工职业模式：AI成为粉领们在生意场上进行品种选择、成本核算、商品投放的精算师，传统职业女性面临任务时的职场高手。

其一，粉领们寻求个性价值、接受市场挑战、追求劳资公平，但再精明能干的网络炒手，如果没有AI的精准识别、精准投放，都会导致失算、失策。因此，AI成了粉领们买卖、转包、操盘等的利器。

其二，粉领精明干练、随性自由、怡然自得，但难免慵懒、拖延，AI便成了她们完成市场交割交易的最好助手。

其三，对传统的职业女性而言，AI充当了她们最好的临时任务帮手，她们可以根据目标任务和上司要求，借助AI及时完成任务。

七、蓝领：助手职业模式

蓝领与白领相对，是来自于美国20世纪50年代的职业类型，是美国进入信息化时代提出的概念。蓝领在汉语词典里的解释：某些国家或地区指从事体力劳动的工人，他们劳动时一般穿蓝色工作服。

调查显示：蓝领中男性略多于女性，男女比例接近6:4，呈现年轻化的趋势，一般21~25岁是绝对的主力军，占50.3%；26~30岁的人占21.3%；40岁以上的不足4%。近50%的蓝领只具有高中或中专学历。

新蓝领指工作、生活在二线及以上城市的、为城市日常运转贡献力量的基层工作者，一般是技校、高职的毕业生，以技能为本位，直接对接市场需求，毕业生进入企业就能独当一面，很受企业青睐。新蓝领包括销售、房产经纪人、保安、美容美发师、快递员等职业人群，也涵盖了部分基层白领工作者。

在AI+时代，蓝领的助手职业模式：AI成为蓝领职场中的主要劳动力，蓝领成为AI的助手。

其一，蓝领多依赖体力和技术生存，但随着AI的出现，有大量的AI无论体力还是技术水平均超过人类，因此，AI最容易抢占蓝领的工作岗位而成为劳动大军，蓝领成为AI的助手，从事AI的维护工作。

其二，虽然部分蓝领拥有技术，而且还可以进一步通过职业培训考取相关的资格证书来提升个人的职业能力，积累职业竞争力，但这些技能在AI的能力范围内均是小菜一碟。

第六章　AI+时代的教育变革

AI+时代，技术变革将引发社会变革，未来，受到最大冲击的也是教育及人才。我们今天的教育体系是从工业革命时代就建立起来的，教育在为工业时代的流水线、制造业培养了大批技术人员和一线工人的同时，也为管理、金融、服务等行业培养了大量的专业人才。21世纪，"重返精神家园"的需求越来越强烈。人的发展之路没有终点，教育同样没有终点，人的完善永远都是教育的最高理想。

第一节　工业时代的教育理念

工业时代有别于数据时代。工业时代是知识驱动，是知识的竞争；而数据时代是智慧驱动，是创造力和想象力的竞争。工业时代是使自己强大，数据时代是让自己强大的同时引导别人强大。工业时代，人类主要是探索外部世界，主要靠力量、知识、操作力；数据时代，人类不但能探索未知的世界，还能探索自身，主要依靠体验、智慧和创造力。

一、教育的三次跨越

人类教育的三次跨越强化了教育的元功能，人才培养保证了人类社会各时代发展所需的人才，加速了人类探索自然、改造社会、推动科学等的进程。三次跨越给教育观念带来了全新的变化，给人类带来了巨大变化。

（一）第一次跨越：教育行业的出现

第一次跨越，即从原始教育到学校教育。人类教育的第一次跨越大约出现在5000年前的人类文明初期，它是由于农业时代物质和精神发展到一定阶段产生的。这次跨越使人们对学校教育有了清晰的认识，形成了学校教育的观念，即系统的、正规的、全面的、优质的教育观念。

第一次跨越改变了教育的原始状态，产生了新的教育功能，出现了新的教育形式，学校教育成为少数人的一项特权。教育从原始的、简单的、朴素的、零星的生产劳动教育向成型的、系统的、专业的、有规模的学校教育跨越，使零散的民间知识汇聚在专门的机构，形成系统的知识和优质教育。

学校教育作为社会上层建筑得到巩固，教育成为国家事务，其平等性被打破，政治功能得以凸显，教育国家化成为现实。教育的生产功能减弱，文化传承功能加强，人文教育代替生产教育成为学校教育的主体。

这次跨越推动了社会分工的出现，使文化积累、文化传播主要由学校教育承担，人类文化被教育格式化，因而得到系统的传承与优化，其精髓得以发展和延续，最终推动了人类从愚昧走向文明。教育行业的出现成为人类古代文明进步的重要标志之一。

（二）第二次跨越：教育受众的扩大

第二次跨越，即从精英教育到全民教育。这次跨越出现在200多年前，它是因工业革命兴起而产生的一场教育大变革。这次跨越产生了教育民主观、全民教育观，教育机会均等、教育为人人，所有的教育观都被社会广泛认可。

第二次跨越改变了学校的培养模式，扩大了教育受众和教育内容，使适龄儿童接受基础知识学习的低龄学段学校教育成为国民的一项基本义务。学校向社会下层敞开大门，国民教育代替特权教育，教育国家化迈向教育国民化和社会化，教育的公益性取代了教育的特权垄断，教育的科学性取代了教育的经验性。

学校从精英教育回归民本教育，扩大了教育受众，加快了知识普及与再生速度。教育为生产服务这一原始功能，在这次跨越中得以实现并有力地推动了社会生产的进步。教育通过培养人、提高人的素质，使之进入生产领域，提高了生产效率，生产的可持续发展得以延续。

这次跨越推动了人类文化的下移和生产的可持续发展，推动了人类社会的工业化和社会民主法制的发展，人类整体文化素质得到大幅提高。全民教育成为人类现代文明进步的重要标志之一。

（三）第三次跨越：教育时空的拓展

第三次跨越，即从实体教育到虚拟教育。这次跨越出现在20世纪末，它是由新技术革命引发的一场教育大变革。这次跨越使人们有了新的教育"地球村"的时空观念。每个人可以通过虚拟网络课堂，在世界的众多地方随时随地学习。

第三次跨越改变了教育技术层面，扩大了教育的时空范围，从而改变了每一个人的受教育方式。虚拟教育冲破了传统时空的束缚，弥补了实体教育的不足，扩大了知识的共享范围，提高了知识传输效率，进而提高了教育效率。

虚拟教育将最终超越传统的地域和社会意识形态，推动全球教育的融合，使优质教育资源真正为全人类共享。我们能灵活便捷地享受教育，这是适合每个人的个性化教育和终身教育。

这次跨越，全球一体化的教育模式使受教育更方便快捷，教育成为世界"文化熔炉"的催化剂，将冲破传统意识形态的束缚，最终推动跨文化、跨地域和跨民族的大融合、大交流，推动世界和平发展，形成协调、和谐的世界观和文化观。虚拟教育成为人类当代文明进步的重要标志之一。

二、工业时代教育

工业时代的教育是科学教育。黑格尔曾这样描述："精神跨入近代时的情景，宛如穿上七里神靴，大步迈进，人获得了自信，信任人类作为思维的智慧，信任自己的感觉，信任自身以外的感性自然和自身以内的感性本性。"人在技术与自然中感受到了发明创造的乐趣。科学思维的复兴摒弃了一切不确定的因素，人们喊出了"知识就是力量"的口号。

工业时代教育注重知识的教授和技能的培养，为提高人口素质、培养大量产业工人和科研、管理人才做出了巨大贡献，但由于"大规模的人才生产"，又使它与生命意识和人的精神生活渐离。虽然它也曾试图让人进入一个新世界，但这种努力是对本源的弃离，最终使人们走入歧途。

（一）标准化

工业化的生产方式不仅在经济领域发挥作用，而且全面渗透到社会、文化、精神、道德和教育各个领域。教育同样也通过统一规格、流水线生产，追求集约化、规模化、效益化等，因为过于强调竞争和效率而让人觉得冷漠。

科学理性的真知灼见、至理名言、物质财富，大大增强了人们的自信心，人们开始相信通过科学技术可以无所不能，可以控制世间万物，甚至控制人类的精神世界。

直观的生活世界被物质化、对象化，人的价值重心从自身转向了物质世界，而这种转向在发生的同时也注定了人的物化，即生命价值被有用化。人成了科学创新和技术革命的手段，人自身之外的物质世界反而成了教育的最终目的。

（二）规模化

今天，教育的规模化无处不在，世界各地的大学城、高教园区、学府城大量出现，大中小学各种评估标准等被量化。教育的系统化、体制化更加严密，如果某一环欠缺或者落后，就丧失了入局的机会，或者即使进去了也会被踢出来。这种空前强大的力量使家长普遍对于教育感到焦虑。

在科学主义的影响下，规模化使教育变成了一种切实可行的、用物理的方式可以掌握的学科。教育价值观在科学时代中逐步发生了转变，即从依赖于精神世界的原初生活到对科学的推崇，原本那种属于人的教育价值观被固定化，科学成了最有价值的知识。

以生产为导向的世界观凌驾于一切之上，人才培养的规模化使人与世界原本紧密的关系被割裂，教育价值观发生了变更，从"育人"变为"制器"。科学主义促使人对自然有了更多的认识，而这种认识又进一步强化了理性，理性变成了人至高无上的支配者，知识则成为控制自然界和人类的工具。

（三）功利化

古代"万般皆下品，唯有读书高"，今天"好中学—好大学—好工作—好生活"。在功利主义的驱使下，为规模人才生产，教育被窄化为学校教育，进而被窄化为知识传授乃至应试。教育的功利性，驱使大学生学成的目的是进入"体制内"、世界500强等。"精致的利己主义"准确地概括了工业化教育的功利特征。

人才培养的功利化来源于西方经济学人力资本的观念，人被物化，被视作拥有知识、技能，促进经济增长的劳动力，而不是还需要提升道德、精神、心灵，成为全面成长的"人"。从经济学人力资本的角度看待教育，算的是教育投入和回报的账，而不是人的全面发展和社会发展。

（四）"被教化"

工业时代教育过于强调知识的学习，这使得教育的其他属性被教育者不假思索地抛弃，学生的精神、道德乃至心理健康都被漠视或忽视。知识成为教育中的第一要素，人的精神世界与创造性被搁置一旁。这种工业化教育成了一种单纯的知识传递，即人类"被教化"。"被教化"的教育把生活的兴趣和热情放到了第二位，社会生产则放在首位。

科学的发展导致教育不再是灵感的源泉，一旦教育不再以精神世界不可抗拒的力量发挥作用，它本身便不再生产，而只是占有、持有或享受已经生产出的东西，它的创造能量便会不可避免地退化为单纯教化。

在此情况下，致力于人内心世界的教育便成了"为了教育而教育"的教育，教育失去了原本的丰富性与灵魂价值，不再是人的一种创造活动。尽管这种"被教化"的教育依旧是人类生活的重要组成部分，但它本身不服务于生活，而是作用于满足物质生活的外在生产。

三、现代教育理念

教育理念包括家庭教育理念与学校教育教学理念。教育理念是教育思想家乃至整个民族长期蕴蓄和形成的教育价值取向，是关于教育发展的一种理想性、精神性、持续性和相对稳定性的范型，具有导向性、前瞻性、规范性的特征。

（一）教育理念的概念

关于教育理念的理解很多，如"教育理念是人们追求的教育理想，它是建立在教育规律的基础之上的。科学的教育理念是一种'远见卓识'，它能正确地反映教育的本质和时代的特征，科学地指明前进方向"（王冀生）；"教育理念是关于教育发展的一种理想的、永恒的、精神性的范型。教育理念反映教育的本质特点，从根本上回答为什么要办教育"（李萍）。

教育理念既反映了教育发展的一种理想的、永恒的、精神性的价值追求，也体现教育的本质，以及回答了为什么要办教育，办什么样的教育这两个问题。

教育理念是教育主体对教育及其现象进行思维的抽象概括或观念的形成物，是理性认识的成果。

教育理念包含了教育主体关于"教育应然"的价值取向或倾向，属于"好教育"的观念。

教育理念不是教育现实，但源于对教育现实的思考，是教育主体对教育现实的自觉反映。

教育理念是个外延比较宽泛并能反映教育思维一类活动具有概念共性的普遍概念或上位概念。

教育理念之于教育实践，具有引导定向的意义。

（二）十大教育理念

中国几千年的文化和教育孕育了丰富的、多样化的教育观，其核心思想充分体现在不同时代的教育理念中。新中国教育经过几十年的不断发展和完善，逐步形成了一整套优秀的教育理念。

1. 以人为本

21世纪，社会已经由重视科学技术为主发展到以人为本的时代，教育作为培养和造就社会合格人才的崇高事业，自然应当全面体现以人为本的时代精神。今天强调以人为本，把重视人、理解人、尊重人、爱护人、提升和发展人的精神灌注于教育教学的全过程、全方位。

以人为本的教育关注人的现实需要和未来发展，更注重开发和挖掘人自身的禀赋和潜能，更重视人自身的价值及实现，并致力于培养人的自尊、自信、自爱、自立、自强意识，不断提升人们的精神文化品位和生活质量，从而不断提高人的生存和发展能力，促进人自身的发展与完善。

2. 全面发展

教育以促进人的自由全面发展为宗旨，因此它更关注人发展的完整性、全面性。在宏观上，它是面向全体公民的国民性教育，注重民族整体的全面发展，以大力提高和发展全民族的思想道德素质和科学文化素质，提高民族的知识和技术创新能力，增强包括民族凝聚力在内的综合国力为根本目标；在微观上，它以促进每一个学生在德、智、体、美、劳等方面的全面发展与完善，造就全面发展的人才为己任。这就要求人们在教育观念上实现由精英教育向大众教育、由专业性教育向通识性教育的转变，在教育方法上采取德、智、体、美、劳等几育并举的整体育人方略。

3. 素质教育

以核心素养为价值目标的素质教育，扬弃了传统教育重视知识的传授与接受的思想和方法，更注重知识向能力的转化，以及知识内化为个人的良好素质，强调知识、能力与素质在人才整体结构中的相互作用、辩证统一与和谐发展。

针对传统教育重知识传递、轻实践能力，重考试分数、轻综合素质等弊端，现代教育更加重视学生的实践能力，主张能力与素质是比知识更重要、更稳定、更持久的要素，把综合素质的培养与提高作为教育教学的中心工作来抓，以帮助学生学会学习和强化素质，旨在全面开发学生的各种潜能，使知识、能力、素质协调发展。

4. 创造性

当前，教育正在努力实现知识性向创造性的转变，因为知识经济更加彰显了人的创造作用，人的创造力潜能成为最具有价值的不竭资源。现代教育强调教育教学过程是一个具有高度创造性的过程，以点拨、启发、引导、开发和训练学生的创造力为基本目标。

今天的教育主张以创造性的教育教学手段和优美的教育教学艺术来营造教育教学环境，以充分挖掘和培养人的创造性，培养创造性人才为目的。

5. 自主性

自主性教育充分肯定并尊重人的主体价值，充分调动主体的能动性，使外在的、客体实施的教育转换成受教育者的自主性活动。其核心是充分尊重每一位受教育者的主体地位，"教"始终围绕"学"来开展，最大限度地开启学生的内在潜力和学习动力，使学生由被动转为主动，使教育过程真正成为学生自主自觉的自我建构过程。

自主性教育，要求教育走出以教师、教材、课堂为中心的传统教学模式，建立以学生、活动、实践为中心的新型教学模式，倡导自主教育、快乐教育、成功教育和研究性学习等新颖活泼的教育模式，以点燃学生的学习热情，培养学生的学习兴趣，提高学生的学习能力，使学生积极主动、生动活泼地学习。

6. 个性化

个性化发展是创造精神与创新能力的源泉。当今时代是一个创新的时代，它需要大批个性鲜明、思维活跃的人才来支撑。教育要尊重个性，正视个性差异，张扬个性，鼓励个性发展；教育要针对不同个性学生的特点，采用不同的教育方法和评估标准，为个性化人才培养创造条件。

个性化教育理念就是要在教育的各环节及要素间，充分尊重学生的个人优势和身心特点，开发其个人潜能。个性化理念在教育实践中具体表现在三个方面：首先，要求创设和营造个性化的教育环境和氛围，搭筑个性化教育大平台；其次，在教育观念上提倡平等观点、宽容精神与师生互动，承认并尊重学生的个性差异，为每一位学生个性展示与发展提供平等的机会和条件，鼓励学习者发挥所长；再次，在教育方法上，教师注意采取不同的教育措施，注重因材施教。

7. 开放性

当今时代，经济的全球化使世界日益成为一个更加紧密联系的有机整体。传统的封闭式教育格局被打破，取而代之的是一种全方位开放式的新型教育。它包括教育观念、教育方式、教育过程、教育目标、教育资源、教育内容、教育评价等的开放性。

教育应广泛汲取世界范围内优秀的教育思想、理论与方法为己所用，要走国际化、产业化、社会化的道路。教育要从学历教育向终身教育转变，从课堂教育向实践教育、信息网络化教育延伸，从学校教育到社区教育、社会教育拓展。

其中，教育目标的开放性指教育旨在不断开启人的心灵世界和创造潜能，不断提升人的自我发展能力，不断拓展人的生存和发展空间；教育资源的开放性指充分开发和利用一切传统的、现代的、民族的、世界的、物质的、精神的、现实的、虚拟的各种资源用于教育活动，以激活教育实践。

8. 多样化

教育多样化首先表现在教育需求多样化，为适应经济社会发展的要求，人才的规格、标准必然要求多样化；其次表现在办学主体多样化、教育目标多样化、管理体制多样化；最后还表现在灵活多样的教育形式、教育手段，衡量教育及人才质量的标准多样化，等等。

教育多样化给教育教学设计与管理提出了更高的要求及挑战。它要求根据不同层次、不同类型、不同管理体制的教育机构及部门进行柔性设计与管理，更推崇符合教育教学实践的弹性教学与弹性管理模式，主张为教育发展提供更加宽松的政策法规与社会舆论。

9. 生态和谐

植物生长需要良好的自然生态环境，人才的健康成长同样也需要宽松和谐的社会生态环境。现代教育主张把教育活动看作一个有机的生态整体，这一整体包括了教育内部的教师、学生、课堂、实践、教育内容与方法诸要素的亲和、融洽与和谐统一。

现代教育提倡"和谐教育"，追求有机的"生态性"教育整体环境建构，主张"三全育人"（全员育人、全程育人、全方位育人），营造出人才成长的最佳生态区，促进人才的和谐发展。

10. 系统性

随着数字经济时代的来临，终身教育和自适应学习已经成为现实。教育成为伴随人一生的最重要的活动之一。因而，教育不仅仅是学校之事，也不仅是个人之事，它是国民素质提高之事，是社会进步与国家发展之大事，是关乎国家未来的全局性、战略性大业。它是一个庞大的社会系统工程。

为此，教育涉及许多行业和部门，需要全社会普遍参与、共同努力才能搞好。当今的教育发展也正沿着社会化、网络化、国际化、泛在化方向发展。

第二节　AI+时代的教育价值取向

智能化时代，人类担心AI会超过自己，但是我们还是应该更有自信，因为最大的挑战不是机器越来越聪明，而是人的智慧没有长进。未来，AI势必会对我们过去的教育模式、教育内容、教育方式发起巨大的挑战，它会越来越聪明。因此，如果依然按照传统教育模式，让孩子局限于记忆、计算，那么他们在未来20~30年内将会被AI打败。

一、AI+时代教育的变化

AI+时代，人们比的不是知识而是智慧。人类崇尚的是使命与价值观。人类知识急剧爆炸，但几千年来人类智慧并没有提升。动物只有本能，人类不但有本能还有智慧，而机器只有智能。知识通过学习可以获得，智慧是一种知识和经验的再生产，智能是一种算法。很多智能活动对人类来讲很难，但对AI来讲却非常容易；同样，有很多事情对AI来讲很难，对人类来讲却非常容易。AI永远会比人聪明，它总比人记得快、算得快，还不休息，不怕累，不生气，但是人类拥有智慧和情感体验，而机器无法拥有。

（一）教育使命在变

AI+时代，教育的使命会变：从"教人"到"育人"。工业时代是知识改变命运，数据时代是智慧完善命运。教育，教是教知识，育是育文化；学习，学的是知识，习的是体验、挫折。过去教人如何变聪明，AI+时代，要教人如何有智慧；智能时代的学习，千万不要把精力花在技术和设备上，而应把技术、设备花在人的进步与感受上。

AI+时代不应该，也不能让人失业，而是要让人去做更有价值的事情。因此，教育必须个性化、特色化：上课不一样，方法不一样，评价体系也不能一样。教育肯定不能失去考试，但同时个性化评价也是非常重要的。

学校都应该有自己的特色，因人施教是教育永恒的誓言。学校应该创造条件让学生成为最好的自己，要把每个学生培养成活生生的人，而不是学习的机器，否则他们将无法和机器竞争。过去是把人变成机器，AI+时代是把机器变成人。

（二）教育方式在变

AI可以代替老师批改作业，互联网可以帮助学生回答问题。AI+时代，如果在人脑中植入芯片，知识根本不用教，但是老师对学生的关爱，对学生思想、价值观的洞察和引导是机器无法取代的。当然，即使你脑袋里有10个芯片，你还是要学习。因为脑袋不动，你会老得很快，记忆力减退，思维僵化。

人类有梦想，机器永远不会有梦想。AI+时代，学生在学校不只是学知识，还从艺术中体验到创意和想象力，从运动中学会包容，学会团队合作，学会担当，学会面对失败、面对挫折，学会解决问题的能力和生存能力。以色列的小学生要到山里生存3天才能合格，在这种困难环境下长大才能担当重任。

从幼儿园开始，就要给孩子播下文化的种子，学习琴棋书画。音乐是通向人类灵魂的语言，舞蹈能够让孩子懂得节奏，画画培养孩子的想象力。小学要培养价值观，做人的道理；初中要培养纪律性；高中要找到未来的兴趣。

（三）教育理念在变

未来，大学生必须要有全球观，要对世界有足够的认识，对不同民族的文化、信仰要有足够的认识和尊重。教育必须学会尊重，学会包容，学会吸他人之长、补己之短，世界才会变得更加和平、绿色和可持续。

今天的教育需要有自己的风格和特色，我们应该让每一个学校都有自己的特色。

AI技术越强大，未来越可怕。为此，未来教育需要培养学生的智商、情商，更要培养爱商。机器只有"芯"，人类才有心；机器有精度，而人有温度。智能化时代，人更需要爱。机器可以取代保姆，但不能取代母爱；机器可以取代护士，但不能取代关爱。

（四）学校形态在变

今天，"人类社会—计算机—物理世界"三元融合，信息服务进入普惠计算时代，人类手握智能终端，随时随地就可获得想要的解决方案。随着5G、6G时代的开启，学校教育将彻底变革（参见表6-1）。

表6-1　AI+时代学校的虚实结合（张永华原创）

实体学校	虚拟学校
师生课堂、实验实训室、图书馆等	互联网之泛在教学资源
满足情感沟通和心灵成长	满足人人学习、事事学习、时时学习
创意流程导向的创客空间	基于AI自适应学习系统提供的课程服务
师生互动之教与学、实验实训、实践体验	基于大数据之自我采集、分析、管理及应用
教师独立或集体备课、自用或共享	全体教育人共建、共享、共治
……	……

　　AI+对教育带来一系列冲击：一是对教师、教学方法的冲击；二是信息传播与社交方式变革对学生、学习方法的冲击；三是对学校和教育体制的冲击。学校可能需要重新设置专业，大部分现有工作将被AI取代，同时，新的工作也会出现，新的生产工具和生活工具将不断推出，学习内容的转变在所难免，学校治理变革也在所难免。学校深层次的重构，还不仅仅局限在这些领域，量变还在逐渐叠加，学校的升级换代正渐渐推进。在可预见的未来，学校转型的趋势愈发明显。

　　（1）AI与人类的重新分工将改变学习内容。

　　（2）学习逐渐走向个性化和终身化，学校服务从"电影院形态"走向"超市形态"。

　　（3）学校业务正在被技术公司瓜分，课程外包将常态化。

　　（4）混合式学习和合作学习将成为主流，群智发展成为共识。

　　（5）屏幕学习成为常态，技术深度融合会极大提升认知效率。

　　（6）单向灌输知识时代被终结，教师角色发生重大转变。

　　（7）评价会发生革新，升学将基于信任而不是分数，教育进入后文凭时代。

　　（8）学制将基本消亡，学习是一段特殊旅程。

　　（9）学校将成为人类的精神栖所、心灵家园。

　　（10）社会教育供给机制将更加完善，教育券成为学校的通行证。

二、教育价值观

教育价值观是指人们对整个教育核心价值或基础价值的看法或观念，对其他的教育观念有直接或间接的影响，并与它们一起规范、指导或调节人们的教育行为，直接影响教育的目的、内容、形式和方法，影响着教育的规划、结构、布局和体制。

（一）重返精神家园

教育与哲学一样，可以平衡人的心理、消除人的烦恼、慰藉人的灵魂。它指向人的内心世界，其目的在于唤醒人们对不可见世界的向往与追求，是一种对人精神上的提升。

为了达到这个目的，追求自由，即为人创造最大的发展空间，使人能够不受外部限制地进行最大限度的自我创造便成了教育的应有之义。而这一切，都是为了使人过上"第一手的生活"。"第一手的生活"是一种纯净的、无杂质的内心生活。它以宁静和致远为经纬，以体悟和感受为途径，使人达到自身所能达到的最高境界。

"缺少理想的教育可能是高效的，但必然是平庸的。"AI+时代，教育必须走向实践、走向生活。教育中失落了的生命意识被重新唤醒，教育似乎又回到了它的原点，即人性化上来。理想性重返教育，回归人全面和谐发展的教育目标。

（二）爱与智慧

教育追求爱与智慧，并以智慧来照料人类的灵魂，从而实现心灵的转向。爱与智慧的无穷性决定了教育的永恒性。正是对爱和智慧的不懈追求，使我们的心灵得到了提升。

教育价值观指向"看不见的世界"，人通过教育"获得反思和辩驳的能力，而这种能力也是具有高尚人生境界的一种标记"。可以说，教育价值观在一开始的时候被生命意识所充盈，教育在一开始的时候充斥着浓厚的人文色彩，人的精神世界是教育的切入点。

在微观上，教育价值观是指基于教育系统本身各个内部要素之间有机联系的目标指向；在宏观上，教育价值是指基于教育同社会中其他系统之间的相互协调关系的价值指向。

（三）"认识你自己"

"认识你自己"是古希腊的教育箴言，它强调内心的体验与感悟，教育作为一种创造和生成的力量而存在。教育就是通过对内心世界的挖掘不断认识自我的过程。教育中虽然强调知识的获得，但更重要的是对生命的体悟和意义的寻求。

柏拉图认为，儿童问世后，其先天存在的思想就被忘记了，但儿童的心灵中却保留了经验和知识的种子，因此，学习只是对原先业已存在东西的回忆罢了，通过回忆，人可以重新找回自己原初的那种状态，也就是善的境界。

亚里士多德强调，要通过理性思维去把握现实世界，形成系统的知识，要在理性基础之上来确立伦理知识和伦理生活，要用理智适度控制情感和欲望去谋求幸福和美德。

（四）着眼于创造

控制是力量的对峙和抗衡，而创造在于改变。真正的创造，不仅创造了过程，创造了结果，更在于创造了动机。创造是一种批判，是对更美好事物的不断追求。工业时代的教育规定了人的发展方向，并企图运用工业化的模式来改变人，这极大地限制了人的发展，而"人，只能自己改变自身，并以自身的改变来唤醒他人"。

教育应该培养人的自我认识和自我改造的能力，作为价值引导，这种引导是建立在对受教育者充满期待的关注和激励基础上的。在教育的引导中，人才能真正实现自身的全面发展。

（五）着力于对话

教育一直以来都是理性者的独白。独白忠诚于科学，却远离了学生；独白是一种表演，观众没机会参与；独白体现的是权利，它失去了民主；独白追求着效率，却失去了意义。对话是一种介入和平等参与，只有对话才能产生理解。在对话的理解中，不同的主体互相表述，各自建立自身，同时又使事物获得新意。

真正的教育只能建立在尊重与信任的基础上，建立在宽容与乐观的期待上。只有在对话中，我们才能把握教育的理想；只有在对话中，真正的创造才能出现，人才可能"诗意地栖居在大地上"。

三、创新培养模式

人才培养模式就是在一定的教育理念、教育思想的指导下，按照特定的培养目标和人才规格，以相对稳定的教学内容和课程体系、管理制度和评估方式实施人才教育过程的综合，通常包括培养目标、培养制度、培养过程、培养评价四个方面。换言之，核心要素有四个方面，即人才的培养理念、培养过程、培养制度和培养的质量评价体系。

（一）西方人才培养模式的创新

目前，就高校人才培养创新模式而言，走在前面的是美国、以色列、俄罗斯等。此外，"双创"型技术模式已经在一些国家诞生并蓬勃发展。当然，我国政府和企业家也有介入，而且成效显著。

1. 美国模式

美国大学主要从两个方面培养学生的创新能力：一是特别注重培养发展方向明确、想法有创意的学生；二是鼓励学生提出自己独特的思想，倡导创意与实践密切结合。近年来，真正做到办学模式、人才培养模式转变的，斯坦福大学是其中的代表。斯坦福大学始终敢想敢为，不断创新、突破。

斯坦福大学"2025计划"的核心内容包括开放大学，还有"自定节奏的教育、轴翻转、有使命感的学习"等。"自定节奏的教育"打破陈旧的学习束缚，"轴翻转"强调能力的培养以及对学生进行动态的竞争力考核，学生的学习目的是"有使命感的学习"。

斯坦福大学的人才培养目标是培养具有大格局、大视野的国际领袖型人才，不仅仅着眼于个体成功，而且要培养具有使命感的国际型人才。

2. 以色列模式

以色列的教育有独特性，不同于欧美和亚洲的教育。其强调家庭教育、学校教育和社会文化的熏陶。以色列的教育部部长认为，他们之所以出了那么多的人才，就是因为对教师严格要求，包括爱学生、信任每个学生都是天才，强调优秀教师是一个"导体"，通过创新跟学生链接。思维创新就是思维不能停滞，要不断地否定和超越自己。

3. 俄罗斯模式

俄罗斯高等教育最近也发生了很大的变化，从教育观念、办学层次、专业设置、课程设置、质量评估五个方面全面分析了人才培养模式的改变方向，强调高等教育结构的多元化发展，突出人才培养上的通才性与专业性的结合。莫斯科大学是其中的典型，它在院校、院系调整和人才培养方面做了许多改革，增设跨学科的讲座课，包括与企业合作开发现代管理课程等。

4. "双创"技术模式

国际上还有一类新型的大学，比如奇点大学，其定位是培养解决未来全球性问题的"双创"型技术领军人物。与传统大学不同，奇点大学的教育教学特别强调面向创业孵化，开展实验室创业加速器、创新伙伴活动等，因此报考该校的人数特别多，但是入学率只有2%~3%。还有硅谷投资人办的英雄学院、苹果学院等，这些都是国际上新的创新模式。包括湖畔大学等，也是参考了他们的办学模式，希望通过这样的人才培养模式来增进和企业的密切结合。

5. "三型"创新模式

就人才创新培养模式而言，集中体现在传统人才规格和适应市场的人才类型上，可以归纳为三种类型：实践型人才、应用型人才、技能型人才。

（1）实践型：加拿大模式。加拿大模式以能力培养为中心，围绕着从事职业工作所需要的知识、技能来设置学习课程。例如高护理本科实习生临床工作能力的"带教模式"，一方面重点培养实习生的职业价值观、临床服务能力、临床教学能力及科研能力等，另一方面还非常重视实习生的沟通能力、自主学习能力、评判性思维能力等的培养。

（2）应用型：德国模式。德国应用科技大学模式不要求学生掌握系统高深的理论知识，但必须要通过基础的理论知识和充分的职业训练，使其成为某一领域中具有独立从事职业活动能力的职业人才。德国应用科技大学特别强调大学和企业的合作。德国应用科技大学模式也被称为企业主导型实践教学模式。

（3）技能型：英国模式。英国资格证书体系，强调企业推动下的实用技术资格证。职业资格是一种能力资格认定标识，是一项能力标志。

（二）我国人才培养模式的创新

中国高等教育普及化最基本的特征是多样化，不能用同一个标准、同一个维度来办所有的高校。要适应学生发展多样化，必须探索高等教育办学主体、办学类型、办学结构、办学模式的多样化。

1. 清华大学模式

清华大学在创新人才培养模式上，提出创新、创意、创业"三位一体"的高层次教学体系建设，提出了"教师+""课程+"两个概念。"教师+"就是打破传统的模式，强调以"学"为中心的学业评价方式，实施等级制取代百分制。该校还开设了校友课程和产业课程，建立了创新、创意、创业联合体，强调"三创融合"、本研协同、"三位一体"。

2. 上海纽约大学模式

"让世界成为你的课堂"是上海纽约大学的核心教育理念。该校通过构建课堂教学、文化体验、社会观察、研究实践相结合的综合学习平台，着重拓展学生的科学视野，激发学生的好奇心，培养学生的学习兴趣，养成主动学习的习惯；强调培养学生的批判性思维能力，培养学生的人文素养，从每一个课程中打下跨学科的基础，使学生在学习过程当中开阔全球视野。

学校的责任是为学生提供各种各样的机会，鼓励学生主动学习。教师来自世界各地，"创造力+创新"项目来自世界各地。

3．温州大学模式

它属于地方大学人才培养模式的一个创新案例，强化创新教育特色，培养重实践、强创新、能创新、懂管理、敢担当的高素质应用型人才。温州大学培养的框架就是强调以专业教育与创业教育融合为路径。其体系有四个层面，包括通识教育、专业教育、创业特色班、创业教育与培养方案。

温州大学开设了很多独特的班，比如青年创客班、创业先锋班、创业管理班、创业精英班，系统推进企业孵化式教育的教学改革，加强特色化的创业教育课程体系建设。在应用型、技能型的人才培养模式上，温州大学做了有益的创新。

4．校企创新模式

中国的大学与跨国公司的合作已经从"1.0时代"走向"2.0时代"，其标志就是中国的企业已经走向世界。大量企业走出国门，正在孕育并产生着一批世界级公司，比如阿里巴巴、华为、腾讯等，它们已经成为跨国公司的重要组成部分。第一阶段是中国的大学同外国的企业合作；第二阶段是中国的大学不仅要与外国一流的企业合作，而且中国的一流企业将会越来越多地进入中国的大学，开展更多层次的合作。

华为与大学的合作，不仅是为了与中国的大学特别是一流大学进行合作，更是为了实施探索、开放、旗舰三个类别的创新研究计划。华为的人才理念非常值得重视，就是用最优秀的人去培养更优秀的人。

第三节　AI+时代的教育大趋势与自适应学习

传统的AI学习系统更多是为了满足某个专门领域的学习需求，目的是使学习者获得特定的知识和技能，而且这些系统常常作为学校教育的补充，未能深入影响学生的日常学习和生活。随着AI+技术的发展，教育领域对AI+技术提出了更高要求，期望AI+技术能对教育产生革命性的影响。

一、AI+教育大趋势

新学习革命告诉我们，AI+背景下的自适应学习，学生成为了学习的真正主体，教育者是学生身边的向导，一切教育活动以学习者为中心。未来，AI+教育将是大趋势。

（一）充分个性化

个性化学习是指以反映学生个性差异为基础，以促进学生个性发展为目标的学习范式。随着学习科学领域研究的不断深入，人们期望下一步智能学习系统的开发，能够充分结合学习科学研究成果与AI+时代技术的进步，使学习系统与学习者能以更自然的方式进行交互，在教师缺席的情况下承担起个人和小组导师的角色。

AI+时代的个性化学习取决于三个核心要素：其一，需求方个体成长、家庭期望以及个性化需求的判断和确认；其二，服务方"爱与智慧"数据化掌控和应用，个性化服务的水平与能力；其三，实现受教育者"重返精神家园"和拥有未来与AI共事的能力，最终使受教育者过上"第一手的生活"。

（二）学习交互式

针对信息化教学系统和智能导师系统中存储的大量数据，目前，已经形成了学习分析和教育数据挖掘两类研究群体。但是，教育的发展对AI+时代技术提出了更高的期望：不仅要分析来自学习者的个人数据，还要分析各种交互性数据。其中，学习者的个人数据是因材施教的基础性数据，有了它，学习目的性更强、成才的目标性更准；交互性数据既包括学习者之间的交互数据，也包括学习者与学习材料之间的交互数据。

个体迈向"超媒体"学习，学生经由探究、体验、师长、教科书以及其他多媒体管道建构自己的知识，透过网际网络置身超越时空的学习环境。从"教学"到"建构"及"发现"，教师扮演学习示范者、指导者、教练以及资源提供者，赋予学生更多的能力去学习知识，以适应多元快速变迁的社会。

（三）课堂全球化

全球课堂的目标是为学习者提供一种普及化的、随时随地可以访问的、学习者深度参与的学习环境。在这样的学习环境中，处于任何水平的学习者都能获得良好的学习体验。当前的慕课可以被看作全球课堂的雏形，但当下的慕课偏重知识传递、通过率低，只适合具有一定知识背景和较高学习动机的学习者。

AI+时代，在大数据、5G、云引擎等高端技术支持下，全球课堂一体化，能够为学习者提供一个强大的、需求个性化的云端学习系统。全球化课堂为个人的成长、成才和美好生活创造了全新学习环境。

（四）建构新能力

"21世纪能力"是为了应对知识经济发展需求及社会进步而对人才培养所提出的要求，具体包括创造性与问题解决、信息素养、自我认识与自我调控、批判性思维、学会学习与终身学习、公民责任与社会参与等内容。

"21世纪能力"要求AI+时代的技术不能局限于促进学生学习具体的、结构良好的知识和技能，而是要帮助学生获得解决复杂问题、批判性思维、多人协作等新能力。这种新能力是AI+时代与机器竞争工作岗位以及实现幸福生活所需的能力。

（五）实现终身化

未来学习者的学习，不再只限于学校，"自我导向学习"将盛行，每个人都会变成"活到老学到老"的终身学习者。AI+时代的技术革命，已经能够根据学习者的成长变化提供合适的、难易适度的资源。

现在，信息技术成熟，已经完全能够实现快速下载、便捷处理、愉快学习、仿真实践等功能。AI+时代，信息技术更是超一流，当然，智能代理、虚拟角色等技术的普及是必不可少的。

二、AI+自适应学习的内涵

AI+自适应学习是指借助AI+自适应技术的学习系统，为学习者创设一种满足其多样化学习需求的学习环境，推荐给学习者个性化的学习内容、独特的学习路径、有效的学习策略等，使之满足学习者的个性化发展。

（一）目标：促成学生深度学习

AI+自适应学习能够激发学习者的自我效能感，整合具有意义连接的学习内容，采取持续关注的评价方式，促进学习者对知识的理解、建构、反思与运用，进而实现从"学会"到"会学"的质的提升。

未来，"自适应学习"会更加尊重学习者的兴趣，让其选择适合自己的课程和时间，随时进入学习。将学习的责任赋予学习者本人，学生选择适合自己的方式寻找资料，获取知识，乐在其中，因而能从传统被动的痛苦转向主动的快乐。

（二）学校：泛在学习的创建者

随着技术的发展，移动学习设备也在不断地更新完善，其便捷性受到大众的青睐，把学生从固定的课堂桌面学习环境中解放出来，将学习范围扩大到基于自身所处环境的更加广阔的场所，获得更加真实的学习体验。

学校的任务是根据人才培养目标精选课程，筛选个性化的教学内容，为不同的学习者提供学习服务。利用AI+自适应学习系统，将学习者的相关信息及时输送、反馈回自适应系统，然后系统根据众多丰富、即时的信息为学习者提供针对性的支持和帮助。学习者则可以利用自适应学习系统的学习支持技术进行灵活、多样、基于自身环境的不间断学习。

（三）学生：自主成才的学习者

个性化的学习能够促进学习者更专注、更高效地投入学习，取得良好的学习效果。AI+自适应学习以学习者为中心，针对学习者所处的情境和环境、认知能力、学习风格、性格为其提供恰当的个性化学习方式。

1. 基于情境和环境的自适应学习

系统会根据学习者所处环境为学习者规划不同类型的学习活动。

2. 基于认知能力的自适应学习

根据学习者认知能力的不同，自适应学习系统为其提供相应的关于课程的可视化建议（如相关链接、问题反馈），并向其推荐不同的学习路径。

3. 基于学习风格和基于情感状态的自适应学习

根据学习者不同的学习风格和情感状态，自适应学习系统会隐藏与学生学习风格和情感状态不匹配的学习对象，更改学习对象的呈现类型和呈现顺序，会让学习对象也加以改变，从而向不同学习者推荐最适合的学习内容。

三、AI+自应学习在学校教育的应用

AI+自适应学习作为一种新的学习方式，在学校教育领域的应用越来越广泛，这应归因于其在构筑智慧学习环境、促进学习者个性化成长、培育创新型人才等方面具有的相对优势。其中，构筑智慧的学习环境是实现个性化学习和成长的前提，而尊重个性才能培育出创新型人才。

（一）构建智慧型学习

智慧的学习环境是一个以学习者为中心，开放式和智能化的数字虚拟现实学习空间。它能感知学习情境、提供适宜的学习资源，从而促进学习者构建有意义的学习。AI+自适应学习基于建构主义学习理论，在"情境""协作与会话""意义建构"等方面逐层深入地为学习者构筑一种情境化、交互性，且能促进意义建构的智慧学习环境。

1. 情境

情境指AI+自适应学习致力于为学习者提供动态的、交互的、泛在的学习环境，使学习者如临其境。自适应学习平台拥有适应性教育超媒体，以多元化、交互性的知识表达方式增强学习者听觉、视觉、触觉等多重感官感受，促进学习者积极参与课堂活动、主动思考。泛在学习环境使学习与生活相联系，有利于学生感知、联想与意义建构。

2. 协作与会话

协作与会话指AI+自适应学习致力于构筑协作性的学习环境，促进师生、生生进行线上、线下深度而有意义的对话。在线上，学习者与教师可以就系统提供的学习资源展开形式多样的交流与探讨，而且借助移动终端，这种互动可延伸至更广阔的时空领域；在线下，学习者拥有更充裕的时间开展小组合作式探究实践活动，开展发展社交能力、创造性、理性思考等高阶思维能力的学习活动。

3. 意义建构

意义构建指AI+自适应学习积极创建有利于意义建构的学习环境。第一，它为学习者呈现的学习内容有着丰富的层次和良好的结构，有利于学习者快速消化和积极建构；第二，它为学习者提供多样化的学习媒体，既直观又能激发学习兴趣，便于意义理解；第三，它提供差异化学习策略和个性化的路径供学习者选择，使学习者能够获得足够的学习养分，主动构建有意义的学习。

（二）促进个性化发展

人的个性发展是教育的长远目标，也是当今时代发展的必然要求。为此，教育亟待一场变革，一场由规模化的教育向生命化、生态化、个性化教育的转变。AI+自适应学习在其思想基础和应用实践中都体现了促进学习者个性化发展的旨趣。

1. 思想认知方面

AI+自适应学习承认学习者之间的差异，尤其是在认知和学习风格上的差异。在认知方面，不同学习者在新知识的学习速度、掌握程度上各具差异，因此学习者学习策略应有所不同。

2. 学习风格方面

不同学习者在接收信息和处理信息时所表现出来的学习倾向性不同，让学习者选择其偏好的学习方式进行学习，方能使其获得个性化发展。

3. 应用实践方面

AI+自适应学习通过数据挖掘技术、学习分析技术实时追踪数据，深层分析学习行为，获得有关学习者的个性特征，并为之提供个性化的学习支持。

（三）培养创新型人才

一般认为，创新型人才具有三个特征：立体、开放的知识结构；灵活、多向度的思维，综合创新的能力；良好的品格和较高的情商。AI+自适应学习在如下三个维度有利于培养创新型人才。

其一，AI+自适应学习能够为学习者提供多样化的学习方式、开放式的学习环境和组织有序的学习内容，这不仅能够激发学习者对知识探究的兴趣，形成开放的学习态度，更有助于学习者掌握系统而全面的知识结构。

其二，AI+自适应学习能培养学习者的理性思维和批判性思维、良好的问题解决能力和高效的沟通能力。AI+自适应学习所提供的"一对一"精准教育，使学习者不断由浅层学习进入深度学习，为教师对学生有深入而全面的了解提供了实现条件。

其三，AI+自适应学习能培养具有高尚品格和优秀品质的学习者。AI+自适应学习这一平台能把学生从浩瀚的题海中拯救出来，能把教师从重复性的劳动中解放出来，能使教师根据每个学生的特点设计探究性学习活动。

第七章　家庭教育的赓续与嬗变

"赓续"即继承、传承，"嬗变"即蜕变、优化、更替。在社会教育不发达的古代中国，传统家庭教育在中国文化的传承中占有绝对的主导地位，比官学、私学更为重要。家庭是中国古代社会中最稳定的社会结构，在社会交流中并不频繁，无职业团体和组织的古代，家庭可以说是唯一的社会组织形式，也几乎是唯一的教育传承载体。面对AI+时代，全面了解中国传统教育精髓，做到正确认识和取舍，构建适应于AI+时代人才的家庭教育体系尤为重要。

第一节　中国传统家庭教育

《礼记·大学》中明确提出"古之欲明明德于天下者，先治其国；欲治其国者，先齐其家；欲齐其家者，先修其身"。古人很早就指出治国必须先要齐家，只有家庭教育有序，家族繁荣，国家才能兴旺。

中国传统家庭教育一来思想体系庞大，从三纲五常到程朱理学，从兄弟姐妹到君臣百姓，一般均以家规、家训为载体。二来思想内容丰富，从古典文化、读书治学到为人处世、经世致用等，对国家的关心独具特色，每个家庭都会教育子孙要孝敬父母、报效国家、忠君爱民，要以人民安康、天下太平为己任。

一、中国传统家庭教育的脉络

我国传统家庭教育思想非常重视言传与身教，注重自幼施教，讲究润物细无声，培育出了一批又一批的民族精英、国家栋梁，使华夏文明得以薪火相传。

（一）以孝悌为先

"百善孝为先，孝为德之本。"中国古代是伦理社会，家庭教育的成败标准是看其子孙是否成人，而成人与否的首要标准是子孙们是否孝顺。关于孝的教育和价值追求即"孝道"。"孝道"主要包括以下两方面的内容。

其一，推崇道德生命。孝顺是"天之经也，地之义也，民之行也"。《三字经》有"首孝弟，次见闻"；姚舜牧在《药言》中也说到"不孝不悌，便不成人了"。

其二，崇尚家国一体。"孝"是引出其他各种社会伦理纲常的"元德"。人只有孝，才能经得住各种考验，才能保证为人正派、为官清廉、为民勤政。家国一体的政治模式，使孝不但成为一种家庭道德，更是忠君爱国的基础。在家孝敬长辈，出门忠君爱国。只有"修身齐家"，才能"治国平天下"。

（二）以立志为基

其一，立志是成人成事的根本。若无志向，人终将难以成人，"非学无以广才，非志无以成学"（三国·诸葛亮《诫子书》），因为"有志尚者，遂能磨砺，以就素业；无履立者，自兹堕慢，便为凡人"（北齐·颜之推《颜氏家训·勉励》）。

其二，立志要立大志。确立了志向，只是具备了成人、成才的前提，但最终能在多大程度上成人成才还要取决于志向的大小。明末清初学者张履祥曾告诫少年说："少年立志要远大，持身要紧严。立志不高，则溺于流俗；持身不严，则入于匪辟。"王守仁道："立志而圣则圣矣，立志而贤则贤矣。"志向太小太近，则易实现，长此以往，人只会满足于现状，不思进取或骄傲自满。

其三，树立"内圣外王"的志向。既修炼自身，又拥有心怀天下的气魄和社会担当的责任意识。"岳母刺字"充分表达了岳母对岳飞的教导：立圣贤之志、立报国之志。

（三）以自立为道

在中国传统社会，父母都希望子孙发达、家运昌隆，因而为了给子孙创造良好的条件，大多举毕生之力积聚财富，疏通关系，但难免事与愿违，"为子孙作富贵计者，十败其九"（宋·林逋《省心录》）。由于教育不当，有些后世子孙不但没有实现家庭愿望，反而因为骄奢淫逸、好逸恶劳的恶习，落得"千金散尽，终落魄"的悲惨下场。

诸多教训，让明智之士意识到培养子孙自主成才的重要性。如《颜氏家训》中有言："父兄不可常依，乡国不可常保，一旦流离，无人庇荫，当自求诸身耳。"那么，该如何培养子孙独立自主的能力呢？

一是树立自立、自强的成才意识，"天行健，君子以自强不息"。

二是培养勤勉、勤奋的学习态度，"玉不琢，不成器；人不学，不知义"。

三是培养一技之长，使其可"触地而安"。

四是培养节俭的生活习惯，"成由勤俭，败由奢"。

除此之外，还有谦和为贵、诚实守信、重义轻利等为人处世的内容，以及尊老爱幼、家和睦邻、忠贞爱国等仁爱主义思想，这些家庭教育思想和家训都非常重视自主成才的品格培养。

二、中国传统家庭教育的内容

（一）以德为本

中国自古重视道德教育，家庭教育中的德、智、体、美、劳，也将德放在了首位，显示出道德是传统家庭教育的重要内容。我国有2000多年的封建统治历史，传统家庭道德教育深受儒家思想的影响，孔子认为道德教育高于知识教育，提出君子要德才兼备，"德"能分辨贵贱的"礼"、泛爱众的"仁"、推己及人的"恕"等品质。

生活处处离不开道德，尽管时代变换的过程中道德内容在不断转化，但家庭教育中德育教育的地位依旧没有变更。德育为本是时代的要求，也是每个家庭教育的根本。

（二）修齐治平

修齐治平就是指修身、齐家、治国、平天下，在传统中国社会，修齐治平主要依靠于家庭教育来实现。《礼记·大学》指出："自天子以至于庶人，壹是皆以修身为本。"传统家庭教育也将修身作为重要的内容。修身能推动家庭的发展，更好地教育家中孩子。同时，修身是终身性的，所以在齐家、治国、平天下的过程中也要不断修身。

家庭是一种特殊的结构形式，是任何形式都不能替代的社会结构，是儿童进入社会的开始。古人不将子女的教育看作私事，而是将培养人才和治国联系在一起。今天，家庭教育也同样需要继承这种做法，将孩子的理想与民族共同的理想放在一起，从小培养其爱国感和使命感，为伟大中国梦贡献自己的力量，并实现个人价值。

（三）立志为学

立志为学，不仅要有明确的目标，还要有勤学苦练的过程，重点做到志存高远，虚心务实，见贤思齐。

其一，志存高远。立志是做人的根本，是为人的精神支柱，立志是成才的关键。我国传统家庭教育重视为学，为学首先在于立志，要求孩子要有志向，树立自主成才的品格。

其二，虚心务实。为学关键，在于虚心和坚持不懈。"若志之所之，则口与心誓，守死无二，耻躬不逮，期于心济"（魏晋·嵇康《家诫》），学习要看重目标，还有重视勤学苦练，即使能力有限，但努力就会有收获，就能实现自身价值。

其三，见贤思齐。父母要做孩子的榜样，以身作则，注意言传身教，也要重视学习环境建设。颜之推强调"上行下效"，如果父母不能以身作则，孩子自然容易学坏。

（四）诚信做人

"人而无信，不知其可也"，诚实守信是为人处世的根本准则，也是伦理道德的重要内容。"民无信不立"，传统家庭重视孩子的言行，从而诚实守信也成为传统家庭教育的主要内容，使诚信代代相传，成为优秀的传统美德。"正其义不谋其利，谋其道而不计其功"，强调待人处事要以诚相见，不为名利、不谋其功。

榜样立人，做到"言必行，行必果"，父母不能欺骗孩子，要规范自身行为。家长是儿童的第一位启蒙老师，家庭是儿童学习的重要场所，儿童学习、模仿能力强，家长要帮助儿童树立正确价值观，做到诚实守信、言而有信。

"一言既出，驷马难追。"从古至今，诚信一直是被世人所歌颂传扬的精神，家庭教育的也将诚信作为基础，并从家庭延续到学校、社会，形成良好的社会风气。在当下，诚信作为基本价值观和道德观，是每个大学生的"立身之本、处世之道"，是每个人的高贵品质。父母更要以身作则、言传身教，做好诚信教育。

（五）治家有道

百善孝为先，孝悌是传统家庭教育的重要内容。《论语》道："孝弟也者，其为仁之本与！"明确指出要孝敬父母，友爱兄长。在《弟子规》中也提出"首孝弟，次谨信""入则孝"的行为准则。父慈子孝、兄弟相亲能促进家庭和谐友爱。北宋司马光主张"孝而不失规劝"，父母之命正确，孩子听从就是孝；父母之命不正确，孩子还要听从就是不孝。

当今，家庭淡化了孝悌教育，人们孝的意识逐渐薄弱，从而阻碍了社会的和谐发展。传统主张"百善孝为先"，家是小的国，国是大的家。良好的家庭孝悌教育会影响孩子的发展。家长要用感恩的心，去教导孩子在生活中关心和爱戴长辈，在情感教育中，教孩子"学会表达、学会主动、学会敬重"。

"家教好而家风正，家风正则国家兴。"优秀传统家庭教育不仅能帮助孩子实现崇高理想，也是国家繁荣复兴的力量。正是这种薪火相传，才形成了中国传统文化的显著特征。

三、中国传统家庭教育之"修身"

修身，即修养身心，学会做人，塑造品学兼优的完美人格。只有做到身修，才能有机会"家齐、国治、天下平"。因而，古代家训几乎无一例外都以"修身为本"，将修身提到突出的位置。

（一）立志修身

中国古代，许多成功的父母非常善于教育孩子立志修身，许多著名的文人才子、忠臣良将，从小就有修身的好习惯。

其一，立志是修身的前提，是走向成功的起点。"夫学，须静也；才，须学也。非学无以广才，非志无以成学"（三国·诸葛亮《诫子书》），这里强调没有志向，就不能成就学业；"志不立，天下无可成之事。虽百工技艺，未有不本于志者"（明·王守仁《教条示龙场诸生》）。

其二，立志要有远大理想。要立圣贤之志、立报国之志、立光前裕后之志。在《诫外甥书》中，诸葛亮说道："夫志当存高远。慕先贤，绝情欲，弃疑滞。使庶几之志，揭然有所存，恻然有所感。""若志不强毅"，势必永远沦为凡夫俗子。

明代王守仁在《赣州书示四侄正思等》中说："尔辈须以仁礼存心，以孝悌为本，以圣贤自期。务在光前裕后，斯可矣。"他期望侄子们以仁礼存心，以孝顺父母、友爱兄弟为根本，努力学习圣贤，为前人争光，为后人造福。

其三，立志不能空发誓言。在道德和谋生的角度，古代家训非常重视对子孙谋生手段的培养。《颜氏家训·勉学》云："积财千万，不如薄伎在身。""有学艺者，触地而安。"有学问，有才艺，走到哪里都可以站稳脚跟，或入仕，或学问，或农工商贾。找准自己的位置，掌握了安身立命的技艺，方可真正自强自立，对家庭和社会有所贡献。

（二）读书成才

在传统家庭教育中，鼓励孩子读书是家训的一大主题。《颜氏家训·勉学》中明确指出："夫所以读书学问，本欲开心明目，利于行耳。"人之所以要读书求学，本来是为了开发心智，提高认识力，以此有利于自己的行动。正是基于同样的认识，《朱子治家格言》也说："子孙虽愚，经书不可不读。"

其一，把读书、进德、做好人摆在第一位。"吾辈读书，只有两事：一者进德之事，讲求乎诚正修齐之道，以图无忝所生；一者修业之事，操习乎记诵词章之术，以图自卫其身"（清·曾国藩《曾文正公家书》），即读书首先是为了增强自己的道德修养，追求诚实正直修身齐家治天下的道理，无愧于此生，其次才是将读书作为谋生的手段。

其二，通过读书，实现高尚情操。"夫读书中举中进士作官，此是小事，第一要明理做个好人"（清·郑板桥），"明理做个好人"就是要通过读书，做个知书识礼、通情达理、有高尚情操的人。

其三，实现"学而优则仕"。应当承认，随着科举盛行，读书入仕成为立身扬名、光宗耀祖的捷径，家训中出现一些鼓励孩子应试科举的倾向。"朝廷用文治，大开官职场。愿尔出门去，取官如驱羊"（唐·杜牧），字里行间流露出对科举十分狂热的社会心态。

（三）待人之道

待人接物，指处理各种人际关系，也是修身的一项重要内容。古代家训强调慎于接物、谦让待人、诚实守信、与人为善。先秦时，周公旦对其子伯禽的一番训导，堪称典范。伯禽封于鲁，赴任前周公以数事相诫：不要怠慢亲戚，不要使大臣埋怨没被任用，不要轻易舍弃故旧，不要对人求全责备。伯禽指出："君子力如牛，不与牛争力。"即使才能过人，也不要与有专长的人争强斗胜。

其一，诚实守信是第一原则。诚信是"正性""养心""成德"的基础。《韩非子》所载"曾子杀彘"，就是诚实守信的典范。曾子为了给儿子树立守信的榜样，不顾妻子的阻拦毅然杀猪，成为千古教子佳话。

其二，豁达大度是良好品格。"和睦之道，勿以言语之失，礼节之失，心生芥蒂。如有不是，何妨面责，慎勿藏于心，以积怨恨"（清·王夫之），与人相处，应和睦友善，相互谅解，而不是小肚鸡肠，过分计较。看到对方有不是，不妨当面提出，不要藏在心里，积成怨恨。

其三，不负他人是重要美德。《曾国藩家书·持家之道》："兄自庚子到京以来，于今八年，不肯轻受人惠，情愿人占我的便益，断不肯我占人的便益。"告诫诸弟："以后凡事不可占人半点便益，不可轻取人财，切记切记。"

四、中国传统家庭教育之"齐家"

传统家庭教育的主要目的，是向子孙进行"齐家"的教育。齐家，即和睦家庭，端正门风，垂范后代，即颜之推所谓的"整齐门内，提斯子孙"。

齐家教育应"礼为教本""治家莫如礼"。这里的礼，指制约家庭中父子、兄弟、夫妇为主的人伦规范。以礼教来规范人伦，就是向子孙传授孝悌之道。

（一）父慈子孝

重儒家伦理，强调孝道。孝道是协调亲子关系的行为规范，"孝"包括：善事父母，养亲敬老；爱护身体，扬名显亲；娶妻生子，传宗接代；顺乎亲意，绝对服从；忠孝合一，移孝忠君。

其一，善事父母。《孝经·纪孝行》讲得很具体："孝子之事亲也，居则致其敬，养则致其乐，病则致其忧，丧则致其哀，祭则致其严。五者备矣，然后能事亲。"元代以后的《二十四孝图》则用具体的事例，更加生动地展现了孝的内涵。

其二，孝亲敬长，睦亲齐家。如《颜氏家训·勉学》云："孝为百行之首。""戒尔学立身，莫若先孝悌。怡怡奉亲长，不敢生骄易"（北宋·范质），"立身以孝悌为基""肥家以忍顺"（唐·柳玭），"父父子子，兄兄弟弟，元气团结"是"家道隆昌"的必要条件（明·孙奇逢）。

其三，重视言传身教。《颜氏家训·治家》中说："夫风化者，自上而行于下者也，自先而施于后者也。是以父不慈则子不孝，兄不友则弟不恭，夫不义则妇不顺矣。"在生活中很难设想那些虐待老人的人能得到孩子的孝敬。

"凡为家长，必谨守礼法，以御群子弟及家众""为父为师之道者无他，惟严与正而已"（宋·司马光），只有家长以身作则、公正不偏，才能使家人和睦融洽，家庭秩序井然。

（二）兄友弟恭

古人云"兄良弟悌"，即兄弟间要团结友爱，相让不争。《颜氏家训》专列"兄弟"篇，论述颇为深刻："夫有人民而后有夫妇，有夫妇而后有父子，有父子而后有兄弟，一家之亲，此三而已矣。"组成家庭，始于夫妇，夫妇是父子关系的前提。

其一，注重兄弟之情。"兄弟者，分形连气之人也"，古人认为兄弟乃一母所生，有共同的血缘。"兄弟同胞一体，弟敬兄爱殷勤。须要同心竭力，毋分尔我才真"（宋·苏洵）；"兄弟须和顺，叔侄莫轻欺；财务同箱柜，房中莫蓄私"（唐·王梵志）。兄弟关系有其特殊性，它涉及其他多种关系。

其二，强调兄弟团结。正如颜之推所说："兄弟不睦，则子侄不爱；子侄不爱，则群从疏薄；群从疏薄，则僮仆为仇敌矣。如此，则行路皆踏其面而蹈其心，谁救之哉！"可见兄友弟恭是十分重要的家庭准则。

其三，强调妯娌和睦。妯娌不和往往是家庭争斗的导火索。要维护好妯娌关系，在家庭事务上，家长要秉公、兄弟要礼让、妯娌要以恕道给予谅解之心。按照颜之推所说："若能恕己而行，换子而抚，则此患不生矣。"如果能够本着仁爱之心行事，把兄弟的孩子当成自己的孩子加以爱护，则这种弊端就不会产生了。

（三）夫义妇听

《礼记·礼运》讲到"夫义妇听"，意为做丈夫的要处事得当，重点是做妻子的要能随顺。传统家训遵循儒家倡导的"夫为妻纲""三从四德"，对妻子提出了一整套顺从丈夫的清规戒律。

其中，最经典的是唐代宋若昭写的《女论语》。它从立身、学礼、事夫、守节等12个方面，要求妻子温柔贞顺、谨慎洁身、勤俭持家、通情达理、礼待亲朋、尊敬长者、善待夫君、关爱儿女。

"修身莫若敬，避强莫若顺。故曰敬顺之道，妇人之大礼也"（汉·班昭），强调"恭敬柔顺"是做女人最大的礼仪。"为夫妇者，义以和亲，恩以好合"（汉·班昭），作为夫妻，本应以礼义互相亲善和睦，以恩爱相互亲密合作。

显然，对于过分强调"男尊女卑"的夫妻观，应给予批判。但与此同时，数千年来，在"夫义妇顺""夫和妻柔""夫妇和睦"等伦理引领下，不乏有夫妻恩爱、相敬如宾的事例，也有贤妻良母、同甘共苦的典范。

（四）勤俭持家

勤俭持家是齐家的重要环节。"历览前贤国与家，成由勤俭破由奢"（唐·李商隐），揭示了俭成奢败的历史规律。不论豪门显贵还是普通百姓，在其家训中无不重视勤劳节俭。

有德者，皆由俭来。"俭养德，侈招恶"（宋·司马光）；"俭则寡欲，君子寡欲则不役于物，可以直道而行；小人寡欲则能谨身节用，远罪丰家。故曰：俭，德之共。侈则多欲，君子多欲，则贪慕富贵，枉道速祸；小人多欲，则多求妄用，败家丧身，是以居官必贿，居乡必盗。故曰：侈，恶之大也"。这些论述鞭辟入里，入木三分。

"俭以养德""淡泊以明志"（三国·诸葛亮）；"天下之事，常成于困约，而败于奢靡"（宋·陆游）。"一粥一饭，当思来之不易；半丝半缕，恒念物力维艰"（清·朱伯庐）。自古以来，勤俭持家是"齐家"的重点内容，也是"养德"的有效途径。

（五）家族盛衰

魏晋南北朝的颜之推，饱经乱世，目睹梁朝士族子弟不学无术，靠祖上庇荫养尊处优，整日游手好闲，当遭逢乱离，便陷于穷途末路的悲惨遭遇。为此，他告诫儿孙"父兄不可常依，乡国不可常保"，须靠勤学以谋自立，以"务先王之道，绍家世之业"。

"家之不齐，遂至如是之甚，可志此以为吾族之鉴"（北宋·黄庭坚），告诉我们家和则兴、不和则败的道理，崇尚节俭，力戒奢侈，以之齐家则家齐，以之治国则国治。

唐太宗晚年作《帝范》时，承认自己"在位已来，所缺多矣"。他历数未能节俭等过失后，告诫太子："若崇善之广德，则业泰而身安。若肆情以纵非，则业倾而身丧。"唐人柳玭指出："夫名门右族，莫不由祖考忠孝勤俭以成立之，莫不由子孙顽率奢傲以覆坠之。成立之难如升天，覆坠之易如燎毛。"其言论深受后人的称道。

柳玭在《诫子弟书》中总结祖上的家教传统，结合自己的经验，归纳为四个方面，即"立身以孝悌，肥家以忍顺，保友以简敬，莅官则洁己省事"。他罗列了败家的五大过失，即"其一，自求安逸，靡甘淡泊""其二，不知儒术，不悦古道""其三，胜己者厌之，佞己者悦之""其四，崇好漫游，耽嗜曲蘖""其五，急于名宦，昵近权要"。

第二节　反观中国传统家庭教育

美国心理学家戴安娜·鲍姆林德（Diana Baumrind）研究了超过100位学龄前儿童，通过自然观察、家长访谈等研究方式，根据父母在纪律要求、情感付出、沟通方式、预期程度四个方面的不同，将家庭教育划为四种：权威型、专制型、放任型、忽视型。

几千年形成的中国传统家庭教育，基本上都属于戴安娜·鲍姆林德四种类型中的权威型家庭教育。这类父母对孩子的问题回应性高，家庭氛围比较温暖，而且对孩子有适当的控制。虽然他们比较专制，会给孩子制订发展规则，但也会尝试与孩子讲道理，并对一些问题进行讨论。权威型父母在情感上偏于接纳和温暖，对孩子的心理发展有许多积极性的影响。这种教养方式下的孩子独立性强，善于自我控制和解决问题，能够有效地调节自己的行为，具有合作精神，对人友善。

一、中国传统家庭教育观

权威型家庭教育不能代表所有的中国家庭，但其中蕴含着中国传统家庭教育思想，是一种限制性很强的家庭教育。

（一）价值取向：社会价值中心

中国传统社会以家族为基本组成单位。家族的兴衰不仅仅关乎个人的发展，也关系社会的发展，所以家族文化是中国传统家庭教育的重要组成内容，其中尤以"忠孝"为中心。"忠"即以国家、民族、家族为重，视国家兴盛、家族兴旺为己任。"孝"即尊敬长辈，父母之命不可违，尽晚辈之责任。

因此，传统家庭通过灌输"忠孝"的思想，改变个人行为，提高家庭成员的个人修养，最终扩展到社会和国家的层面上。

（二）教育目的：家族荣耀至上

中国传统教育受到科举制等选拔制度的影响，希望家族能够通过考试改变命运，因此也对家庭教育提出了更高的要求，"望子成龙，望女成凤"的心理就是这一思想的体现。父母不辞辛苦地培育子女，就是为了达到"光宗耀祖"的教育目的。在这种情况下，封建社会的选拔竞争变得更加激烈。

权威型同样也秉承着相似的教育思想，为子女制订高目标，密切关注子女的学习成绩，就是要保证孩子始终有积极向上的状态，实现整个家族的兴盛。

（三）教育理念：严济于慈、注重勤奋、提倡早教

其一，严格要求与呵护关爱。孔子提出"为人父，严济于慈"的观点，提倡家庭教育既要重视"慈"也要讲究"严"；颜之推提出"父母威严而有慈，则子女畏惧而生孝矣"，明确地把"慈"和"严"结合起来，主张威严中蕴含慈爱。

其二，重视勤奋。朱熹强调"着紧用力"，即教育学生学习时首先要抓紧时间，发奋苦读，其次要勇猛奋发，坚持不懈。拥有勤勉好学的品质，是中国传统教育观念对孩子的期盼，是家庭教育的焦点所在。

其三，提倡早教。颜之推在《颜氏家训·勉学》中指出"人生小幼，精神专利，长成已后，思虑散逸，固须早教，勿失机也"，即人在幼小时精神专一，长成以后思虑容易分散，因而幼小时是适合进行教育的。严慈的母亲往往要求孩子很小的时候就开始识字、算数或读经典。

权威型父母一直要求子女要刻苦努力，不管在学习上还是在生活中，都要通过努力超越别人。严慈的母亲认为练习可以加强孩子的熟练程度，从而达到炉火纯青的境界；严厉的父亲则要求子女努力学习，抓紧时间发展自身。

（四）教育方式：权威主导模式

从大部分中国家长的案例可以看出，他们对子女的教育方式是以家长为主的权威式教育，这与传统家庭教育观有着共同的认识。"父为子纲"的儒家思想植根于父母的头脑中，在这种背景下，父母可以为子女做出选择，并且子女不能有违抗。

权威型父母在为子女选择兴趣爱好上是占有绝对领导权的，孩子要服从父母的安排，不能反抗也不能质疑。

二、中国传统家庭教育的缺陷

中国传统家庭教育，以权威型教育为主，它往往无法敏感觉察到受教育者的内心冲突，家长只是希望子女能够按照自己的话去做。过分尊重权威，会使受教育者失去自主和能动意识。

（一）忽视自主意识

权威型教育在对子女的教育上是权威式的。父母决定孩子需要接受什么样的教育，要求孩子服从自己的安排，他们认为孩子天性幼稚、贪玩，父母的意见更为成熟。

但是，父母却忽视了培养孩子的自主性，缺乏让孩子学会选择的意识。

孩子始终是要脱离父母而独立生活的，不能事事依靠父母做决定，形成自己的主见和自主意识已经是现代社会对青少年提出的新要求。因此，父母要适度地放手，让孩子自己学会成长。

（二）轻过程重结果

每门功课至少要得优！还要更好！考上北大、清华就是目标……这些目标的制订足以看出权威型父母对结果的追求。并且为了达到这样的目标，他们采取了严苛的教育方式，利用惩罚和监控对孩子进行教育，忽视了这些方式在教育过程中对孩子造成的影响。

在培养核心素养的时代背景下，重结果更重过程才是培养高素质人才的方法。在过程中看到孩子的进步，教会孩子学习，为进入下一阶段的成长奠定基础，而不是为了达成高目标而忽视孩子已取得的成绩。

（三）忽略社交能力

在现代家庭中，权威型的父母一般不给孩子休息时间，周六、周日都安排得满满的。严慈的母亲往往在晚饭之后就要求孩子开始弹琴、练习书法。严厉的父亲认为孩子不需要有朋友，如果孩子要到同学家，就要写申请书。虽然孩子的学习时间增加了，但是也严重阻碍了其社交能力的发展。

孩子的成长离不开朋友的陪伴。在其与同伴的交往过程中，孩子们能够获得交往的技能，同时也能达到相互沟通、共同进步的效果。

（四）重戒律和惩罚

权威型父母都是提倡用体罚的方式教育孩子。他们认为孩子在12岁之前是具有动物性的，说理的方法很难起到作用，需要用体罚让其懂得是非道理。这种方式与中国传统教育的体罚制度如出一辙，利用惩罚让孩子产生畏惧，使其不敢犯错，但是对其内心是否造成阴影，我们不得而知。

虽然体罚让孩子得到了一定程度上的改变，但这只是暂时性的，不能以此时的成绩来衡量孩子的人生。因此，体罚要谨慎，不能滥用。

三、中国传统家庭教育的优点

（一）能够养成规则意识

在传统家庭教育观的影响下，权威型父母为了更好地管理子女，都制订了家法家规，并且都得到了子女的同意。所以，每个人都要接受家规的制约，如有违反，就要受到惩罚。这种教育方式看似刻板，实则在一定程度上培养了孩子的规则意识，使他们从小就认识到要服从规则，行为规范，言行一致，同时也教会他们为自己的行为负责，这有利于将来在社会中形成良好的契约精神，遵守法律法规，做一个自律的人。

（二）能够催生抗逆力

抗逆力是指一个人处于困难、挫折、失败等逆境时的心理协调和适应能力。在各种严要求、高标准的环境中，孩子所要承受的压力远远超出普通家庭的孩子，在遭遇失败时所要面对的打击也更为强烈。他们得不到父母温柔的安慰，只能乖乖接受惩罚。因此，他们要学会在高压的情况下平衡内心的委屈，找到缓解的方法，以及在失败时进行心理上的安慰，找到原因并迅速做出改变。

抗逆力的获得，能够让孩子在今后的社会环境中成功地抵抗来自工作和生活上的压力，提高抗挫折的能力，顺利完成人生中的每一项任务。

（三）能够培养多面手

除了学习成绩好，权威型父母的子女在其他方面也展现出了较高的才能。严慈的母亲容易促成孩子在音、体、美等方面取得令人羡慕的成绩，并且使孩子产生特定的兴趣。严厉的父亲会针对孩子的天性和特点定制每个人的学习"套餐"，让每个孩子在自己感兴趣的领域里得到充分的发展。

权威型家庭教育鼓励孩子多方面发展，发掘各自的潜能，有利于子女独立生活能力的培养，而不是塑造一个"书呆子"。

（四）能够培养家国情怀

古往今来成大事者，大多因为他们在家庭和社会中都受到了传统文化的熏陶，能从"孝于亲""忠于国"的目的出发，勇于奉献。"苟利国家生死以，岂因祸福避趋之"，张扬了堂堂凛凛的民族正气。

"家国情怀"的教育思想，来源于中国有深厚历史积淀的家族社会和宗法制度。每个家族如同一个小社会，为了维护宗法家族内部的和睦，逐渐形成了宗法精神。宗法精神的核心是"孝悌贞顺"，其中"孝"又是核心中的核心。

推己及人的"老吾老以及人之老"，早已成为华夏民族的敬老风尚，堪称举世无双的传统美德。可见，在传统社会里，"家国情怀"的家庭教育思想将在未来社会成为促进家庭与国家稳定和谐的重要因素。

第三节　AI+时代的家庭教育

AI+时代，AI能做饭、看病、教学、盖房子等，已经不是科学家们的想象，而是实实在在的科研成果进入了大众视野。当智能化岗位越来越多时，未来孩子应该怎么办？今天，纵然你有超强大脑和过目不忘的本领，也赶不上AI的学习能力。你一辈子读的书，电脑几分钟就能看完。

未来，只有人格魅力、创造力，以及因知识积累而产生的气质和阳光，才是AI无法取代的。

一、AI+时代的家庭教育观

应当承认，中国传统家庭教育思想大多是封建社会的产物，不可避免地被打上了时代和阶级的烙印，必然有消极和不合理的部分，诸如愚忠愚孝、男尊女卑、读书做官、光宗耀祖等，可谓是精华与糟粕并存。但就总体而言，它仍是先人留下的一笔丰厚而宝贵的文化遗产。在AI+时代，我们的家庭教育依旧需要扬弃这笔优秀文化，去培养未来人才。

（一）推崇经典家训的育人观

家训是我国家庭教育所特有的一种文献形式，它包罗广泛，情感真挚，言简意赅，说理透辟，针对性强，便于践行，所以深得世人称许。它浓缩了前辈丰富的人生体验，饱含着深厚的爱子之情，具有普遍而深远的教育意义。家训中充满了治理国家、安定社会、修养品德和成就事业的至理名言。

中国古代社会之所以能创造出极其灿烂辉煌的文明，成为举世闻名的礼仪之邦，形成中华民族特有的优良传统，养成"富贵不能淫，贫贱不能移，威武不能屈"的民族精神，是与传统家庭教育密不可分的。

中国传统家庭教育思想既具有丰富的内涵，也有诸如"男尊女卑"的家庭观念，"有顺无违"的家长制、追求功名的"官本位"等消极思想。只有经过历史考量和时代打磨的经典家训，才是中国家庭教育的瑰宝。

我们在剔除、摒弃其糟粕时，更重要的是探寻、发掘其精华，并认真地加以总结和汲取，结合时代的发展，赋予其新的内容和新的理解。在挖掘传统家庭教育思想的现代价值，构建现代家庭教育体系的过程中，还要结合未来家庭教育的实践逻辑，发挥传统家庭教育思想的育人功能。

（二）重视德才兼备的人才观

德才兼备是全世界千百年来都遵循的人才观，其本质是要求人才的一切行为都要做到有德、有才，而且是德在前，才在后。事实上，个人的才能越高，德与才的关系就越密切、越重要。

德不仅由才体现，而且被才所深化；才不仅由德率领，而且为德所强化。要想对社会有所贡献，必须做到德才兼备。不管孩子在未来工作中扮演什么角色，处于什么职位，德才兼备都应是他努力的方向。因此，父母要把握住机会，利用孩子的可塑性，让德才在孩子的一生中发挥作用。

一是加强理想信念教育。父母作为与孩子朝夕相处的人，要及时发现孩子的思想困惑和问题，家庭教育应加强包括爱国主义、社会主义等在内的理想信念教育，以增强其民族自豪感和自信心。

二是鼓励自立自强。自立自强是人生之基，在现代社会仍不例外，父母要培养孩子的自理习惯和独立精神。

三是教育勤俭节约。推进"俭以养德"，培养个人美德，守公德、明大德、严私德。

四是培养仁爱精神。"老吾老，以及人之老；幼吾幼，以及人之幼""路不拾遗""友爱互助"的仁爱精神，是影响个人格局的重要因素之一。

五是蒙以养正。营造良好家庭氛围，注重孩子的早期教育，在其人格定型之前就给予良好的教导，使其形成正确的价值观念和良好的行为习惯。

（三）树立"人才+AI"的职业观

互联网和AI有很大的差别，互联网能够形成巨大平台，为AI赋能，而AI是一群"类人化机器"。"AI+"和"+AI"的区别何在？"AI+"是以AI为中心，科学家、工程师主导前沿技术及技术实现，它是顶级技术人员和超级智能公司主导的产业，也是未来社会的大趋势；而"+AI"是以传统公司为主导，AI赋能传统行业，进而实现智能化和产能升级。

但无论是"AI+"（技术为中心）还是"+AI"（行业为中心），人始终是主体。现在的AI主要是弱AI，故社会形态还处于"+AI"时代，但随着5G+、强AI的出现，必然形成以"AI+"为主导的社会形态。

树立"人才+AI"家庭养育观，就是要在传统家庭教育思想中，融入AI+的职业观和职业能力，以适应未来社会。

一是引导孩子站在未来高度"全景认识"未来职业，培养"德才兼备"的人才。

二是引导孩子认识"IA+人才""人才+IA"下的社会形态和岗位能力及核心素养。

三是从兴趣出发，培养孩子职业兴趣和职业方向，甚至帮助他们进行职业规划。

二、AI+时代孩子的天赋

AI+时代，机器可以像人一样学习，但人不能像机器一样去"思考"。如果我们只是把孩子培养成学习的机器，将来他们就很可能被人工智能取代。

有专家指出，父母与孩子一起"聊聊人生，补的是心田智慧"；"打打篮球，补的是拼搏精神"；"看看风景，补的是陶冶情操"；"学学吃苦，补的是体验挫折"。如何挖掘孩子的天赋，将是未来的我们需要思考的问题。

（一）找到优势区

成才须遵循"扬长避短"的原则。家庭教育要帮助孩子找到个人优势区，即自己的最佳智能区。安徒生是享誉世界的童话大师。他最初写诗歌，后改写戏剧，再改写小说，都没有成功。他尝试写游记，仍然没有什么成就，直到后来改写童话，才取得了成功。

"每个人都有自己的最佳才能区，要拿自己的长处和别人的短处竞争，打得过就打，打不过就跑。"中国童话大王郑渊洁，小时候数学总是不及格，后来走上了写作之路，但他写小说不行，写诗歌不行，后来写童话，他才发现自己很行。

人类是靠体验获得智慧，而不是知识的叠加。每个人都有自己的"聪明点"，这是上天赋予每个人的特殊能力。当年，毛泽东、钱钟书、吴晗、罗家伦的数学只考了极低的分数，但独具慧眼的湖南第一师范学院、清华大学、北京大学偏偏看中了他们的国学功底，破格录取了他们！再后来，他们也不负厚望，将自己的特长发挥到极致，成为一代领袖或学术大师。

古语道："寸有所长，尺有所短。"俄罗斯总统普京小时候学习很差、好打架，英国前首相丘吉尔不但是"后进生"还是"问题孩子"，但他们最终却成了杰出的国家领导人。

（二）走进大自然

父母要把孩子带进大自然，帮助孩子开阔视野；在家庭条件允许的情况下还要经常带领孩子游览名山大川，多接触大自然。孩子在自然环境中，会对周围的事物产生浓厚的兴趣，同时，大自然也能够激发孩子的好奇心。日积月累，孩子就会不由自主地留心周围的事物。父母要利用大自然，引导和训练孩子的观察力。

对于还不能写的孩子，通过观察，可以学习和训练语言表达能力；对于能写的孩子，最好让他写观察日记。这样不仅可以锻炼孩子的表达能力和写作能力，还能培养良好的观察习惯，多给孩子创造一些观察的有利条件，又能培养孩子的理解力和逻辑表达能力。

为了孩子的未来，父母也可以写孩子的成长日记，同时还要可以引导孩子写自己的成长日记，因为它是对我们每天的见闻、行为和思考进行再思考和总结的过程，可以教会孩子观察、思考和表达。

一个人学习成绩的好坏主要取决于个人主观努力的程度，但家庭和学校的环境影响，老师和家长的培养教育，对一个人的成长也有着不可低估的作用。

（三）创造好环境

环境对人的影响是很大的，良好的学习环境能激励孩子努力学习，促进孩子身心健康。良好的家庭学习环境包括五个方面。

一是优质的学习场所。为孩子准备一个专门的房间让孩子安心学习，房间要整洁、明亮，不需要繁复的装饰，布置简洁舒适即可，不能有电脑、玩具等可能令孩子分心的物品。

二是安静的学习空间。为孩子准备一个安静的、不受干扰的学习环境，让孩子能全神贯注地学习。在孩子学习的时候，家长要监督孩子远离诱惑，当然，家长也要克制自己。

三是积极的学习氛围。父母是孩子的第一位老师，也是最好的老师，父母的一言一行对孩子的影响是很大的。家长勤奋好学，会潜移默化地影响孩子。

四是温馨和睦的家庭。温馨和睦、和谐的家庭有利于孩子的身心健康，能给孩子足够的安全感，让孩子心无旁骛地学习。

五是理性对待成绩。不要把考试成绩当作衡量孩子优劣的标准，孩子学习进步了，家长要肯定和表扬；孩子学习退步了，家长要帮孩子分析退步的原因，找出学习上的问题，想出解决问题的办法。

（四）培养想象力

孩子的注意力、观察力、记忆力、理解力很重要，但想象力更重要，它是进行创造的基础。爱因斯坦说过："想象力比知识更重要，因为知识是有限的，而想象力概括着世界上的一切，推动着社会进步，并且是知识进化的源泉。"为什么想象力比知识更重要？如果没有想象力，就没有今天的互联网；没有想象力，马斯克的"吹牛"就不会实现，移民去火星只是他的幻想。

中国古人的想象力极其丰富，诸如"女娲补天""后羿射日""嫦娥奔月""精卫填海"等，均凝聚着古人的智慧和愿望。但如今的情况却发生了变化，据报道，教育进展国际评估组织对全球21个国家进行调查后发现，中国孩子的计算能力排名第一，想象力排名倒数第一，创造力排名倒数第五。

中国孩子想象力贫乏，应该归咎于应试教育，孩子整日忙于作业、考试、补课，哪里还有时间去感悟生命、亲近自然、慨叹人生？哪敢天马行空、胡思乱想？哪里还有李白的"飞流直下三千尺，疑是银河落九天"的豪情壮志？哪里还有李贺的"遥望齐州九点烟，一泓海水杯中泻"的想象力？哪里还有毛泽东的"截断巫山云雨，高峡出平湖"的气魄？

（五）练就心灵手巧

心灵手巧说明动手能力和聪明程度正相关。手是人的第二个大脑，动手就是在做大脑的体操。"说一千，道一万，不如自己干"，让孩子动手可以锻炼很多能力，能使大脑得到锻炼，责任得到增加，也容易获得成功体验。

孩子的马虎、拖延、挑剔、情感联结差等，都是从小动手能力欠缺的后遗症。事实上，当今社会让小孩子动手的机会很多，诸如做家务、社区服务、做义工、拆装玩具等。

"教学就是一件事，我们要在做上教，在做上学。"（陶行知）做就是要动手去体验，体验生活、体验知识、体验社会。心灵手巧，其实"手巧才能心灵"。比尔·盖茨、乔布斯都是动手能力极强的技能高手。

（六）爱上琴棋书画

每个孩子都是"一颗神奇的种子"。这些种子开花、结果，很多时候需要琴棋书画的滋养。天赋是种子，教育是水土，父母要掌握播种的季节和温度。儿童期是智力发展的关键时期。这一时期的智力发展和习惯培养，将直接影响孩子的一生。天赋早发现，孩子才能早成长、成才。

学琴棋书画不是为了考级，而是培养孩子的想象力、动手能力。父母要多让孩子参加各类比赛，因为比赛有胜败，参赛是让孩子懂得失败，懂得舍得，懂得放弃，懂得格局，懂得搏杀。只有让孩子懂得失败，才能避免失败。

孩子失败了，父母要帮助其分析原因，要善于鼓励。这会帮助孩子成长并获取新的成功。如果孩子丧失了创新力、创造力、好奇心，那在AI+时代，他们会输给机器。

三、AI+时代的家庭教育法则

"父母是孩子的第一任教师。""推动世界的手是摇摇篮的手。"自古以来，人们就深知家庭教育对孩子成长的重要性。从一个人接受教育的过程来看，家庭教育是个人接受最早、时间最长、影响最深的教育。一个人从出生到成人，全程都离不开家庭的教育和影响。父母的一言一行、一举一动对孩子都有着言传身教、陶冶习染和潜移默化的作用。当今，孩子们已经离不开网络；未来，每一个孩子都有无限可能。AI+时代，家庭教育应该遵循哪些法则呢？

（一）希望法则：永远让孩子看到希望

"哀莫大于心死"一针见血地指出心灵伤害的严重性。家长们都是对孩子寄予厚望的，但能否永远用正面鼓励的话语让孩子们看到希望，认为自己确实有希望呢？

大家都知道，美国人善于说好听的话，尤其对孩子，无论他们做得如何，都常夸奖说"干得好""太棒了""你真是天才"。这就是采用希望法则来正面激励孩子。

中国家长对孩子期待值很高，却不善于用希望法则，反而爱找差距、挑毛病，比如孩子得了95分，还非要追究为什么丢了5分。这种高标准、严要求往往适得其反，它会扼杀孩子的很多希望，使其灰心丧气，变得没有自信。

（二）归属法则：让孩子在健康的家庭中成长

这条法则看起来是不言而喻的，哪个家长不想给孩子创造健康的环境？但实际上也不尽然，有些家长有此心却不懂如何做。比如，过分溺爱、娇惯、顺从孩子，由着孩子瞎吃瞎玩，不锻炼、不劳动，养成不健康的生活习惯。家长之间有矛盾经常争吵，也造成了不健康的环境。破碎的家庭、长期分离的家庭让孩子更缺乏归属感。

如果家庭变化不可避免，家长要用正面、健康的方式来安慰、疏导孩子，而不可疏于管教、溺爱或过分严厉，更不能因家庭破裂而迁怒于孩子。

（三）力量法则：永远不要与孩子斗强

成人总是比孩子有力量，无论是拼体力还是斗智能，大人与孩子较劲斗强本来就不平等，大人胜利了也不光彩。

当然，大人可以和孩子比赛一些他们擅长的项目，比如下棋等，但不要完全以输赢为目的。家长、老师以及与孩子关系密切的成年人，不可以采取跟孩子赌气、硬比等方式去刺激孩子。对心理感情处于不成熟阶段的少儿来说，激将法是不合适的。

如果孩子与大人吵架赌气，无论谁有理，大人都要主动与他们和解。成年人还要勇于承认自己的错误，尤其对孩子，道歉、认错要及时。如果家长知错不改或不认错，觉得在孩子面前认错丢脸，也会让孩子变得固执己见。

（四）声音法则：要倾听孩子的声音

给孩子发言权，倾听他们的声音，他们才会说出真实想法。如果家长不尊重孩子的想法，忽视他们的心声，久而久之，他们会不敢对家长说真话，不爱与家长交流。

家长是孩子的老师和榜样。如果家长不耐心倾听孩子的话，孩子也会有样学样，不肯听大人的话，以至于不懂得如何尊重他人。

对年幼的孩子，哪怕他们讲话词不达意，父母也要耐心地与他们交谈。任何粗暴打断或嘲笑他们讲话的行为，都会对孩子造成伤害，可能会影响他们的表达能力而使其羞于在人前开口；也或许反之，为引起大人的注意，他们会不合时宜地插嘴。

（五）榜样法则：身教胜于言教，榜样的力量是无限的

"以身作则，言传身教"是放之四海而皆准的真理。孩子的教养、兴趣、爱好等多半来自生活环境中的耳濡目染。

父母、兄弟姐妹、亲友、师长、社会关系等都会对孩子产生影响，其中母亲对于女孩、父亲对于男孩的影响颇为重要。

除了家庭内的榜样，也要注意父母的社会关系和常去的场合对孩子的影响。对孩子来说，家长还要关注他们喜欢看的影视片，了解他们心目中的偶像是什么样的。

如果发现孩子误交损友，不要武断地阻止他们，而要了解情况。孩子们都需要友谊，害怕孤独，有些孩子是因为搬家转学到新环境没有朋友，而与一些"边缘孩童"为伍的。同时，家长还要为孩子寻找和扩展新的健康

的友谊圈。

（六）底线法则：让孩子了解道德和法律的底线

教育孩子做到这点并不太难，法制教育渗透在社会生活和学校教育之中，孩子们从小就受到全方位熏陶，心中都有一道道德底线和法制底线，还往往会反过来影响家长。

如果不能以身作则为孩子树立遵纪守法的榜样，那么孩子也会目无权威，表现得无法无天。

（七）尊重法则：尊重孩子对世界的看法，并尽量理解他们

孩子和成人的看法往往不同，他们会有很多不符合常规的幻想，其实这些正是童心的可爱之处。如果大人认为孩子的想法奇怪而向其泼冷水，会扼杀他们的想象力和好奇心，也会让他们因为得不到理解而失望。

很多时候，纯真的孩子才有客观的看法，敢于说出真理。童言无忌，要结合声音法则，鼓励孩子表达，正面肯定他们的想法。当然，如果一些看法、说法脱离实际或者会引起麻烦，也要耐心地向他们解释。

思想和思维方式不成熟的孩子，往往还无法进行多方位思维，只会延续自己的思路，因此对事物考虑不周全。父母要尽可能理解少儿思维的特点，可以采用把复杂事物分解简化的方法，分期分批地向他们解释或征求他们的意见。

凡是与孩子自身有关的事情，例如搬家转学、选课外兴趣班、参加比赛等，一定要先与孩子商量，哪怕不能完全遵循孩子的意见，也要让他们觉得家长是征求了他们的看法的，否则孩子可能会产生逆反心理。

（八）后果法则：让孩子了解其行为可能产生的后果

有时候，孩子碰到了难以应付的事情或想做什么标新立异的事情，成人连事情和危害都没搞清楚，就对孩子横加指责或阻止，这很难服人。

若要孩子心服口服，成年人首先要周密思考每件事的前因后果，然后好好与孩子谈谈，可以从结果的好坏开始，反过来解说该不该这样做，晓之以理，孩子会明白的。

其实结果也不都是负面的。成年人的阅历比少儿丰富，应该更具有预见性。比如在指导孩子选择兴趣专长或申报学校时，家长可以对前景做些调查，并根据孩子特点鼓励其往哪方面发展。然而，如果没经过自己头脑分析思考，仅仅随大流、赶时髦，人云亦云，没有有效的结果分析，往往会耽误孩子。

（九）空间法则：给孩子留出心理空间

家长不必处处围着孩子转，你觉得是关心、照顾他们，他们却觉得家长控制得太严。也应允许孩子保有自己的隐私，有自己的主动权和决定权。

家长对孩子的管理管教，应该注重大的方面，尤其要根据孩子的年龄进行。年幼的孩子在生活、学业上或许需要比较细致的指导，但也要适当给他们一些机会锻炼。

进入青春期的孩子最烦家长唠叨。他们不爱搭理人，但并不代表他们没听见家长的话。家长不要没完没了地重复，可以事先告诉孩子，无论好事、坏事只说一遍，如果他不听，耽误了，是他自己的责任。与其被孩子烦，不如放手让其撞一撞"南墙"。

第八章　AI+时代教师与核心能力

AI+时代的巨大挑战，首先对教师发起冲击，教师的传统角色受到威胁。AI+时代教师角色的变革与重塑，是未来学校教育和教师都无法回避的问题。AI+时代带给教育工作者新的挑战与机遇，教师如何应对未来教育、教学的创新？他们应该具备什么样的核心能力？这是我们今天必须思考的问题。

第一节　传统教师角色与当代教师角色

"师者，传道授业解惑也。"传统的教师角色就是通过现场课堂教学，面对面地向学生传授各类知识和技能，为学生答疑解惑。传统教学模式中有固定时间、固定空间，进入信息化和数字化时代之后，这种传统的讲授形式面临巨大挑战。

一、传统教师角色

（一）传道者

唐贞元十八年（802 年），韩愈任四门博士时，著《师说》并指出"古之学者必有师。师者，所以传道授业解惑也。人非生而知之者，孰能无惑？惑而不从师，其为惑也，终不解矣"，充分阐释了教师的重要作用以及择师的必要性，这一观点在 1000 多年前是很有进步意义的，这就给后来的教师角色打下了烙印。

直到 21 世纪的今天，仍然有很多教师将此奉为经典，尤其是在应试教育的背景下，社会普遍认为教师的任务就是把知识传授给学生，所采用的方式就是"填鸭""刷题""死记硬背"等，目的就只有一个——考高分。殊不知，教师教得苦，学生学得累，虽然许多学生考了高分，但实际操作能力却很低。

（二）控制者

中国古代敬奉"天地君亲师"。"师"为"五尊"之一，被高高地供奉在很多家庭的神坛上接受顶礼膜拜。从孔夫子成为万世师表开始到唐宋时期，尊师尊孔发展到了极致，教师与学生之间俨然君臣关系，在教师的课堂教学中，就出现了"教师讲，学生听""教师是监工，学生是劳工""教师高高在上，学生微不足道"这些现象，学生的一举一动全在教师的监控之下。

有很多教师都要求学生上课的时候身体坐端正，双手背在身后，不能扭头，不得讲话，更不能起身走动。学生稍有违反，便会遭到教师严厉的惩罚。学生在这种严厉苛刻的环境氛围下，个性心理必然受到压抑，其身心的全面发展也将成为一句空话。

（三）权威者

《学记》高度评价了教师的作用，认为"能为师，然后能为长；能为长，然后能为君。故师也者，所以学为君也"。又说："师严然后道尊，道尊然后民知敬学。""当其为师，则弗臣也。"可见，当时的知识掌握在当权者的手里，普通的民众是无法接受知识的。

统治阶级为了维护自己的统治地位，一方面极力鼓吹尊师重道和知识的重要性，另一方面又严格限制普通民众接受教育，这样他们就可以堂而皇之地以知识的权威者自居。时至今日，在我们的学校教育中，仍然有很多教师在中小学生面前摆出知识权威者的姿态，高高在上，殊不知这种观念严重阻碍了学术的进一步发展和创新，也不利于正在成长中的中小学生的身心健康。

二、隐喻教师观

教师是人类最古老的职业之一。在人类教育发展的历史过程中，人们出于对教师的崇敬或对教师职业的理解，经常会将教师或教师职业做某种比喻。随着社会和教育的发展，对教师角色和功能产生了诸多的新隐喻，诸如"河流""渡船""铺路石""人梯"等。北京大学陈向明教授，将其归纳如下。

（一）蜡烛论

"教师是蜡烛"，这一隐喻使人感到既喜又忧。一方面，它体现了教师的无私奉献精神；另一方面，它反映了一种重要的师生关系，即生重于师。然而，"蜡烛论"给教师的定位太高，几乎将教师抽象为圣人。教师形象被无限拔高，但教师地位却较低，似乎教师只能靠燃烧自己来完成其工作职责。

（二）灵魂工程师论

"教师是人类灵魂的工程师"，这一隐喻包含了十分丰富而复杂的内涵。它表明教师从事的是一种非常崇高的事业，目的是塑造学生的灵魂。因为只有人才有灵魂，因此教师的职责是塑造人，注重学生的心灵发展，而不仅仅是向学生灌输知识和能力。

"灵魂工程师"是一个混合隐喻和工业模式，它将一些互不相容的形象生硬地并置在一起，形成了一个牵强、不太协调的图像。从教师自主权考虑，"工程师论"也隐含有自相矛盾的地方。由于国家对产品有统一的规定和要求，因此它似乎比较重视教师的能动性，但又表明教师缺乏必要的自主权。

（三）园丁论

"教师是园丁"这个隐喻反映的是一种农业模式，认为学生像种子，有自己发展的胚胎和自然生长的可能性，但需要教师来浇水、培土。与"工程师论"相对，"园丁论"更加重视学生的生长性，既考虑了学生发展的共同规律，同时又照顾了学生个体发展的差异性。

同时，这个模式也考虑到教育的过程性，而不仅仅是结果。教育学生就像是培育花朵，需要经常地、定时地浇水、松土、施肥。

（四）水桶论

"教师要给学生一碗水，自己要有一桶水"，这一隐喻强调的是教师知识和能力的必要储备，对教师的职业能力提出了很高的要求。有人甚至认为，教师只有"一桶水"已经不够了，应该是"自来水"，能随时拧开，要多少水就有多少，这对教师的知识和能力要求都很高。

能作为教师，主要是因为其阅历比较丰富，知识能力比学生强。教师也要不断地学习，并主动向学生学习，才有可能走在前面。但"水桶论"所隐含的学习观非常狭窄，似乎学习涉及的只有学校内、课堂上、书本上和教师拥有的知识，没有意识到学习具有十分丰富的内涵，可以超越书本、课堂、学校和教师，延伸到不断变化的、丰富多彩的生活世界。

"水桶论"没有考虑到学生作为独立学习者及终身学习者的能力和条件，似乎学生从老师的桶中接到的知识能力可以受用一辈子。

三、当代教师角色

自新中国成立以后，关于我国教师的角色定位非常多。诸如：从学校教育工作的角度看，教师是教书育人的教育者、学生集体的组织者、学生学习的促进者、智力资源的开发者、心理健康的指导者；从师生关系的视角看，教师由传授者变为参与者，由控制者变为合作者，由主导者变为引导者。但比较公认的看法有如下六点。

（一）人类文化的传递者

一是具有科学认真、热情耐心的"乐教精神"，善于激发学生的学习动机，使学生由"苦学"变为"乐学"；二是具有足够的科学文化知识以及合理的知识结构；三是掌握精湛、高超的教学艺术；四是对学生进行学习方法的指导。

（二）新生一代的灵魂的塑造者

一是要善于观察和分析每个学生的特点，掌握打开每个学生心灵的钥匙，了解学生的思想，进行有的放矢的教育；二是要善于估计情势，预测学生的发展方向；三是要注意引导学生进行自我教育；四是要因材施教。

（三）学生心理的保健医生

一要具备生理、心理卫生知识，能对不同心理状态的学生进行心理疏导，掌握心理治疗的方法和技术；二要进行生涯指导和心理咨询；三要区分品德不良与个性缺陷，爱护学生、尊重学生。

（四）学习者和学者

一是教师必须是一个"专"家和"杂"家，既要有精深的专业知识，又要有广博的跨学科知识；二要不断学习，学会终身备课；三要教学相长，不耻下问，向学生学习；四要及时将教学中的探索与心得、经验和教训总结整理，上升为理论。

（五）人际关系的艺术家

一要能建立民主平等、和谐融洽的师生关系；二要提倡角色心理位置互换，平等待人，以身作则，做学生的朋友和知己；三要能协调教师、家长、学校、社会之间的关系。

（六）教学的领导和管理者

一要能建立教学常规和各项规章制度，维护正常的教学秩序；二要倡导自觉纪律，树立学生集体观念；三要指导学生参与自身的管理；四要建立教师威信，尊重学生和严格要求相结合。

第二节 教师角色的变革

随着科技的进步，人们获取知识更便捷，对世界本源的了解越来越多、越来越宽，因此对教师依赖变低、要求却越来越高。教师不完全是教书育人中的"传道者""控制者""权威者"，也不完全是孩子成长成才道路上的"蜡烛""园丁"等，而是孩子知识能力的建构者、身心健康的维护者、学习活动的参与者等。

一、信息时代之必然

信息时代是信息产生价值的时代，它代表着先进生产力。信息化的快速发展，尤其是互联网的出现，大大地推动了教育的改革和发展，教师角色也随之发生了变化。

（一）教育信息化

今天，教育信息技术对传统的教育内容、教育方法、教育手段等产生了重大影响，也对教师所扮演的传统角色形成了冲击和挑战。贺州学院的曾金霞认为，教师信息化条件下教师角色应发生如下变化。

从传统的技术使用者，转向教育信息化的设计者。

从传统的技术观望者，转向教育信息化的执行者。

从传统的技术实践者，转向教育信息化的研究者。

从传统的一元评价者，转向教育信息化的多元评价者。

（二）教学网络化

教学网络化即学校以计算机和互联网作为主要手段进行教学的教学模式。网络教育跳出了传统教学的"师生面对面"的圈子，与传统教学模式相比，更有利于培养学生的信息获取、加工、分析、创新等能力。网络教学打破了传统的时空限制。在网络化教学中，教师有五个角色。

1. 学习合作者或引导者

这一角色定位充分体现了师生之间的平等，可个别化教学或协同学习。教师在探索学习活动中，引领学生寻找和甄选信息，成为学生自主学习的引路人。

2. 知识建构者

教师通过信息获取，帮助学生形成新旧知识间的联系，同时又要留给学生广阔的建构空间，成为学习者知识建构的早期支架。

3. 道德监控者

教师不仅是知识的传输者、智慧的启迪者，也应是学生心灵的塑造者、观念的引导者和时尚的指导者，成为学习者心灵成长的"防火墙"。

4. 身心健康的保护者

网络是孩子成长的工具，也是生活的玩具，更是青少年极易受到诱惑的地方。网络环境下，教师应成为学习者网络身心健康的维护者。

5. 生态教育者

当可持续发展被引入教育后，对教师提出了一个至高的要求：教育应突破"应试性"的功利约束，指向学生核心素养和终身发展需要。

二、教育改革之使然

教育发展的根本在于改革，教育改革以"有意义的转变"为标志，以"教育现状的变化"为标准，目的是让学生能在教育教学中成长成才、和谐幸福。无论我们在理论和思想上有多么美好的构想，如果没有引起教育实际现状的变化，改革就是失败的。

（一）教学反思的兴起

教学反思是指教师对教育教学实践的再认识、再思考，并以此来总结经验教训，进一步提高教育教学水平的一种教学活动。教学反思一直以来都是教师提高个人业务水平的有效手段，大凡有教育成就的教师都善于教学反思。当然，教学反思也包括教师角色定位、定向的反思。解希静教师把反思型教师的角色做了五个方面的诠释。

1. 教育实践的反思者与研究者

不迷信权威，不固守已有经验，不被动和刻板，根据新信息和具体情况，随时对问题情境进行弹性化的处理。

2. 学生学习的合作者与促进者

教师蹲下身子与学生形成学习共同体，完全融入学习活动中，在宽松、和谐的情境中进行对话、沟通和交流学习。

3. 学生生命的关怀者

教师站在生命整体发展上看学生，尊重每一个独立人格，呵护生命；给予学生自由的时间和空间，注重情感、需要及体验，努力成为学生的精神导师和支持者。

4. 道德、伦理的示范者

教师对教育不仅具有开放性的思想，更具有虚心、责任感和全心全意的工作态度。他们高度自律、高度民主，并以最好的状态面对学生。

5. 终身学习者

教师不断学习和丰富自己，从不同的视角去审视自己、学生及课程，不断更新自己的认知结构，做到终身学习。

（二）课程改革的到来

新课程的基本价值取向是"以学生发展为本"，课程目标为"学生全面发展"，课程结构是"综合化""平衡性""发展性"，课程内容是"现代化"和"满足学生的兴趣和经验"，课程实施是建构新的学习方式和教学方式并实现信息技术与课程的整合，课程评价是建构"发展性的评价体系"等。从"以学生发展为本"的价值体系出发，新课程中的教师角色变革为以"教师之才"链接"学生之学"。黄浦全老师梳理出了新课程中的教师角色。

1. 知识的传授者

教育和课程是以"知识的传递和传播"为核心的，这是教育和课程的起源及历史所规定的，是不以人的意志为转移的。

2. 学习的参与者

新课改中，教师作为学习的参与者，就是要参与学生的全程学习活动，包括课程的"准备性学习""一路上学习""总结性学习"。

3. 学生的引导者

在新课程中，教师作为学生的引导者，意味着通过教育教学中的互动，在坚守新型知识传授者的基础上，承担着引导学生全面发展的角色。

4. 课程的研制者

传统课程使教师成为课程的被动执行者，而新课程已实现了中央、地方和学校三级课程体系的统一设计，这一变革赋予了教师"课程研制者"的角色。

5. 课程与教学的组织者

教师通过媒体设计、环境设计和教学活动设计来组织实施教学活动，从而使课程内容顺利地转化为学生的知识经验。

6. 团体的领导者

一流的教育是无法通过外力强制实现的，新课程强调构建民主式管理模式，推崇教师赋权，课程遵循教育性，学生管理遵循民主性，教育实践遵循批判性。

7. 教育的研究者

课程使用者，首先是课程的研究者和生产者，教师开展研究有三个途径：系统地自学，研究其他教师的经验，在教室里检验已有的理论。

8. 文化的创造者

教师是文化创新的主体和主角。教师作为文化创造者，主要通过培养学生的创造性，使他们具有生命及其优化活动的自我意识，能够挖掘、建构和享用生命的意义及价值。

三、AI+教师角色之应然

未来教育是人机协同（即人类教师+AI教师）教育，人类教师和AI教师协调完成教学任务。知识性的"教书"，AI教师超越人类教师；而价值性、情感性的"育人"，AI却无法替代。在AI+时代如何做好教师？首先，我们要找准未来教师的角色定位。

（一）信仰与价值的引领者

"教书育人"这一概念已经明确，教师不仅是知识技能的传授者，也是学生人生观和价值观的培养者。AI将最大限度地发挥自身技术的优势，替代教师完成事实性、重复性的知识传授和日常事务，为学习者提供多样化的学习活动，达到"教书"的目的。而教师的主要角色则是回归教育的本质——"育人"。

"德育是教人做人的教育。"学生只有学会了做人，才能更好地做事。这个道理每个教师都懂，但依旧容易被忽略。正所谓"君子先成人后成才"，德性是一种内在的精神品质，引领着个体的信仰与价值观，是教育行动的重要基础和依据。但AI本身是没有感情的，这恰是AI+时代教师的独特价值所在。所以AI+时代，教师作为学生信仰和价值的引领者，其作用不仅无法被AI替代，反而更应加强。

（二）AI管理和协同者

AI+时代的教育依靠AI和人脑智能两个主体，未来AI在协同过程中将逐步实现人脑的智能，即计算、感知、认知等。根据教学工作本身规则性和创造性程度的不同，教师和AI在教学中所处的地位也有所区别。北京师范大学教授余胜泉根据人机协同中机器智能由弱到强的智能性，将教师和AI的关系分为四个阶段（参见图8-1）。

AI代理（低层次的协同），即AI取代部分教师需要处理的低层次、单调性、重复性工作的智能形态，此阶段AI主要作为教师工作的代理，运用计算智

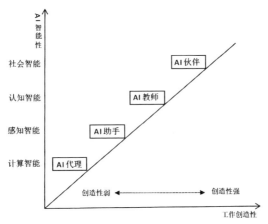

图8-1　人机协同教育发展趋势

绘图参考: 余胜泉, 王琦.《"AI+教师"的协作路径发展分析》.《电化教育研究》2019年第四期

能处理简单的教学事务。

AI助手（教师增强AI自动化处理），即教师运用AI来提高常规工作效率的形态，是AI中低智能的体现，AI借助其感知智能处理采集到的教与学的数据，而教师针对数据提供意义和解释，教师将增强AI处理模糊事务的能力。

AI教师（AI增强教师创新），即人机结合的超级教师，此时AI具备认知智能，在感知和认知方面均能显著增强教师的能力，突破教师个体认知极限，使得教师具有更大的教育创造性。

AI伙伴（教师与AI的相互社会性增强），即最高级的人机协同方式，AI具备了社会智能，能够与人类教师进行社会性互动，同时，AI的创造性和自主性达到人类教师的层次，可以独立地与人类教师进行对等的交流，实现共同进步、相互提升。

（三）学习分析者

AI、大数据等技术在教学中的深入应用，将使教学过程中产生大量的数据，这些数据为实现学生个性化学习提供了依据，也能够方便教师及时调整教学进度和教学重难点。因此，未来教师必须具备数据意识和数据能力，通过分析相关数据，了解学习者的学习兴趣、学习障碍和知识储备等，不断调整教学设计、优化教学过程，更好地促进和实现学生个性化学习。

未来，学生或许真的能远离应试教育，学生在学习过程中的各种表现也将成为评价依据，如问题解决能力、创新能力、批判能力等。教师可以将知识嵌入问题情境中，为学生创建真实问题的仿真情境。在学生解决问题时，电脑可以记录学生的点击、交互等各种行为的数据，在此基础上仿真计算学生的认知能力、知识迁移的能力等，从而使教学评价从单一的知识评价转向综合素质评价。

（四）学习情感、能力和品质的培育和激发者

教育不是由外而内传递知识，而是由内而外觉悟智慧。从最初的双基教学到三维目标，再到当前重视关键能力和必备品格的核心素养，学生的情感态度日益受到重视。毋庸置疑，学生的情感状态与其学习成绩有着直接的关系，倘若学生对学习是积极的情感状态，就会比带着消极的情绪学习显得更加轻松、容易，学习效果往往也会更好。

AI+时代，事实性、概念性知识都是由机器负责传授，由于缺乏情感交流，学生极易产生浮躁、困惑以及倦怠等消极情绪，这些都在一定程度上削弱了学生学习的积极性。因此，教师必须转变为学习情感的培育和激发者，提高学生在学习过程中的愉悦感和成就感，引导、帮助学生保持良好的身心状态，缓解学生的学习压力等，培养学生积极的学习情感，给予学生更多的情感关怀，成为学生的精神导师。

（五）创新精神的培育者

AI+时代，留给未来学生的职业都是AI无法替代的，是具有创新性、非常规思维的复杂性劳动岗位。也就是说，今天的学生不是只有知识就行，依靠流水线式的、以知识传授为主的教育体系，已经无法满足创新型国家建设的人才需求。在智能时代，知识的传授对于机器来说已是小菜一碟，只要学生手指一点，就会有智能机器人进行逐一讲解。

AI+时代，学习不再是已有知识的简单积累，而是要有新发现、新思考，并能够做出复杂的决策，判断其科学性。教师应借助AI技术实时采集学习者的特征、需求和问题，并通过对数据进行个性化诊断和分析，为学生提供个性化的资源和服务，真正实现因材施教，激发学生探索科学世界的兴趣和动机，呵护学生的好奇心和求知欲，鼓励学生发现问题，在交互式的学习过程中培养学生的创新思维和创新能力。

（六）综合实践能力的培养者

应试教育往往以学生的考试成绩来评价教师教学效果或学生学习效果。在这种观念下，教师的关注视野往往会逐渐变得狭隘，忽略了对学生综合实践能

力的培养。"考什么教什么""怎么考怎么教"就变成教师的真实工作写照。

AI打破了时空限制，学生随时随地都可以进行在线自主学习。课堂中师生面对面的教学，更多关注的是学生的体验和实践，学生需要掌握的不仅仅是书本中的知识，还有走出校园后能够独自应对各种智能环境的能力。因此，教师不能仅仅关注当下的教学，仅仅教会学生当下学习的内容是不够的，应当指导学生如何在AI环境下利用各种资源自主性学习，实现可持续发展。

第三节　AI+时代教师的核心素养

未来教育将是人类教师与AI教师协同共存的时代，AI教师将在未来学校占有一席之地。余胜泉教授认为，AI教师在未来可能承担12个角色：可自动出题和自动批阅作业的助教、学习障碍自动诊断与反馈的分析师、问题解决能力测评的素质提升教练、学生心理素质测评与改进的辅导员、体质健康监测与提升的保健医生、反馈综合素质评价报告的班主任、个性化智能教学的指导顾问、学生个性化问题解决的智能导师、学生成长发展的生涯规划师、精准教研中的互助同伴、个性化学习内容生成与汇聚的智能代理、数据驱动的教育决策助手。

一、AI+时代的教育三要素

构成教育的三个要素为教育者、教育影响、受教育者，传统教育中，教育者处于领导、控制和执教的地位，受教育者处于被领导、被控制和受教育的地位。二者的主要矛盾是：教育者的要求与受教育者身心发展特点及水平之间的矛盾。无论教育如何改变，它始终坚信"一棵树摇动另一棵树，一朵云追逐另一朵云，一个灵魂唤醒另一个灵魂"的伟大愿景。但随着AI+的到来，本身只是一个模拟人类能力和智慧行为的跨领域的AI，改变了我们的教育者和教育影响两大因素，还改变着教育资源形式、教育教学环境以及教师角色等方方面面。

（一）教育者的变化

我们的教育始终坚守"立德树人"的总目标，以培养全面发展的人为根本任务。但AI+时代，教育者已经不仅仅指人类本身，还有众多的AI代理、AI助手、AI教师和AI伙伴，教育环境呈现出开放性、共享性、泛在化、虚拟化、个性化等特征。

知识来源渠道的多元化不断挑战传统型教师的权威地位，教师从知识垄断者转变为信息资源整合者，从知识传递者转变为终身学习者。学习形式的泛在化，重构了传统教学模式下的师生关系，它强调教师在教育政策、教育发展和学习策略等方面的独特优势，强调教师在AI+时代的引导者角色。

AI机器人的发展将替代教师的知识传授、信息收集、数据分析等功能，而教师的能力培养、价值引领、情感感化、德性养成等育人功能将会凸显。

（二）教育影响的变化

1. 教育资源的变迁

AI+时代，交互技术的应用带来信息的海量增长，互联网汇集全球各地的知识资源供学习者全方位、个性化、持续性地选择与利用。AR/VR、可穿戴移动设备的发展极大地提高了学习资源的互动性；不同层次的学习支持系统也使翻转课堂、远程教育成为常态，促进了教育资源的易获取性、易共享性。

学习资源形式从"教材+课件资源"的单一性，转向"教材+课件资源+互联网资源"的跨媒介化，由静态向互动性动态生成变迁，由单渠道化转向跨区域化、共享化，为不同学习需求、学习风格的学习者提供了更多的选择。

2. 智慧环境的变革

2017年，国务院发布《新一代AI发展规划》，提出开发在线教育平台，建立智能、快速、全面的教育分析系统，建立以学习者为中心的智慧教育环境等要求。随后，交互式电子白板、3D打印机、智能机器人等新兴设备进入课堂，开展智能教学服务。

诸如：未来教育高精尖创新中心研发的基于基础教育学科知识库的智能辅导机器人、清华大学与学堂在线学习合作研发的"小木"机器人等帮助学生克服学习障碍，提供智能化学习指导。

AI与物联网的结合为学习者创造了温暖、舒适的学习环境，可以根据用户需求和喜好进行室内温度、湿度、亮度、色彩、照明的个性化定制。如RobotBase开发的一款智能办公桌Autonomous Desk可以通过App调节办公桌高低、颜色，还可通过对使用者行为习惯的分析自动调节桌子属性，为使用者提供更舒适的办公环境。

（三）受教育者的变化

20年后，由于AI的快速发展，替代了我们许多繁重的体力、脑力劳动，为人类创造了丰富的社会财富，也为人类留出了许多休闲时间，人类可以活得有滋有味。"使孩子感受到未来和看到幸福"的教育初心依旧没变，为此，如何让受教育者"感受到未来和看到幸福"呢？

1. 从宽厚基础到赋能高阶

教育家布卢姆将认知过程分为记忆、理解、运用、分析、评价、创造六个层次，其中后三个通常被认为是"高阶思维技能"。高阶思维技能是应对复杂情境、解决结构不良问题或任务所需的心理特征（高阶思维能力、高阶情感能力）。高阶思维技能是建立在基础知识之上的深度分析、创新应用、灵活转换等能力。

2. 从学习AI到驾驭AI

学习AI包括AI用户、AI工程师和AI科学家等层面。所有人都应该学会做一个合格的AI用户，了解AI的发展史和未来趋势，知道AI擅长做什么，学会和AI友好相处及使用、维护AI。

3. 从理性到感性的心理需求

著名未来学家丹尼尔·皮克认为，未来有六种技能：设计感、讲故事的能力、整合事物的能力、共情能力、会玩的能力、找到意义感的能力。因此，未来需要培养人的兴趣，使学生有好奇心和创造力，让他们做自己最爱做的事情，故人际沟通、协同、团队精神、语言表达、艺术修养、感受亲情与爱等能力是重点。

二、AI+时代教师的生存境况

AI+向传统的教师自我认定发出了质疑与挑战，促使教师去不断探索自我存在的可能性。而教师对AI与教育世界的重新解释则重构了教师的视域结构。华东师范大学的李栋博士认为，在AI背景下，教师生存境况将有如下几种。

（一）谋生取向的劳动

"劳动创造了人本身"，这句话认为劳动作为人的特有本质力量的外化，具有改造物质世界与改造人本身的二重性，分别是以改变客体及其属性来实现对人的有用性，即"手段价值关系"，以及改变人与人之间关系及其属性来实现抽象物化的"目的价值关系"。

AI+时代，劳动本身并不意味着异化关系的产生。但是，仅仅以谋生为取向的劳动则会演变成一种仅仅满足于生存需要的"迫不得已"，劳动内在性的退隐与外在性的强化，产生了教师"自我"与AI"非我"之间的对立。

异化劳动表现为"片面的劳动"与"抽象的劳动"，前者指的是教师所从事的劳动并不属于教师应有的劳动，也不是教师在真正劳动，而是像机器般劳动；后者指的是教师无视自身劳动的时代诉求、社会关系与价值意义，把一切时代变革和社会条件下的教育教学都看作同样的劳动。

谋生取向的劳动是一种驯服于组织化秩序中的对象性行为，教师存在价值的脱落与劳动意义的断裂，意味着教师本质的异化与尊严的丧失。"执行—应用—操作—效率"的机械观念，意味着节奏与秩序的统一，高效性替代适用性，操作性则粉饰不合理性，教师被嵌入AI的节奏之中，无暇顾及真实的自我。

（二）谋技取向的工作

为了区别于人以谋生为取向的劳动，汉娜·阿伦特将人的工作建立于通过利用工具和技术改造后的人工世界，旨在追求人的技能与技艺的增进。AI在减轻教师部分工作的同时，增加了教师工作的选择性与自主性，并对教师工作的专业化提出了更高的要求。

由于"专业化意味着在一种知识内部建立起一套规则、程序和自身确认的标准，以便对自身的合理性进行辩解"，教师的工作被赋予了一种"制造"的意味。以谋技为取向的教师工作，一方面实现了对传统工作内容的软化，技艺工具性的进步带给教师专业发展的自足与自信；另一方面，伦理内涵与内在体验的缺失致使教师无法自证生存的价值与存在的意义。

AI能够节约教师以谋生为取向的必要劳动时间，增加教师实现自我的闲暇时间，如何理解与诠释这种时间尺度决定了教师专业发展的取向。如果从工业化的效率观念出发，教师则化身为人力资本的培训者，闲暇时间便成为必要劳动时间的延续补充。

由于教师思维的自我设限与自身方法论的困境，以谋技为取向的教师工作往往将教育教学看作单向度的例行公事。即使遭遇失败，教师也只是在方法层面寻找原因，而无法看到方法背后的教育假设、价值定位与意义属性，更无法看到成长的可能性。

（三）谋道取向的行动

在AI+时代，如果说教师以谋生为取向的劳动是为生活所迫，以谋技为取向的工作是为技术功利性所驱动，那么以谋道为取向的行动则是教师自我意识的充分体现。

如果说教师的劳动与工作是可以被AI所替代的"非伦理—身体"活动，追求的是作为AI的客体及其属性对作为主体的教师需要满足的效用关系，那么以谋道为取向的教师行动则是不可被替代的"伦理—精神"活动，探寻的是一种无限敞开、主动介入以满足成己成物与成事成人的交往关系。因此，以谋道为取向的教师行动不再局限于"一个纯粹的知识问题、一个方法的问题和一个技巧的问题"，而是安身立命于一种开放的心态、一种特质的释放和一种智慧的创造。

以谋道为取向的教师行动，遵循"做哲学"的行动逻辑，行动思维也从名词属性转变为动词属性或动名词属性，要求教师能够对看似单纯的教育情境与事件进行多角度、个别化与反思性的审视，在主动显现自我特质形象的同时，构建一个可供教师展现完整特性的新环境。这是因为"只有在行动和言说中，人们表明了他们是谁，积极地揭示出他们独特的个人身份，才能让自己显现在人类世界中"。

三、AI+时代教师的核心素养

我国早在2003年就提出了教师专业化发展规划，认为教师专业素养主要包括专业知识、专业技能、专业情意。美国国际教育技术协会在2017年根据教师的角色，将教师能力标准划分为"学习者""领导者""公民""合作者""设计者""促进者""分析者"七个维度。教师既要继承传统教师专业发展的成果和经验，又要修炼面向未来的核心素养。

（一）价值引领和伦理监管能力

1. 信仰和价值的引导能力

未来教师要正确处理好学生成长过程中出现的各种问题，帮助学生坚定信仰，树立科学正确的价值观，要有信仰和价值的引导能力。围绕我国学生文化基础、自主发展、社会参与三个方面，着力于人文底蕴、科学精神、学会学习、健康生活、责任担当、实践创新六大素养，帮助学生认识并遵守社会规范、公共道德和科学伦理，提升学生的精神面貌，塑造学生健康的人格。

2. AI教育服务伦理监管能力

随着未来AI在教育中角色的增加，其伦理问题将成为重中之重。不同的AI有不同的设计算法，基于不同的数据集，有不同领域适应的局限性，教师应该对AI所提供的教育服务有所了解，一旦出现教育伦理问题，应能够及时进行干预。

（二）AI+技术应用能力

AI+时代，教师技术能力不仅包括数据加工能力、技术应用能力以及利用技术改进教学策略等能力，还包括对AI进行管理以及与AI协同工作的能力。教师需要充分熟悉AI对信息数据进行识别、收集、组织、分析、总结和归类等能力，同时利用AI+以创新形式进行信息的表达、呈现和储存，利用信息技术开发、制作教学资源并且解决教学问题。

数据信息的爆炸式增长给人类有限的脑容量增添了许多负担，智能机器人、智能App等应用进入课堂协助教师日常教学，进行信息的提取、作业的批阅并输出评价反馈，代替教师的重复性教学，将教师从机械繁杂的工作中抽离出来，从而有更多的精力和智慧投入创造性工作和育人工作。

（三）创新指导能力

教师创新能力是指教师运用多种创意思维创造新奇方案，运用现有资源改进或创造出新的事物，提出不同寻常的思想见解，灵活解决教育问题，包括学习、改进与探究的能力。随着网络信息技术的更新迭代、大数据与AI技术的不断成熟，创新型人才的培养已成为各国实现经济发展、科技进步和国际竞争力提升的重要战略举措。

"我们必须把创新作为引领发展的第一动力，把人才作为支撑发展的第一资源，把创新摆在国家发展全局的核心位置。"无论是美国"21世纪技能"中的"学习与创新能力"，还是我国六大学生核心素养中的"实践创新"，或者是欧盟提出的"创新与企业家精神"，都指向学生创新能力的提升，而具备创新能力的教师则是培养创新人才的保障。教师唯有不断用新的知识与能力武装自己，提高自身的学习能力、反思能力与科研能力，不断推陈出新，不断优化教学设计，才能在信息技术不断更新的社会中发挥出教师特性，提升教育质量。

（四）信息与网络链接能力

在AI+时代，AI、大数据、云计算等科学技术的发展改变了传统的经济、生活方式，面对复杂化、网络化的数字型社会，信息素养已成为当前和未来人才培养的关键。教师信息能力是教师适应信息化社会的一种综合能力，主要包括信息意识、信息知识、信息能力和信息伦理道德这四个维度。信息应用能力是教师能够结合自身需求在海量信息中准确判断、识别并选取有效资源，利用信息能力解决教育问题并具备一定信息道德素养的综合表现。

社会网络连接指导能力：学习是内部认知网络与外部认知网络的连接，教师将帮助学生形成良好的内部认知网络，并作为重要的外部认知节点，帮助学生连接丰富的外部社会认知网络，指导学生寻找关键的学习节点，帮助学生在知识节点、人际社会节点之间不断建立连接。

（五）人机协同能力

1. 人机结合教育决策能力

未来教育是因人而异的教育，各种个性化需求需要海量的教育服务的组合，其带来的教育资源配置使教育决策变得极其复杂，需要AI为各类决策提供各种数据及分析模型支持，形成人机联合的教育决策机制，实现智能化的教育治理模式。

2. 学习服务设计与开发能力

利用技术工具设计、开发灵活多样的学习环境，设计立体化、跨学科融合的综合性课程，实现虚实结合的教学，为学生提供丰富多样的、精准的、适应性的学习资源与学习活动。

（六）业务合作能力

业务合作能力是指交往双方为了实现共同目标在合作过程中交流协商、倾听吸收与保留对方意见、发现问题与提出问题，并配合对方采取行动的一种能力。教育是复杂的科学与艺术，教师应该学会积极主动与学生、同伴和专家进行交流研讨，感受思想观点和价值观的多样性，主动参与网络研修、国际会议等，吸取经验教训并协作实现共识性目标。

互联网的发展将世界引向全球化，人与人、国与国之间的交流合作日益频繁，团结合作的教师发展方式能够帮助教师实现相互交流教育教学模式，让青年教师、熟手教师、专家教师互相传授理论知识，共同助力教师成长。

（七）学习指导能力

1. 综合性学习组织能力

结合真实的生活，组织学生参与以活动、项目和问题解决为基础的学习，提供可动手操作的课堂体验，鼓励学生进行知识的情境性、社会性应用，促使学生在解决真实问题中进行创造、设计、建构、发现与合作，未来的教师将成为教育活动师。

2. 个性化学习指导能力

实现因人而异、因情境而异的个性化智能教学，为学生跨越最近发展区提供合适的"脚手架"，辅助学生学业发展，实现精准教学。教师将成为学生学习过程中的同伴、解答学习疑惑的帮助者，以满足学生的个性化需求，让每个人都能实现个性化发展。

（八）学习诊断与改进能力

1. 学习问题诊断与改进能力

教师要通过 AI 对学生学习过程的数据进行采集与分析，并对其进行教育意义的解释，了解学生学习动态，超越表面问题，找到影响学生学习的关键障碍点，同时，要对学生的不良行为习惯做到及时预警，并形成有针对性的改进方案。

2. 同伴互助专业成长能力

人机协同的智能机器人可以协助教师诊断教学设计方案、课件存在的问题，全面采集教师在课堂教学现场生成的声音、表情、动作、互动信息等，借助其分析功能为教师的教学提供实时的诊断和建议，促进教师习得新的教学法知识、学科知识和技术知识，改善自身的认知缺陷，促进自身成长。

（九）健康管理能力

1. 体质健康监测与提升能力

通过AI多渠道、多形态地采集学生的运动数据，深入分析学生成长发育、运动技能的各项关键指标，帮助教师基于数据精确了解学生的体质发展及健康状况，并给出提高学生体质的运动方法、专项训练方案与营养改善方案。

2. 心理健康管理与疏导能力

未来教师要更关注学生的心理与心灵，在AI的帮助下，教师不仅可以了解学生的知识、能力，还可以了解他的认知能力与心理状态，包括心理健康、人格发展、学习品质、发展潜力、教育环境适应性等，从而及早发现学生的心理问题并及时给予干预。

（十）发展评估与生涯指导能力

1. 发展性评估与改进能力

将AI技术引入教学评估活动中，通过大数据采集和学习分析，实现精准化的教学评价，个性化的学生评价。评价不仅是对知识进行评价，还可以对学生动态问题解决能力及综合素质进行科学评价，为学生和家长提供全面、客观、有科学数据支撑的综合素质评价报告。

2. 生涯发展规划指导能力

教师将帮助学生认识自己的个性、特长和优势，了解社会各行业的职业能力结构，从而指导学生进行有效的学业规划，同时，在对学生的大数据进行个性化分析的基础上，为学生学业发展、专业选择、职业规划等提供针对性的帮助。

第九章　AI+时代大学生的职业规划

职业规划（职业生涯规划或职业生涯设计）是指个人与集体相结合，在对一个人职业生涯的主客观条件进行测定、分析、总结的基础上，对自己的兴趣、爱好、能力、特点进行综合分析与权衡，结合时代特点，根据自己的职业倾向，确定最佳的职业奋斗目标，并为实现这一目标做出行之有效的安排。

职业规划以既有的成就为基础，确立人生的方向，提供奋斗的策略，突破生活的限制，塑造清新充实的自我。我们应深入剖析当前高校的职业规划教育存在的问题，进一步认识AI+时代职业规划的大趋势和大变革，着力于AI+时代大学生的职业规划。

第一节　大学生的职业规划

一、职业规划的概念及意义

亚里士多德曾经说过："人是一种寻找目标的动物，他生活的意义仅仅在于是否正在寻找和追求自己的目标。"可以看出，完全没有规划职业生涯的人是注定要失败的。

大学生职业规划是高校教育的一个重要组成部分，直接影响着学生的学习目的、学习动力、就业质量等。从整体看，高校大都非常重视这门课程的开展情况和实效评估，凡是工作做得扎实的学校，学生的职业生涯行动力就较强，能够结合实际积极评估调整。大学生职业规划的意义主要有三点。

（一）明确方向，增强能力

大学之前的应试教育使学生更多地关注成绩，在大学里，其学习方式和生活方式发生了较大变化，有了更多自由支配时间，没有了高考，使许多学生找不到自己努力的方向。应试教育使学生忽视了对自我的认知，尤其是兴趣、性格、能力和价值观等方面，无法尽快找到自己今后的人生方向。

职业规划以人的认识为基础，又要解决目标问题，这些问题解决好了，也就把握住了自己。如何使一个学生转变成一名合格的从业人员，对于我们来说，还有很长的一段路要走。现实残酷的竞争并不允许大学生慢慢地成长，它要求每个大学生不仅要看清自己，还要看清前方，快速地成长起来。对于大学生来说，可以有困惑，可以有迷茫，但决不允许自己放弃努力。

职业规划能让大学生正确认识自身的潜能和资源优势，帮助自己重新对自我价值进行定位，并使之持续增长；有利于大学生对自己的优势与劣势进行分析对比，搜索或发现新的或有潜力的职业机会，使自己进一步树立明确的职业目标与职业要求；有利于评估个人目标与现实之间的差距；有利于努力创造条件接近目标。

（二）对接社会，熟悉行业

当代的大学生是伴随着中国经济高速发展成长起来的一代人。中国通过改革开放，经济得到跨越式发展，国家全面强大，但与此同时也带来了一些社会问题，诸如贫富差距大、房价高、就业难等问题，给大学生的价值观、世界观和人生观带来冲击。在这个人生关键时期，大学职业规划可以给学生指明方向，并在规划中落实行动，为梦想坚持奋斗。

当今社会处在变革的时代，到处充满着激烈的竞争。物竞天择，适者生存。职业活动的竞争非常突出，尤其是我国加入WTO后。要想在这场激烈的竞争中脱颖而出并立于不败之地，就必须对自己的职业生涯做好规划，要做到心中有数，不打无准备之仗。

从人力资源的角度出发，企业或用人单位非常看重新进员工的职业规划是否明晰，是否与公司的发展一致。只有少数求职者会写出自己的未来发展规划，这些规划让人觉得求职者的求职意向是经过深思熟虑的，即使其职业规划只有五年甚至更短的时间，但用人单位也乐意聘请这种目标明确、规划明晰的员工。

（三）减少压力，增强信心

连续多年的中国大学生就业压力调查报告数据显示，调查对象处于偏向不幸福的状态。这种幸福感下降的结果也从另外一个方面印证了大学生的就业压力在增加，加之当前的世界经济发展形势和未来的不确定因素，给大学生的未来信心造成了不利影响，最为明显的是当前存在心理问题的大学生人数越来越多，患上不同程度的焦虑症、抑郁症等心理疾病的学生也在增加。

职业规划有助于健全学生职业生涯发展中自我成长的调节机制。学生对自己整个人生的安排是无法假手于他人的，任何人都不可能躲在父母和教育者的庇护下度过一生，他们终将独立地走上社会，凭借自己的力量在社会上立足，在承担起各种社会责任的同时追求自我价值的实现。

二、高校职业规划的不足

职业规划的作用在于帮助大学生树立明确的目标，运用科学的方法和切实可行的措施，发挥个人的专长，开发自己的潜能，克服职业生涯发展困境，避免陷入人生陷阱，不断修正前进的方向，最后获得事业以及人生的成功。然而，当前高校在大学生职业规划方面存在诸多不足。

（一）职业规划课程化

我国大学生就业制度的演变大体经过了三个阶段，即统招统分阶段、供需双向选择阶段和自主就业创业阶段。在新时代背景下，随着大学生就业制度的变化和大学扩招政策的实施，大学生就业问题逐渐上升为社会热点问题。

当前，我国高等院校对职业规划课程的安排分为两种：一是在新生阶段开设职业规划课程，毕业实习前开设就业创业指导课程；二是在新生阶段开设职业规划课程，之后边接触专业课程边开展就业创业指导工作。

职业规划教育从认知、设计、实施、修订到达成目标，承前启后，环环相扣，贯穿大学学习生活的始终，是一个不断深化认识、不断实践的过程。但是，我们学生常常遇到的是重两头、轻中间，出现了中间环节缺失、教育过程中断的现象。

上述课程设置均未真正体现教育部办公厅《大学生职业发展与就业指导课程教学要求》的指导精神，要么出现课程设置分散、教学内容间断、缺乏连续性等缺点，要么课程设置只注重课程内容传授，缺乏实践教学和社会联动，没有融入行业和市场，没有真正关注学生的个性特征和个人意愿。

（二）职业规划师资薄弱化

虽然我国大部分高等院校都已成立专门的职业规划课程教研室，但是从事职业规划教育的专职教师却极度稀缺，基本上是由学生处、各院系专职和兼职辅导员老师构成教学队伍。

受学生处及各院系专兼职辅导员老师的学历背景、知识体系、人生就业创业经历等局限，在实际课程教学与讲解中，无形地、过多地对就业政策、创业优惠、计划书撰写等进行讲解，很多教师的工作没有"沉下去"，大多数学生没有从老师的影响中"站起来"。

有的学校也聘请了行业专家，虽然他们擅于实际操作和技术，但他们不擅长驾驭讲台和宏观设计，也很难从自己的繁重的工作任务中抽身出来，以更多精力投身于大学生的职业生涯指导中。

师资队伍建设的缺陷虽已使部分高校意识到职业规划课程师资队伍的薄弱，但是师资队伍建设不是一蹴而就的，除聘请外部专职教师以外，内部挖掘与系统培训校内教师开始成为各高校解决师资队伍建设问题的常用办法。

（三）职业规划教育应试化

目前，我国高等院校在教学模式上多采用传统的班级授课制，讲授法和谈话法占主导地位，学生能动学习、课堂师生互动极少。这也是大部分学生对职业规划课程缺乏主动性和自觉性的重要原因。

虽然部分高校已逐渐开始采用实践教学育人的教育教学改革方法，但也仅仅是把课外实践作为课内理论教学的补充，惯用方式是课堂模拟，或优秀校友访谈，使学生了解就业创业方法及相关知识，教学内容缺乏针对性和系统性。

个别高校还认识到本校师资力量有限，开始借助信息化网络技术手段，在职业规划中引入优质网课。但因优质网课缺乏师生互动，更不能提供个性化指导与服务，这也导致大部分学生对职业规划课程不能形成正确认识，仍认为专业课程是大学期间最为核心的课程，直接导致逃课、作业应付等现象屡屡发生。

（四）职业规划指导雷同化

职业规划课程的教学目的，是使大学生把在校学习过程中的专业知识、未来人生追求与向往、毕业后人生发展之路相融合，重点在于打牢专业基础的同时，确立人生追求与目标，设计好学业规划及未来人生、职业规划。

在校期间的学习规划、未来的职业规划能否顺利实行，不但会影响到大学期间的学习质量，更可能影响到今后职业生涯是否成功。

目前，我国的高等院校对职业规划课程只注重共性教育的落实，缺乏对个性教育的理解与关注；仅为完成教学任务而教学，缺乏对学生未来不同人生追求的划分与指导。此外，对就业、创业、学业提升等不同学生群体没有针对性的教学安排，这也导致部分学生对职业规划课程缺乏应有的认识与理解。

（五）"三全育人"欠深化

"三全育人"即全员育人、全程育人、全方位育人。大学生的职业生涯教育也离不开社会、家庭、学校的协同合作，但要形成真正的"三全"良好格局，需要走的路还很漫长。

从学校看，一是高校在落实"三全育人"的具体措施上还有许多短板；二是高校对职业规划教育的重视还不够，没有严格按要求健全相应机构、保障经费投入、配齐师资队伍、完善规章制度、纳入人才培养计划等，致使大学生职业规划教育不能落到实处。

从学生看，学生的主体意识觉醒是实现职业规划教育目标的重要基础，但学生最关注的是与就业直接相关的信息，反而忽视了专业发展和个人长远发展，忽视实践职业规划对职业目标的积极作用，以至于制订职业规划时敷衍了事、针对性不够、操作性不强，加之缺乏过程监控，职业规划书很快被搁置一旁，职业规划几乎流于形式。

从家长看，在职业规划教育上，社会参与高校学生职业规划教育面不广，为学生提供实践职业规划的机制还没有建立起来。同时，由于学生家庭情况千差万别，家庭参与学生职业规划教育的能力和深度也各有不同，高校与家庭难以有效互动，教育环境局限于高校，难以达到实际效果。

三、大学生求职压力

即将毕业的大学生受访者希望毕业后从事薪酬较高的工作，但多数用人公司并不会提供所期望的薪酬，同时毕业生对用人单位及所选岗位了解不充分，导致了大部分就业者的理想择业标准与现实产生了偏差。访谈对这种大学生择业标准与单位用人标准的冲突进行了了解，并进一步进行了分析。

（一）大学普及化效应

根据美国学者马丁·特罗的研究，如果以高等教育毛入学率为指标，则可以将高等教育发展历程分为"精英化""大众化""普及化"三个阶段。一般来说，高等教育毛入学率在15%以下属于精英教育阶段，15%~50%为大众化阶段，50%以上为普及化阶段。

2019年，中国高等教育毛入学率越过50%这一关键节点，实现高等教育大众化到高等教育普及化的历史性"转折"。我国高等院校经过十多年的快速发展，逐步从"精英化"转向"大众化""普及化"，高校毕业生人数快速增加，但是高校在专业建设水平、课程内容更新、人才培养理念、人才培养质量等方面仍存在不足，下列数据一目了然。

其一，1977年恢复高考时，当年录取人数仅有27万，之后高校录取人数逐年递增，到2017年，全国高校录取人数超过了700万，2018—2020年全国高校录取人数每年均超过800万。

其二，在1977年，高考录取率仅有5%，高考竞争很大，到2017年，高考录取率竟高达74.46%。2019年，我国高等教育毛入学率达到50%以上，换句话说，"00后"的高等教育普及率将达到50%以上。

其三，高校自1999年开始扩招，当年招生规模从1998年的108万人扩大到156万人，扩招率达45%，之后高校扩招有增无减，在2020年，全国高考报名人数高达1071万人。

其四，高校毕业生1978年有16.5万人，2001年有140万人，2020年已达840万人；1977—2017年的40年间，我国高校累计为国家培养毕业生11518.2万人。

由此可见，我国高等教育进入大众化尤其普及化以来，高校毕业生与日俱增，一方面为社会培养了大量的人才和高素质劳动力；另一方面，大量的高校毕业生带来的必然是社会就业压力。

（二）职业替代效应

蒸汽机革命时，大量发达国家的人口失业。于是，全球人口结构发生了巨大的变化，大批原住民迁移，全球语言分布和宗教分布发生巨大变化，起源于欧洲的语言和宗教统治世界。随着科技进步，AI快速发展，"机器换人"大规模展开，AI在财会、法律等传统领域开始替代基础工作者，社会对人才素质要求进一步提高，导致毕业生就业压力加大。

有专家研究，近80%的现有人类工作岗位都是相对低端的，简单、枯燥、重复性的劳动，都会逐渐被AI取代，甚至一些高级劳动都可能由机器承担其中的绝大部分甚至完全由机器承担，比如审计账目、追查逃税、就医诊断、战场指挥、口译或笔译、情况分析报告、社会管理、刑事侦破、义务教育等。

从目前看，机器在创造力方面还不如人类，相比规模化生产，创新需要更高的成本。不仅如此，如果大量人口失业，失去购买能力，还将有很多服务性行业消失或就业岗位缩减，比如教育、广告甚至农业。

（三）人岗失配效应

人岗匹配度是指岗位上员工的素质能力与该岗位所需要素质能力的匹配

程度，匹配度越高，员工胜任度就越高。一般从岗位职责的履行情况与员工素质能力两方面进行综合评估。岗位匹配的途径：明确岗位对人的要求，最好建立岗位胜任力模型；以岗位胜任力模型为依据，对任职者的能力做出综合测评；对测评结果进行统计提取，得出岗位适配结果，从而在人员任用、调岗等方面做出决策。

人岗失配是指个人素质和能力与岗位素质要求不匹配，导致个人不能充分发挥个人能力和无法高效完成工作。当前，大学生由于自身的专业知识、技能、素质、就业观念存在一定的缺陷和不足，与劳动力市场对人才的需求匹配度、吻合度较低，高等教育未能做到内适性与外适性的有效统一，有些专业的学科设置相对就业现状和经济发展具有一定的滞后性。高等教育的专业设置和调整往往需要长时间的研讨和尝试，使得高校在短时间内根据就业市场的需求调整学科设置存在较大难度。

高等教育的滞后性和社会的高速发展形成了矛盾，本科生教育也往往局限于已经较为成熟的技术或理念，部分专业的教学在一定程度上与学科前沿和市场需求存在一定的差距，甚至有些专业的学生还未毕业就面临被高新技术逐步替代的风险，这些都使毕业生很难尽快找到与专业技能相匹配的工作。

（四）期望错位效应

大学生在大学期间没有正确了解社会发展状况，毕业时感到就业压力倍增，缺少对自身就业能力的正确判断，从众心理严重，缺少自主意识，导致自身能力被埋没，错失发展机会。

大学生普遍希望获得一份体面的工作，家长也十分强调单位的性质、行政级别或企业规模、地理位置及上升空间、待遇等。而用人单位希望获得最优质的人力资本，因此往往重点宣传工作环境有优势的部分，在提供简历时，也有部分毕业生"美化"简历，夸大个人优势。这一方面导致毕业生对用人单位无法充分了解，另一方面用人单位也难以确定应聘者的真实情况。用人单位和毕业生对对方的真实期望特别是工作信念及价值观的实际状况均有较高的不确定性，相互处于信息不对称状态中，使得毕业生的期望与用人单位的期望难以完全一致。

（五）自卑型人格效应

自卑型人格的人在生活中会表现得不够自信，在一定程度上会影响自己的工作和社交，会特别在意他人对自己的想法和评价。自卑型人格的人对自己的评价偏低，经常自我批评，情绪容易变得消极而信心不足，这是深入潜意识的一种思维模式，往往成为人格特征而持续存在。

由于在大学期间缺少对知识应用的了解及目标职业的规划，部分大学生无法快速将知识进行应用和变通，理论和实践难以产生联系并将其进行结合。由于知识储备不足和缺少实践经验，大学生在岗位上学习新技能时极易感到困难、疑惑，进而产生自卑感。

在严峻的就业形势下，自卑心理是大学生就业的一大绊脚石。他们很惧怕找工作，很怕被人拒绝，因此常常待在家里，失去了不少找工作的机会。即使找到了一份工作，也是很不稳定，工资太低不说，还可能随时面临下岗的风险。

当前，大学毕业生人数太多，而能够满足他们期望的岗位又太少，这就导致有一部分大学生找不到工作，而又有一部分岗位招不到员工。在一次次的失败下，大学生会对自己的学力、能力产生心理上的不自信，致使他们与工作一次次擦肩而过。那么，面临以上种种困难，大学生该如何调整自己的心理状态，从而缓解就业自卑情绪呢？首先，应有准确的职业定位；其次，抛弃自卑心理，树立自信心，用最好的心态去迎接就业挑战。

第二节　AI+时代职业规划的来临

AI所展现出的强大能力与潜能，势必加速其对人类社会的结构性嵌入，在社会层面产生深刻的影响。AI的发展不仅会挑战人类既有的价值体系，还会冲击传统的伦常关系，产生新的社会不平衡。AI的发展既可以增强人类的幸福感，也可能给人类带来巨大的伤害。

一、大趋势：AI职业替代

AI+无疑提高了社会运行速度，节省了许多成本，但是在提升社会效率的同时，也会给高校人才培养造成严重影响，职业替代呼之欲出。职业替代即AI的出现会抢占大量社会职业和工作岗位，从而造成社会劳动力就业难等问题。职业替代是智能化时代的必然趋势，有专家估计，未来10~20年里，AI的职业替代率分别为美国48%、英国36%、中国78%。

（一）AI职业替代范围广

目前，中国已经成为全球最大的AI市场之一，广大的AI市场代替了从前密集的劳动力，并且被AI替代的职业类型正在不断增加，范围在不断扩大。人类三次产业当中的很多岗位已经或即将被AI替代。目前的美国AI市场中，已经是一片欣欣向荣的景象。美国的AI已经在农业、工业与服务业三个领域得到了广泛的应用。

全球范围内AI的数量也在不断增长，尤其在工业领域，工业AI已经成为许多工业企业的核心生产力量，比如汽车制造业，由于AI拥有纤细的手臂和灵活的技术，不但在细节上可以比人类手工生产质量更好，并且效率也更高，以往靠人工生产细微汽车零部件的历史已经一去不复返。

工业领域是最为广泛应用AI的领域，也是未来被替代岗位最多的领域，其他领域也相继有不同类型的职业被替代，并且随着社会的发展，这种替代趋势将会越来越明显。

（二）AI职业替代程度深

有学者认为，AI对人类劳动力的替代程度分为三个等级：替代率超过70%属于高度替代，替代率在30%~70%之间属于中度替代，替代率低于30%属于低度替代。AI替代人类已经是一个趋势，那么将在哪些方面替代？如何替代？这是人类未来面临的一个严峻挑战。

对于一些简单、重复性高，不需要太多创新和自主意识的岗位，在AI时代被替代的可能性非常大，且程度最深，很有可能全领域、全方位被替代。

对于一些中级复杂问题，需要一定的自主解决意识但不依赖于自主创新的岗位则具有中度替代性。

对于比较复杂，诸如高端技术研发，或需要人机合作的项目，在探索未知领域中，需要创新和自主相结合的岗位，具有低度替代性，例如太空、深海研究。

（三）AI职业替代进程快

随着AI技术的产生、发展、成熟，人类渐渐面临被替代的危机。在未来10~20年内，一些现代社会非常普遍的职位将可能被AI完全代替，这些职位拥有高度的重复性、简单性、机械性、程序性特点，即使是没有受过高等教育的人群，经过短期培训也可胜任。这些职业包括打字员、快递员、外卖员、农业工作者等等。

有专家预测，未来20~40年间，一些稍具复杂性的职业岗位也可能被完全替代，比如教师、医生、设计师等的大部分职能。因为这些职位虽具有复杂性，却不要求太高的技术和创新，AI完全可以替代人来完成这些职业的非核心岗位职能，并且还能够提升工作效率。现如今，与AI相辅相成的云计算、大数据、物联网、区块链等技术，已经在三次产业实践中开始应用，可能随着智能技术的发展，未来会有更加先进的技术产生，职业替代时间会进一步缩短。

二、大变革：AI+时代的职业规划

在AI+时代，大学生的职业规划有别于传统的职业规划，因为社会大环境的变化，AI职业替代、人类与AI共事致使职业规划必须着力于AI时代、岗位演变、技术进步和"双创"实践能力等方面。

（一）着力时代，防控风险

紧贴AI+时代的职业规划要做到以下五点。

第一，大学生要树立正确的AI+职业观，明确职业角色，将个人的职业理想、个人志向与国家利益和社会需要有机地结合起来。

第二，正确进行自我和职业分析。既要对自己的职业和个性有全面认识，清楚自己的优势与特长，还应分析AI+职业的区域性、行业性、岗位特点。

第三，构建合理的知识结构。AI+时代合理的知识结构，依旧有"宝塔型""网络型"两种。

第四，培养AI+时代职业需要的实践能力。重点是满足社会需要的决策能力、创造能力、组织管理能力，以及自我发展的终身学习能力、心理调适能力、随机应变能力等。

第五，参加有益的AI+职业训练，包括职业技能的培训，对自我职业的适应性考核、职业意向的科学测定等。

虽然AI在人类生活中具有推动作用，但是人类依旧需要和谐与稳定，如果一味推崇AI，片面追求生产效率，不断加速AI技术的创新和应用，那么未来势必会造成不可逆转的局面。除此之外，还要加强职业替代的风险管理，学校和政府应认真分析AI给大学生未来就业造成的现实和潜在风险，做到提早准备。

（二）着力演变，优化人才

随着AI+时代的到来，职业替代会逐步展开，学校专业设置应依照职业替代风险演变规律，对专业进行替代风险评估，根据评估情况进行专业教育并制订培养计划，针对替代风险较低的专业，对毕业生做跟踪调查，及时发现社会实际需求，不断完善和调整专业发展情况。

对替代风险高的专业进行调整或者创新，培养学生更多自主性技能，减少职业替代风险。建构新增专业的进入机制，及时发现社会新专业的需求，集中力量开设相关满足AI技术需求的新专业。建构部分专业的改造机制，可以在其专业发展上设立AI方向，形成"某专业+AI"的结构，使专业的发展更加复合化，以此来降低职业替代风险。

（三）着力技术，推进学徒制

AI+时代，AI首先替代的职业是那些具有重复性、机械性、简单化、程序性的职业，因而社会应着重培养具备高技术技能的人才，培养具备自主创新能力和自我意识强的新兴力量。

大力发展现代学徒制，从企业中选拔优秀人才担任企业师傅，对学徒职业生涯、社会心理及角色定位进行全面界定，提升学徒的智力、情感等方面的能力，进而使得学徒无法被AI所替代。

按照发达国家的经验，通过选拔与淘汰两种机制来培育高技术的工艺技能者，以及能够在实践岗位中发挥实践智慧的顶级工匠，可以减少其被AI替代的可能性。

（四）着力"双创"，锻造能力

创新是社会不断进步发展的动力，只有不断创新，社会才能不断进步。创新意味着要有长远的眼光和魄力，能吃苦且独立。新一代的大学生要想不被AI替代，必须掌握过硬的本领，增强自主意识，增强独立思考能力，不能机械学习、重复工作。

AI+时代，大学生依旧需要积极主动投入社会变革，不断关注最新的社会变革。高校应进一步鼓励和推进大学生自主创业，健全创业机制，开设创业相关课程，调整学籍管理制度，构建弹性学制，增加学生学习与创业的空间，为学生提供保障。增设大数据、AI、云计算等通识性课程，让每一个学生了解AI、学习AI、管理和使用AI。

三、大转折：夯实规划素养

当前，大学生职业规划课程的缺陷是理想与现实偏离太远，许多老师和学生都不明白如何才能坐实职业规划。其原因在于，师生洞悉的社会行业依旧较少，大学生自我规划意识依旧较弱，其对参与职业生涯辅导依旧缺乏主观能动性。面对AI+时代，高校职业规划必须从师生主观意识、学生自我认知着眼，从就业环境、规划设计、实践能力等方面着力。

（一）转观念，强化规划意识

当前，我国多数大学生均不具备较强的职业规划意识，较少考虑自己的职业选择，职业发展路径不够明确。大学生正处于职业探索时期，很多人缺乏职业规划意识及职业定位能力。他们这种能力的提升往往取决于教师的职业能力和职业素养，它需要师生密切配合与共同协商。

面对AI+时代，很多大学生并未真正理解职业规划，甚至并未意识到职业规划的重要性，简单地将职业规划等同于职业选择，具体表现在：对职业生涯的认识不够全面；职业规划意识不够强；面临择业时才匆忙问长辈意见；自身缺乏职业判断等。

AI+时代，大学生尤其是高年级学生必须要走出职业生涯盲点，进入大学就要对未来人生发展有通盘认识，建立坚定的理想信念，对兴趣爱好、专业能力、价值观等进行清晰定位，对自己的思想观念、行为准则、人生目标和人生意义进行梳理，做到取长补短、与时俱进、贴近目标，针对就业形势、目标定位训练必备的核心素养和竞争能力。

（二）转视角，洞察自我认识

当前，大学生普遍存在自我认识能力较弱的问题，对自身的能力和兴趣也未能正确定位。职业规划不只是帮助个人按照自己的能力条件找到一份工作，实现个人目标，更重要的是帮助个人真正了解自己，为自己订下事业大计，筹划未来，进一步详尽估量主观条件、客观条件和内外环境优势及限制，在"衡外情、量己力"的形势下，设计出符合自己特点的合理而又可行的职业生涯发展方向。

当前，大学生对自我认识不清，或者自我定位不够准确，导致自我认知不足，根本原因有两点：一是对就业形势、择业目标模糊，不考虑自身竞争实力和自身兴趣，对自身职业生涯缺乏长期的可行性规划；二是行为和观念不一致，虽然在思想上意识到了职业规划的重要性，有积极进取的意识，但在行动上不愿付出，疏于能力锻炼。

AI+时代，从个人的角度来看，职业规划可以帮助个人树立明确目标与规划，发挥个人专长、开发自身潜能，克服困难、修正前进方向，最后获得事业上的成功。从企业角度来看，职业规划能够满足人才需求，可以激发员工的工作积极性并充分发挥其才华与潜能，是留住人才之手段。

（三）转视野，熟悉就业环境

大学生对社会环境的认知主要包括对就业政策的认识、工作岗位对大学生的要求、就业形势的变化、经济发展的走向，以及国家的法律、法规、政策的变化等。现今对社会环境的认知匮乏这种现象在大学生中尤为凸显，大学生对社会环境认知的渠道和途径较少，导致他们不了解企业、行业，同样，企业也不了解学生。彼此认知不足，导致大学生的职业定位往往和用人单位的用人标准相悖。

AI+时代，熟悉就业环境包括三个方面：宏观的就业形势、经济发展、政策法律；中观的用人单位情况、工作岗位要求、未来发展前景、晋级评职路径；微观的企业文化、单位政治生态和行业竞争力。

目前，大学生对社会环境的认识比较有限，具体表现为：在宏观环境方面，很多大学生仍然不会主动了解国家就业政策，忽略其对于职业选择的意义，即使主动了解，也只知皮毛。如果对宏观环境没有充分了解，大学生容易产生过于乐观或悲观的情绪，从而影响其职业发展定位，不能进行正确的职业决策。在中观环境方面，不少大学生对企业工作环境、工作氛围、公司文化以及岗位要求等方面的了解程度不够，无法做出正确决策，导致彼此都不甚满意。

（四）转中心，对标规划设计

高校职业规划辅导在辅助大学生确定人生目标、制订计划，并将其实施等一系列过程中应当以大学生作为主体贯穿始终，期间每一步都可能关系到大学生的职业生涯乃至人生的走向。大学生积极参加职业规划辅导的重要性显而易见，通过提高自我反思、主动发现兴趣所在，并以之为基础制订并实施相应计划，才能为实现职业生涯目标提供帮助。

当前，高校已经为大学生职业规划提供了诸多辅导路径，如开设专门的职业规划课程、举办相关讲座、提供职业测评与咨询等，这确实对促进大学生进行职业规划起到了一定的积极作用。

AI+时代，大学生自己始终是职业规划的主体，在这一过程中肩负起了不可推卸的责任，是他人不可替代的。因此，在职业规划中，大学生理应发挥其主观能动性，充分彰显主体性，不能一味坐等学校、家长或社会给予帮助或支持，而应积极寻求发展机遇，主动参与到职业生涯辅导中去。

（五）转重心，聚焦实践能力

当前，许多大学生对职业规划有所了解，也有了初步制订职业规划的意识，但有的学生虽然制订了职业生涯总体规划，却没有阶段性的计划；又或者有阶段性的计划，但是没有具体细化，所以不能相应地提高学习和工作效率。

许多大学生上课是为了点名而到，课余时间不是逛街、闲聊就是沉迷在虚拟的网络世界中，从而影响了职业规划的实施；有的学生虽然也参加实践实习，但只将此作为一种经历，没有与自己未来的职业联系起来，缺乏对理想职业的全面认识，因而也无法制订适合自己发展的职业规划。

AI+时代，规划关键在于行动，切勿把制定的职业规划束之高阁。大学生应该在确定职业生涯目标后，制订自己的详细规划，并与个人努力、行业发展、企业需求紧密联系在一起，构建合理的知识结构和素质结构，让职业规划为自己的人生目标服务，并把自己的行动与规划统一起来，认真按规划执行。

第三节　AI+时代大学生的职业规划

2020年，由于新型冠状病毒肺炎、国际贸易摩擦等"黑天鹅事件"频频发生，国家把"六稳""六保"作为党和国家的工作大局。其中把"稳就业""保居民就业、保基本民生"放到了首位，充分体现了"人民至上"的国家发展思想。在此基础上，大学生应做好适应AI+时代的职业规划，以实现个人梦与伟大中国梦的对接。

一、AI+时代的就业竞争力

竞争力是参与者双方或多方的一种通过角逐或比较而体现出来的综合能力。它是一种相对指标，必须通过竞争才能表现出来。竞争力有大有小，或强或弱。就业竞争力，可以理解为能够为个人就业带来竞争优势的资源，以及资源的配置与整合方式，这种资源体现在个人核心素养上。

大学生就业竞争力是一种综合能力，是大学毕业生通过学习和实践而获得的能够实现职业理想、满足社会需求、实现自身价值的本领，是其在学习、实践、认知、专业、创新等方面各种能力和人格品质的综合体现。当前，大学生正因为缺乏就业核心竞争力，而使求职受挫，就业质量整体不高。

面对AI+时代，人与机器共存，大学生的就业核心竞争力不仅包括学习能力、专业知识、实践和创新能力、人格品质等，还应包括管理、维护、对接AI的各种能力。"就业是民生之本"，当前，高校、社会、学生、家庭都非常关注大学生的就业。高校的教育教学质量和效益，社会对高校的评价及毕业生聘用标准，大学生对自身服务社会、实现人生成才理想和家庭对高校教育质量和学生成才的期待，都聚焦在一个共同的评价参数上，即大学生就业竞争力。

在我国高等教育精英化时代，大学生毕业大都"计划就业"，"50后""60后""70后"大学生几乎没有职业规划的概念；高等教育大众化时代，学生毕业几乎"供求选择""自主择业"，"80后""90后"大学生需要职业规划，但因为意识不够到位、功夫不到位，导致就业质量不高。

2019年，我国高等教育毛入学率达到50%以上，换句话说，"00后"大学生已经进入高等教育普及化年代，同时也是AI+时代。大学生面临的竞争不仅存在于人与人之间，还存在于人与机器之间，职业规划和就业能力已经成为"00后"大学生个人就业质量的"敲门砖"。

二、大学生就业竞争力

当前，不少大学生都存在"现在很充实、未来很迷茫""不知道大学毕业后自己到底该做什么"等诸多困惑。面对大学生的这种困惑，我们似乎很少去思考或引导其去思考：就业准备，到底该准备些什么？

用人单位选择人才的标准也在随着时代发展不断地推陈出新。许多大学生常常感到困惑，对就业环境持有两个极端的看法：要么一无所知，要么想当然。当代大学生迫切需要反思的是，对于用人单位的人才要求，自己需要补哪些短板？如何补？到哪里去补？

（一）能深度学习

AI+时代，学习能力不仅表现在知识获取能力上，也表现在知识应用能力上；不仅表现在学习成绩上，也表现在学习深度和学习广度上。大学生不仅要有继续学习的坚持，也要有终身学习的信念。

深度学习是对现有知识的拓宽、加深和深化应用。面对智能化社会，如果我们的知识更新跟不上技术更新，也就无法适应用人单位的人才标准。尤其是在AI的管理、使用、维护上，一个学习能力强的人，能够更好地胜任工作岗位、更快地适应工作环境，让自身潜力得到充分发挥。

（二）目标定位好

有就业竞争力的大学生，必须着眼于个人与用人单位的"双赢"职业目标。但是，许多学生缺乏明确的学习目标和学习规划，没有自己的职业定位，更看不到用人单位的发展定位和目标，甚至都不了解自己的优势和职业意义。AI+时代，职业目标应从三方面着手。

1. 着眼优势

优势是最好的资源和平台，在优势基础上的职业，做起来比较轻松，很容易有创造力。因此，要着眼于自我优势和用人单位优势分析，并使之融合和进行微创新。

2. 着手意义

工作有意义，我们就不会感到倦怠，也会不计报酬。当从事对自己有意义的工作时，我们内心会产生一种感召力、权威感和荣耀感。比如，有的学生喜欢解决难题，创造一套自己的理论体系，喜欢分享自己的知识和经验等，即使不赚钱，甚至要花钱，也愿意去做。

3. 着力兴趣

兴趣是最好的老师和动力，当我们做自己感兴趣的工作时，没有压力，很开心、很享受，觉得时间过得特别快。有兴趣的事是使人快乐的事，让我们乐在其中，如果让我们把工作和兴趣融为一体，不但工作效率高，而且容易出成效，出创新成果。

（三）专业能力强

专业能力是运用专业的基本理论和方法解决实际问题的能力。专业知识能力包括专业知识、运用专业知识分析和解决问题的能力、学习与专业相关的新知识新技能的能力等。

大学生的专业能力是就业能力的根本要素。AI讲究专业，大学生更要注重专业，非专业看热闹，而专业看门道。参加工作后，专业知识可以体现你的职业素养，毕竟人们已经形成一种看法——"专业的事交给专业的人来做"，比如教师讲课，商人经商，科研人员搞科研。

当与别人交谈起行业情况时，专业知识可以体现你的学识。一个人在工作岗位上是否出色，关键看他是否专业。

AI+时代是智能技术时代，无论是管理、生产还是研究，用人单位看重的人才首先是专业人才。

（四）工作有智慧

工作有智慧的大学生工作效率高，擅长解决问题，沟通没有障碍，情绪控制力很强。实现顺利就业的首要能力是工作能力，既包括学习、计算、基础知识、表达等基础能力，也包括人际交往、组织管理、外语和计算机运用及操作等能力，这是大学生与一般普通劳动者的重要区别。

工作智慧尤其重要，其集中体现在：积极主动、要事第一、以终为始、双赢思维、知彼知己、统合综效、适时推进、自觉自律。同时，在工作中要做到三点。

第一，善于列出多个方案，权衡利弊。因为在成年人的世界里没有对错，更多的是权衡和选择。

第二，善于引导提问者。虽然问题不是你的，但是在信息和知识不对称的情况下，要敢于引导问题者向可以达到利益最大化的方向去走。

第三，善于与问题者沟通。不要以自己的价值观来权衡，因为一旦从对错问题变成了权衡问题，什么东西更有价值、更重要，就是问题者本身的决定，而不是自己的决定。

（五）善假于人

善假于人靠的是人际能力。努力的人，智力、能力高的人，自己就是吸铁石，人际关系是很容易处理好的。人际关系好，许多资源就可以共享，很多事就会顺畅；如果人际关系出现了裂痕，就会处处掣肘，好事难成。

职场人际关系是我们做好工作的重要因素，人际关系是职业生涯中一个非常重要的课题。特别是对大公司的职业人士来说，良好的人际关系是舒心工作、安心生活的必要条件。如果同事之间人际关系处得不好，不仅会影响你的工作效率，也会影响你上班时的心情；相反，如果同事之间相处和谐，上班时就会心情愉快。人际关系常常取决于你的语言表现力。语言表现力主要包括四个方面。

第一，简洁清晰。用简单朴实的话，准确而适度地表现自己的思想或观点。

第二，说服力强。"站在他人的角度，说自己的话"，抓住对方的切身利益展开说服工作。

第三，语言魅力。"先打动自己，再去打动别人"，运用情感说出想说的话，擅用身体语言，沟通的总体感觉=7%文字交流+38%口头表达+55%面部表情（目光、表情、手势等）。

第四，方式有效。如果不是在专业环境中，与他人交往切勿过多使用专业术语，最好是用对方喜欢的语言方式进行交流。

（六）较强的社会认知力

社会认知指个体如何理解与思考他人，根据环境中的社会信息形成对他人或事物的认识。社会认知既要根据认知者的过去经验及对有关线索的分析而进行，又必须通过认知者的思维活动，包括某种程度上的信息加工、推理、分类和归纳等来进行。

社会认知是个体行为的基础，个体的社会行为是社会认知过程中做出各种裁决的结果，全面、客观的社会认知是个人价值观、人生观、世界观的基础，也是保障个人心理健康的前提。

AI+时代，大学生的社会认知能力是大学生面对时代政治、社会、经济环境的深刻认识、把握全局的能力。大学生只有通过较强的社会认知能力，在经济社会形态发生变化的背景下，不断调整自己的学习内容和就业目标，才能增强个人的社会适应力。

（七）良好的人格品质

现在有的大学生存在诚信度差、责任感缺失、没有进取心、缺乏主动性、自由散漫、独立性差、自信心不强、道德水平低等缺点，这些缺点在求职过程中不能得到用人单位的青睐，就业后也会影响他们的职业发展。就业竞争力强的大学生，自然有良好的人格品质。

1. 诚实守信，情感磊落

做一个诚实的人。只要有一次你不诚实了，你就会背负"小人"的称号。大丈夫行事磊落，没什么事需要遮遮掩掩。

2. 自我反思，认真总结

古人提倡"一日三省"，许多圣人都时刻提醒自己进行自我反省，而我们更应该更多地反省自己。只有不断反思，对每件事情进行总结，才能在成功的时候吸收经验，在失败的时候汲取教训。

3. 面对错误，敢于承认

自己犯了错，应该在第一时间承认，不应该一味地逃避责任，不解决问题，甚至不总结自身原因，要有面对错误、承担责任的胸怀。

4. 深刻学习，成就专业

专业造就品质，学习成就专业。没有人一生下来就是"大师"，都是通过不断的学习，才在某一领域成就威名。"临渊羡鱼，不如退而结网"，唯有学习，才能为人师。

5. 相信自己，主动出击

任何人都不如自己可靠。不要过分相信公司给你的承诺，不要过分相信朋友给你的誓言，这些承诺都可能是不可靠的。不信赖自己，纯粹依靠别人是愚蠢的。做一件事情，不要期待运气，也不能抱有侥幸心理。

（八）擅长迭代创新

有专家认为，创业是创新的载体，创新是创业成功的方法论。"双创"能力是指在思维创新、技术创新、产业创新和思维创新的引领下，通过资源整合、领导艺术和有效的管理方式创造市场价值的能力，其实质是各种智力因素和能力品质在新的层面上融为一体、有机结合所形成的综合能力。

创新是AI+时代的核心驱动力，但创新的成本很大且充满不确定性，会给创业带来潜在的风险。迭代能力指在最小可实现的闭环和可持续发展的过程中，早试错、快试错、常试错，并在试错中持续完善自身的能力。小成本试错，快速迭代就成为创新过程中进行风险控制的极佳手段。

迭代创新能力是指快速感知变化，应对变化，并在变化中找到一套取胜的方法。迭代创新能力包括迭代能力和创新能力。迭代和创新在"双创"中缺一不可，迭代创新能力也是AI+时代大学生的高品质能力。

三、AI+时代的职业规划

AI+时代，大学生的职业规划必须立足于"三全育人"，结合国内著名的职业规划师陈思炜老师提出的"职业定位与规划四步法"，开展职业规划训练。

（一）全员参与

健全组织机构，提供组织保障，成立由校领导，学生工作部（处）、教务处、团委等相关部门负责人共同组成的大学生职业规划教育领导小组，明确工作职责，分解工作任务，将职业规划教育任务真正落到实处。

首先，加强教育与宣传，增强自觉性。加强对大学生职业规划教育重要性和必要性的教育和宣传，营造重视大学生职业规划教育的氛围，提高教职员工主动参与的意识。

其次，建立专业导师制度，发挥教师的指导性。专业教师对专业有准确的把握，对相应职业有深入的了解，对学生进行专业上的指导针对性强，学生易于接受。专业教师同时也是职业规划导师，他们对学生从入学到毕业进行全程指导，可以引导学生巩固专业思想、树立职业意识、掌握职业技能。

最后，建立辅导员助理制度，发挥学生的主体性。选拔高年级或本班级优秀学生担任辅导员助理，其主要任务是监督检查学生职业规划设计的落实情况，以便老师有针对性地加强和改进职业规划教育。

（二）全过程实施

1. 导入期

大学一年级新生，主要任务是尽快实现从高中生到大学生的角色转换。这一时期，要通过职业规划基本知识教育、专业思想教育、就业形势教育、职业倾向测评以及鼓励学生参加各类社团，帮助学生了解职业规划的概念及意义、影响因素、制订原则、实施步骤等基本知识，帮助学生发现和了解自己的性格、兴趣和特长，掌握自我评价的方法，初步制订出符合自己实际的职业规划书。

2. 调适期

二年级是学生的职业心理调适期，可通过职业规划设计大赛、职业心理测评、职业心理辅导，帮助学生发现自己的职业兴趣和潜能，及时调整和补充职业规划设计，使其与职业兴趣和职业方向一致。鼓励学生积极参加团学活动、专业技能大赛、英语和计算机等级考试等，逐步提高个人综合素质，增强职业适应性。

3. 分化期

经过三年的学习生活，多数学生对毕业后的发展取向会有一个比较清晰的认识和判断，对未来选择会呈现分化趋向。对选择深造的学生，应重点帮助其总结自身知识结构的优势与劣势，介绍考研经验，搜集考研相关信息。对准备就业的学生，应重点加强择业指导，帮助其充分了解自己的个性特点，了解社会不同职业的岗位需求，了解国家的就业方针政策等，帮助学生树立正确的就业观念，提高学生的就业技巧。

4. 实战期

四年级是学生择业和职前准备期。在此期间应鼓励学生积极参加应聘活动，参加社会实践，了解职业要求和岗位要求，为走上工作岗位做好准备。针对择业期的问题，应进行信息服务、政策咨询、谈判技巧、心理调适等方面的具体指导，帮助学生解答择业上的困惑。

针对职前准备的问题，可邀请学长分享工作经验，帮助学生与校友建立咨询关系，也可鼓励学生提前进入企业实习，缓解入职前的紧张情绪。此外，还应指导学生开展职业发展规划，为学生步入职业、适应岗位和长远发展定向导航。

（三）全方位推动

1. 建立学校联系家长制度，家校同步合力施教

学校可通过建立家长档案、设立家庭教育指导委员会、召开家长会等方式以及信件、电话、网络等形式加强与家长的交流，及时沟通学生成长情况，有针对性地开展职业规划教育和指导，共同解决学生对于职业规划的困惑和问题。

2. 加强学校与社会交流，校企联动共同助推

可邀请用人单位和校友到学校做报告，向学生介绍社会对人才的需求状况和素质要求，帮助学生明确努力方向。邀请企业相关人员参与人才培养方案制订、论证工作，增强课程体系设置的针对性，搭建专业与职业互通的立交桥。

3. 开展社会调查

利用假期，组织学生开展针对行业、企业和岗位的社会调查，校企联合为学生提供兼职机会，帮助学生认识社会、了解行业、熟悉企业，逐渐把职业规划转化为学生的现实需要，增强学生落实职业规划的自觉性。

（四）展开职业规划

在职业规划中，有的人把事业放在第一位，有的人则把家庭放在第一位。现实生活中，每个人都在努力地寻求自己想要的幸福生活，而幸福与否恰恰是由个人的"三观"来决定的，职业规划首先要从"三观"和个人优势分析入手。职业定位与规划步骤参见图9-1。

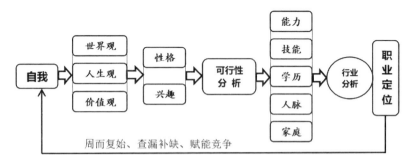

图9-1 职业定位与规划四步法（陈思炜原创）

第一步：由内而外，将个人"三观"与性格、兴趣链接分析。凡事都要看清事物的本质。职业规划的本质是什么？首先应该是想要进行职业规划的人

本身，一定要先认清自己的本质，先"知己"才有可能进一步"知彼"。而往往很多人的做法都是本末倒置的，只有我们能由内而外先看清自己，才能在做判断的时候成竹在胸。

第二步：由内向外，进行可行性分析。根据个人的能力、技能、学历、人脉、家庭等因素综合考虑个人的职业定位。性格决定命运，如果一个人的性格完全符合特定行业和岗位，加上兴趣的驱动力，获取能力往往不是问题。

第三步：由外向内，由未来推现在。只有你知道自己想要什么，然后对症下药，在后续过程中加强对这方面的能力培养。通过对行业的深入认知，我们同样可以采用排除法来缩小目标，结合上述提到的世界观、人生观、价值观、性格、兴趣、能力、技能、学历、人脉、家庭等多个维度，做到有的放矢地去参与部分的社会实践，来切身感受职场。锁定目标之后，再把目光放到未来自己想从事的方向上，然后开始往回倒推。只有确定了未来的大方向，你才能知道现在需要练就什么样的技能；只有知道了自己需要什么样的技能，你才能有针对性地加强这方面的学习；只有明确了哪里需要加强，你才能更明智地选课和考证。只有知己知彼、对症下药，才能够尽可能地少走弯路，更快地走向成功。

第四步：开展职业定位。当我们"知己"之后，下一步要做的就是"知彼"。这其中非常重要的一步就是对行业进行深度了解，这恰恰是许多大学生难以做到的。通过"职能+行业+平台+模式四维定位模型"进行定位，其中，平台包括国际、国家、社会、市场等，职能包括详细职能及子职能等。

根据职业规划方法论的第一大模块"自我分析"过程，将职业定位和规划与现实职业兴趣与实际岗位结合，最大限度地找到成就感、个人价值感。在大学一年级至大学四年级的成长过程中，反复不断查漏补缺，进一步提升个人的就业核心竞争力。

第十章　AI+时代大学生成才动力

"人才兴则国家兴，人才强则国家强。"大学生有理想信念、有责任担当、踏实进取，国家就有前途，民族就有希望。AI+时代，大学生只有树立远大理想，热爱祖国，承担时代责任，勇于砥砺奋斗，练就过硬本领，锤炼品德修为，才能完成时代使命。

第一节　大学生成才动力

马克思与恩格斯指出："我们首先应当确定一切人类生存的第一个前提，也就是一切历史的第一个前提，这个前提是：人们为了能够创造历史，必须能够生活。但是为了生活，首先就需要吃喝住穿以及其他一些东西。因此第一个历史活动就是生产满足这些需要的资料，即生产物质生活本身。"马克思与恩格斯的话深刻揭示了人类对"生存需要"的追求是人们改变自身命运的第一动力。

一、成才动力

成才动力是指成才的内外驱动力，但内外驱动力也不是单一的，它是一个由多种动力因素组成的动力系统。内部驱动力包括学习兴趣、理想信念、个性特征和情绪等，外部驱动力包括竞争、自尊、社会地位等。两种驱动力共同作用，构成推动个人努力追求上进的动力系统。

（一）大学生成才动力

大学生成才动力是大学生主体对成才价值行为判断基础上的心理驱动总合，是由成才的动机、成才的目标、成才的态度构成的认知系统。凡是成才动力强的学生，都在这三方面有积极的心态，形成了相互促进、互为支撑的心理构架。"大学是仰望星空的地方，大学是晾晒灵魂的地方，大学更是脚踏实地的地方。"

大学阶段是成才的好时机。大学校园里有各种各样的人才及校园组织，并且还有各学科的专家和教授，这些均是开发自身潜能的良好环境。但调查发现，大学生成才动力不足是目前大学存在的最普遍的问题之一，现象包含逃课、旷课、无学习目标、无理想、不屑参与学校各类活动等。大学生的内生动力才是真正成长成才的动力，心理学家认为："通过实现自我教育并由之开拓了广阔的精神生活领域，就是实质性成长的思想萌发。"

大学生成才依赖于自身优势。发现自我优势需要有一种全局的眼光，每个人的优势有所不同，有的是他所处的自然和人文环境，有的是他自身具备的某种杰出的素质，有的是他高尚的品德所形成的威望，这就需要大学生既了解外部世界，又明察内心世界。只有做到心中有优势自信，才能选准事业的突破口，找到属于自己的领域。

（二）成才动力理论

弗洛伊德认为：人格由本我、自我和超我构成。人格结构中的三个层次相互交织，形成一个有机的整体。它们各负其责，分别代表着人格的某一方面。当本我、自我和超我处于协调和平衡状态时，就能保证个人人格正常发展；如果三者失调乃至遭破坏，就会产生心理障碍，危及人格发展。

1. 本我：原始内驱力

本我反映人的生物本能，属"原始的人"，按快乐原则行事。本我是人格结构中最原始的部分，从出生之日起就已经存在。构成本我的成分是人类的基本需求，如饥渴、冷热、舒适、性等。在本我中，当需求产生时，个体要求立即满足，从支配人性的原则看，支配本我的是唯乐原则。

一般来说，当个体产生某种需要且未得到满足时，其身体会产生一种不安的紧张情绪。在遇到能够带来满足的目标时，这种情绪就转化为一种动力，推动个体采取某种行为向目标靠近。促使个体行动的心理过程，均是为了满足个体自我的本能需要、社会性需要和精神性需要。它们潜藏在无意识欲望的底部，是人格中最原始、最神秘而不容易触及的部分，由先天的本能和欲望组成。

2. 自我：现实驱动力

自我寻求在环境条件允许的情况下，让本能冲动能够得到合理满足，是人格的执行者，属"现实的人"，按现实原则行事。自我是个体出生后，在现实环境中由本我分化、发展而产生的。由本我而来的各种需求，如不能在现实中立即获得满足，它就必须面对现实，并学习如何在现实中获得合理满足。

自我居于本我与超我之间，是本我冲动与超我管制交互作用的结果。当"超我压倒本我"时，自我充满着自信、积极、主动、乐观等正能量动力；当"本我压倒超我"时，自我总是流露出卑微、自私、残酷、傲慢等负能量动力。

3. 超我：完美化内驱力和良知约束力

超我追求完美，代表了人的社会性，属"道德的人"，遵循道德原则。超我是人格结构中居于管制地位的最高部分，是由于个体在生活中接受社会文化道德规范的教养而逐渐形成的。超我有两个重要部分：一为自我理想，是要求自己的行为符合自己理想的标准；二为良心，是规定自己的行为免于犯错的限制。超我总是伴随个人理想信念、人生观、世界观以及社会主义核心价值观等影响而产生内在力量。

潜能是人走向成才的持久动力，是个人以往遗留、沉淀、储备的能量，它与本我、自我、超我既相互交叉，又相互作用。大学生的成才在很大程度上取决于对自身潜能挖掘的程度，发现潜在的优势之后必须要懂得激活，否则潜能永远只是一种潜在的资源。开发潜能除了需要信心和勇气外，最重要的是要积极寻找或创造能激发自己潜能的环境。

二、大学生成才动力机制

自我是人格的中枢，它以理智的方式调节个体内部和与外界的关系，以此满足个体的长远发展需要。本我的需求可能与社会要求发生冲突，为了调节两者之间的关系，使个体免受社会的惩罚而逐渐形成了自我。因此，从自我心理需求的本质上可以看出，自我动力不是先天的，而是人在后天社会生活中逐步发展起来的，并且在很大程度上决定了个体的发展。

（一）目标驱动

确定目标是做一切事情的首要任务。每个大学生应当适时反躬自问：我在追求什么？我的目标是什么？我该做什么？如果只顾埋头于工作而找不到真正的方向及目标，到最后也只能像一艘无舵之舟，到处飘荡却一无所成。

国内某大学的课题小组曾做过一项研究，对一批在校大学生进行调查，结果显示：27%的人没有目标；60%的人目标模糊；10%的人有清晰的但是比较短期的目标；仅有3%的人有清晰而长远的目标。毕业10年后，对以上学生进行跟踪回访，结果那27%的没有目标的学生大都生活在社会底层；60%的目标模糊者大多处于中下水平；10%的目标清晰但短期的处于中上水平；3%的目标清晰而长远的人大多成为社会上的领袖人物。

"要想知道自己今后的生活是什么样子，就回头看看自己现在在想什么、干什么。"人生犹如建楼，要是没有蓝图，它就一直停留在地基的状态。因此，作为一名大学生，如果想让自己今后的生活美好，需及时确定自己的目标。在设定不同层次的目标方面，人是有惰性的，在一段时间内如果看不到明确的收获，就会丧失信心和热情，就会很容易会放弃自己的追求。

大学生必须确定近期、中期和长期目标，一个目标接着一个目标地实现，让自己一路收获并走向成功。把长远目标分解为若干个短期目标，落实到每一天的每一件事上，就能获得成功。人的精力是有限的，所以要专注于一个目标，干好一件事之后才能干另一件事。一个人如果什么都想做，结果可能一样都做不成，以致最后丧失自信和激情。

（二）兴趣驱动

"知之者不如好知者，好之者不如乐之者。"兴趣是指一个人力求认识、掌握某种事物并经常参与该种活动的心理倾向，即积极探索某种事物的倾向。成才与专业和职业是密不可分的，而专业或职业的选择则往往是由兴趣驱动，并且兴趣能发挥个体的主动性和创造性，开发个体的潜力，使个体在职业活动中取得新的发现、新的成果，促进个人的进步和社会的发展。

有资料表明，如果一个人对某一工作有兴趣，就能够发挥他全部才能的80%~90%，并且能较长时间保持高效率而不感到疲倦；而对工作缺乏兴趣的人，只能发挥其全部才能的20%~30%，也容易产生疲劳、厌倦。兴趣往往是自己的潜质所在，对某一目标有了兴趣，个人就会加倍努力去获取或实现，从而使自己的潜质得到彰显和延伸，获得事半功倍的成效。因此，个体要想加快成才的脚步，必须首先要进行自我认知，寻找到自己兴趣所在。

美国心理学家拉扎若斯的实验结果表明：具有浓厚学习兴趣的学生，其学习成绩与智力高的学生的成绩相比，占有显著优势。也就是说，在学习活动中，与智力相比，兴趣更为重要。现在，许多大学生存在厌学现象，究其原因，很大程度上是因为他们对所学专业不感兴趣。

大学生要认识到目前的学习对自己成才乃至人生发展的重要性，并不断有意识地培养自己的学习兴趣，保证学业的顺利完成。毫无疑问，人一旦对某种事物或活动有了浓厚兴趣并保持下去，就会对指向物产生强烈的认识倾向和内驱力。好奇是兴趣之基础，兴趣是成功之源头。

（三）成就驱动

成就指个人通过学习所获得的知识、技能与成绩，是自我价值的外在显现。成就动力是个人在学习、工作、科研等活动中力求成功的内部动力，它可以表现为一个人的事业心、进取精神、自我实现的需要等外在形式，是个人自我需求的最高层次。心理学认为，成就动力包含三个方面的内驱力：认知内驱力、自我提高内驱力和附属内驱力。

认知内驱力，即了解与理解知识，要阐明与解决问题的内驱力。这种内驱力对于大学生的学习具有卓有成效的推动作用，被看作学习上最重要和最稳定的动机。尽管这种内驱力的潜在中心地位在现实生活中时常要受到一些诸如自我提高、减缓焦虑、追求赞许等外在动机的限制而得不到实现，但作为一种目标，人们还是应当重视和发挥认知内驱力的作用。

自我内驱力，即个体以自己的胜任能力或工作能力赢得相应地位的内驱力。该内驱力既促使大学生在学习期间努力学习以取得成绩，又促使他们面向未来，以个体努力工作求得相应的地位和自尊，并以此为未来的职业和生活做准备。

附属内驱力，即长期为了获得长者的赞许或认可而表现出来的一种把工作做好的内驱力。学生与长者具有感情上的依附性，学生会有意识地使自己的行为符合长者的标准和期望。

（四）利益驱动

马斯洛认为，个体的物质需要也正是人全面发展的基础，所以人具有追求更高物质生活的内在动力。成才是今后具有稳定物质生活的可靠保障，所以对个人利益的追求是成才动力的重要组成部分。

"人们奋斗所争取的一切都同他们的利益有关。"马克思主义的创立者认为，"人类历史活动就是生产满足生存生活需要的活动。"在市场经济条件下，个体利益是市场利益主体的重要组成部分，我们必须承认和满足个人的利益需求。当然，这并不是鼓励争名逐利和对个人物质欲望无限制的满足。

我们所提倡和鼓励的是获取个人的正当利益。所谓正当利益，就现阶段来说，是指公民个人的合法利益，即公民个人的合法劳动所得和依法对属于个人的私有财产所拥有的占有、使用、收益的权利及由此所带来的物质利益。正当利益的衡量有以下三个标准。

1. 集体与社会利益至上

我们不能只顾眼前利益，不顾人类的长远利益；不能只顾这一代人的利益，不顾子孙后代的利益。我们的价值取向要符合社会发展的规律和人全面发展的方向，坚持个人利益、集体和社会整体利益的统一，坚持经济效益和社会整体效益的统一。

2. 坚持法治与公平竞争原则

社会主义法治是体现社会主义法治内在要求的一系列观念、信念、理想和价值的集合体，是指导和调整社会主义立法、执法、司法、守法和法律监督的方针和原则。社会主义市场经济是法治经济，同时也是最大的公平竞争的经济。从坚持社会主义市场经济的竞争原则而言，应提倡公平竞争在先，兼顾社会公平的原则。

3. 坚持"四个统一"原则

每个人都有获取个人合法利益的行为权和接受权，也有对社会奉献、不妨害他人权益的义务，所以必须考虑手段是否合理，是否影响了集体或他人的利益。必须坚持公民权利和义务的统一，手段和目的的统一，动机和结果的统一，"既利己"又"不损人"的统一。

三、大学生成才价值导向

成才就是成为对社会有用的人才，大学生的成长必须要顺应历史和社会发展的客观需要。这需要借助超越本我的"快乐原则"和自我的"现实原则"，把社会的整体需要和价值内化为个体自己的人生观、价值观和世界观，树立崇高而远大的理想，以高度负责的精神控制自我，营造自己非凡的精神动力。

（一）理想是灯塔

理想是基于个人世界观、人生观和价值观的终极选择。假如说生活是苍茫的大海，人生就是在这大海中行驶的小船，而理想就是指引这条小船的灯塔。"没有目的的生活，就像没有帆的船。"一个国家、一个民族有了科学的理想，就能励精图治，百折不挠；一个人有了正确的理想，就能执着奋斗，自强不息。

新时代大学生只有置身于时代潮流之中，用时代需要激发出来的内生动力自觉克服"小我"的狭隘意识，以"大我"姿态为祖国和民族的前途命运着想，为实现中华民族伟大复兴的中国梦而不懈奋斗，才能真正成为一个对自己负责、对国家和民族负责的人。

（二）责任是风帆

责任是每个人的"行事之德、做人之德、成仁之德、立身之德"。作为道德操守的起点，做人基本的要求是有责任感。大学生如果能够有责任感，那么其认识就会符合社会主流的要求，其行为就会符合事物本性，其品德就会符合社会规范，达到所谓"从心所欲不逾矩"的境界。

对大学生来说，社会责任在其成才过程中具有重要的规范和鞭策作用。有了责任，什么事该做，什么事不该做，就会有个标准；有了责任，就会自律、自励、自强，就会焕发出奋发向上的精神；有了责任，成才就会自觉成为个人的使命，从而化为成才的强大动力。责任是社会责任与历史使命感的统一，即对自己负责、对人民负责、对社会负责、对国家负责这样一个循序渐进的过程。

（三）学识是基础

人才成长的过程就是一个学习知识的过程。学识是一个人成才的奠基石，成才亦是学识升华的结晶。对于渴望成才成功的大学生来说，无论是能力的形成，还是道德修养的提高，最终都离不开学识的武装，离不开对学识的积累和博取，离不开学习能力的提高。

其一，广博的学识是大学生成才的时代要求。学识是有助于一个人成才的全面科学知识，享有学识的多少是评判人才的重要尺度。大学生要做到"一物不知，学者知耻"，敢于对各种学科"深究而悉讨""慎思而明辨"。

其二，学识是大学生成才的根本推动力。科学知识奠定了我们飞天梦想的坚实基础，文化知识拓展了我们崇高理想的飞翔翅膀，人文知识夯实了我们完美人格的深厚累积。

其三，学识问题是大学生成才的基本命题。学识正是从社会的实践中而来，而学识作用于人格的塑造是潜移默化、持久深远的。大学生不但要好学求知，还要活到老学到老。让学识武装自己的头脑，在工作中才能处处尊重知识、尊重人才，坚持按科学规律办事，善于正确认识和处理学识与实践的关系。

（四）能力是核心

能力是完成一项目标或者任务所体现出来的综合素质。能力是直接影响活动效率，并使活动顺利完成的个性心理特征。人们在完成各类任务时，所表现出来的能力是有所不同的。

核心素养的目标是对学生核心能力的培养，是为了提高学生的综合素质。具有良好的综合素质和全面发展的全能型人才，是社会和个人发展的共同需要。为了适应社会和个人发展的共同需求，大学生应该构建以身体心理素质、思想道德素质、文化素质、业务素质为基础，以学习能力为中心的核心能力体系，即以学习能力、专业能力、人际能力、创新能力和创业能力为核心的能力体系。

第二节　当今大学生成才之"五缺"

成才动力是指学习主体针对学习行为的心理驱动总和，是由学习态度、学习动机及兴趣组成的认知系统。作为大学生学习的内生力量，成才动力直接影响着学习态度、学习效率和学习效果，进而影响到人才的培养质量。

一、家庭教育"缺爱"

当今大学生缺爱，这个观点似乎许多家长不认同，但实际是非常普遍的。缺爱的大学生性格往往有些另类，思想成熟得较早，能力较强，比较自立、自制，事业心较强，喜欢独来独往，比较逆反，且内心缺乏安全感，始终存在担心失去的焦虑感。

（一）忙碌的一代家长

这一代家长都是改革开放40多年来成长起来的家长。他们要么是背井离乡的农民工，要么是市场上的经营者，要么是企事业单位的员工，要么是国家干部或公务员。改革开放40多年来，他们的辛勤付出使国家富起来的同时，自己也忽视了对家庭尤其是孩子的照顾。孩子大多有钱花，但精神上缺爱。

（二）孤独的一代孩子

这一代大学生中以留守儿童、独生子女居多，加之改革开放以来离婚率上升，许多家庭结构不完整。单亲家庭的孩子心理结构不完整，其学习信念、学习动机缺乏支撑，再受到个人学习与职业规划不明确的叠加影响，因而其进入大学后逐渐偏离了学习目标，从而产生越来越多的厌学、逃学、放纵自我等现象。他们要么缺父爱、母爱，要么缺兄弟姐妹的爱，从小就形成了习得性的孤独感或焦虑感。

（三）"父母"不等于"家长"

中国的多数家庭只有父母却缺少"家长"，甚至没有"家长"。因为"父母"不等于"家长"，就像工人不是厂长，教师不是校长，公务员不是股长、科长、处长一样。"父母"必须经过专业学习和实践锻炼，能够正确育儿、科学教子以后才能称得上"家长"。可中国缺少"家长学校"，许多父母都是孩子"生产线""成长线"上的实践探索者。

二、灵魂自我"缺晒"

"大学是仰望星空的地方，大学是晾晒灵魂的地方"，大学更需要脚踏实地。大学生只有不断地去发现自己和监督自己，才能完善自己。"世界上最快乐的事，莫过于为理想信念而奋斗"，可许多大学生的灵魂缺乏"晾晒"。

（一）理想信念不牢固

大学时期是播种理想、确立信念的黄金时期，是规划未来、描绘人生蓝图的关键阶段。确立怎样的理想信念，直接关系到大学生会度过什么样的人生，从根本上决定了大学生人生的意义与价值。

如果说社会是大海，人生是小舟，那么理想就是引航的灯塔，信念就是推进的风帆。没有理想信念的人生，就像失去了方向和动力的小船，在生活的波浪中随处漂泊，甚至会沉没于急流险滩。当今部分大学生进了大学就忘了中小学奋斗了十多年的初心，丢失了自己的理想、信念。

（二）自我认知不全面

自我认知是对自己的洞察和理解，包括自我观察和自我评价。自我观察是指对自己的感知、思维和意向等方面的觉察；自我评价是指对自己的想法、期望、行为及人格特征的判断与评估，这是能够进行自我调节的重要条件。

部分大学生的自我认知不全面，重视外在形象，忽视能力修养；对自己的优势、劣势分析不透，要么只看到自己的优势，要么只看到自己的劣势；对自己性格和能力的缺陷视而不见。

（三）自我评价不客观

自我评价即主体对自己思想、愿望、行为和个性特点的判断和评价。个体把自己当作认识主体从客体中区分出来，开始理解我与物和非我关系后，在别人对自己评价和对别人言行评价的过程中，逐渐学会自我评价。它是自我意识发展的产物。

大学生的自我评价要么过高，要么过低。当自我评价过高时，容易产生目空一切的自我体验，往往听不进他人的批评和建议；当自我评价过低时，容易产生自卑情绪，学习、交友、做事往往缺乏自信。

（四）自我监督不到位

自我监督是指在自我认识、自我评价的基础上，个人不断地主动调整自己的动机、行为，以实现自己预期的目标，使自己的行为符合社会要求的监督方法。随着互联网与手机功能的增强，许多大学生缺乏自我监督，常常痴迷于网络游戏或手机，对学习认知不清、对专业的认可度不高，学习态度、学习动机、学习兴趣和学习投入等远远不足，拖延现象普遍。

有的大学生长期沉迷于网络虚拟世界和手机社交，导致部分性格相对内向的学生不善于沟通和分享，抗压力低或沉默寡言，不愿对现实学习及成才问题进行独立思考。

三、大学精神"缺钙"

大学精神是大学在自身存在和发展中形成的具有独特气质的精神形式的文明成果，它是科学精神的时代标志和具体凝聚，是整个人类社会文明的高级形式。面临知识经济的机遇和挑战，建设大学精神不仅是高等教育自身发展的需要，同时也是社会进步的需要。大学精神的本质特征被概括为创造精神、批判精神和社会情怀。

（一）师德修养不足，社会责任感不强

要成为新时代"有理想信念、有道德情操、有扎实学识、有仁爱之心"的"四有"好老师，就是要从根本上改变大学精神缺钙的想象。但我国高等教育长期不断扩招，高校只能疲于应对社会需求、教学改革、人才质量、就业创业及大学生就业等，疏于对大学精神的锻造。

"不读书的人，思想就会停止。"教师不应该只是一个传授书本知识的教书匠，而应该是研究者、创造者，是深邃的思想者，又是敏锐而清醒的实践者。因此，教师除了具有高尚的人格、敬业的精神和博爱的情怀外，还应具有较高的专业素养。

但一些专业教师除授课外，疲于应对职称评定、学术论文、科研项目和社会工作，导致教学流于形式、授课内容陈旧乏味、师生关系冷漠，学生对教学感到失望，从而导致了成才动力的缺失。

部分教师对学生错误的人生观、价值观、职业观置若罔闻，不能有效地引导其学习和成才，不能很好地培养其独立人格、学习品格和社会责任，学生极易受教师感染和受外界诱惑而放纵自己。

（二）功利主义作祟，人文精神缺失

功利主义认为人应该做出能"达到最大善"的行为，所谓最大善的计算，则必须依靠此行为所涉及的每个个体之苦乐感受的总和，其中每个个体都被视为具有相同分量，且快乐与痛苦是能够换算的，痛苦仅是"负的快乐"，功利主义不考虑一个人行为的动机与手段，仅考虑一个人行为的结果对最大快乐值的影响。能增加最大快乐值的即是善，反之即为恶。

教师努力追求"最大幸福"无可厚非，但是，随着社会经济的快速发展，迷乱多元的社会环境对大学是一种冲击，拜金主义、个人主义等价值观兴起，随着房价、物价等消费增高，教师特别是年轻教师生活压力增大。为此，部分教师潜心名利，把挣钱当成是正业，教书育人则成了副业。

高校的专业设置不是从职业的需要出发，就是从学科体系出发，很少考虑青年的全面成长，当今大学生对祖国的历史知之甚少，对世界文化了解不多，许多学生都缺乏历史的观念、发展的观念，缺乏远大的理想和广阔的胸怀。

（三）市场成为主导，大学难为主体

"大学是社会的良心，知识分子是社会的良知。"古今中外的大学虽然都极其重视学生的素质培养，但却没有将提高学生的就业率作为自己的教育目标。具有中国特色的现代大学，应该着力在学生知识、能力、人格培养上，以培养社会所需要的高级人才、引领社会文明进步为真正职责，要严格按照党和国家的教育方针，把学生培养成德、智、体等全面发展的社会主义事业的建设者和接班人。

大学要担负起发展科学的责任，不仅要传授知识，也要创造知识，还要为社会、经济、文化服务，努力成为国家发展的思想库、科技发展的发动机、产业发展的孵化器，为推动社会发展做出应有的贡献。

今天的大学很难成为引领社会的主体，就业率似乎已成了一条生命线，专业的设置、招生都已唯市场需求是从，有的高职院校甚至成了企业的岗前培训基地，从招生开始就与企业捆绑在一起，市场已经成为大学的主导。

（四）专业定向过早，人文修养欠缺

人文学科是那些既非自然科学也非社会科学的学科的总和，是一门对人的自我了解、自我认识、自我定义最贴切、最直接的学问。一些理工科院校对学生过早地专业定向，很少开设人文类的课程，即使开设，大部分学生也是为学分而学。

大学生是祖国的未来，是国家建设和发展的生力军，对他们的教育关系到民族的未来和社会主义国家建设的兴衰成败。"少年智则中国智，少年雄则中国雄。"可有部分学生认为大学里除了看书这个所谓的学习外，再也没有其他的任何东西了，周围发生的一切，都与自己无关。

四、高校管理"缺汰"

有人说，现在是"玩命的中学、快乐的大学"。很多学生从小接受着进入大学就轻松了的不良教育，有些学生确实一进大学就"放飞自我"，平时不努力学习，临到考试再"抱佛脚"，或者求老师"放水"给个及格分。很多学校新学期开学选课时，最火爆的话题就是：哪个老师不点名？哪个老师好过关？有不少在高中拼命学习的学生，到大学读了四年书，反倒成了废人，不仅知识没有长进，甚至连身体素质都不如中学时代。

从世界范围内看大学，大学毕业并非容易之事；从教育规律来看高等教育，文凭必须有含金量。大学学习无疑需要学生付出相当的精力和努力。

（一）淘汰学年制，严格学分制

学分制是一种系统的教学管理方法，最早产生于美国。19世纪70年代，哈佛大学开始实施学分制，随后其他大学开始效仿；20世纪20年代，学分制进入中国，首先在北京大学推行；1922年颁布的"新学制"特别强调"谋个性之发展"，规定大学采用"选科制"和"学分制"；1952年，全国大学院系进行调整，将"学分制"改为"学年制"。

其实，学分制的实施既能满足社会对相应人才的需要，又能满足学生个性发展和学习兴趣的需要。真正的学分制应该只有时间的上限和下限，没有严格意义上的大学四年，淘汰学年制、严格学分制会给每一个大学生增加学习动力，这样就能做到"擅学者"早毕业，"懒学者"晚毕业。

（二）淘汰"绑定"，推行可流通

我国的高考制度充分体现了教育的公正，也为社会主义建设培养了大批的接班人和劳动者。但高考及志愿填报、录取等依旧存在一些不足，诸如"一考定终身""志愿绑学校"等现象依旧存在，严重捆绑了人才成长的手脚。一来高中生对自我认知不足，对大学专业设置与定位不清楚，当发现自己"入错了门"后无处可去，要么重回高中复读，要么放弃在校努力；二来中国的家庭教育成本高，学生一旦学不好就容易迷失自己或放弃学业，对家庭和个人而言损失太大。

在中国，高等教育体系中应该建立更加灵活的转学、分流体系，通过学分互认、课程共享等方式，给予不适应本校或本专业学习的学生多一条出路、多一次机会。当下，在某些高校转专业都不易，何况转校。当然这个"转"必须保证公平、合理、合规。

（三）淘汰"水课"，打造"金课"

在当今的大学校园里，逃课也成了许多大学生的"必修课"，但只要我们仔细观察就不难发现，逃课现象不只存在于"后进生"中，连许多优秀学生也会这么做，最根本的原因是课堂让学生学不到东西。

严格地讲，"水课"是没良心的课。教育部已于2018年8月启动了"淘汰'水课'，打造'金课'"工作，对于大学生而言是一个好消息，对于规范高校教育、提高人才培养质量是一件好事，但这也是一块非常难啃的"骨头"。

五、学生成才"缺带"

社会是教育的大舞台，世界各国都十分重视大学生的社会实践活动，认为这是在课堂上、书本上得不到的教育。它是一种把科学知识和社会意识结合起来的综合教育，对受教育者价值观、责任感、集体精神的形成都有重要作用。

许多国家，不论是政府、社会还是家长，都对大学生的社会实践非常重视，如美国把"确保所有高等学校学生对国家经济和政治生活中的现象具有分析批判和解决实际问题的能力"，以及"提高学生进行决策解决问题的技能"作为教育目的之一。

近年来，我国的高等教育也非常重视学生的社会实践和专业实习，但缺乏政策支撑和社会支持的大学生实践实训活动，始终没"沉下去"，大学生的成才始终缺乏"带路人"。

（一）寄望于"培训成才"

大学生极为关注自身的成长成才，渴望通过大学教育成长为优秀人才。这本是正常的、积极的、有利于大学生成长的因素，但随着浮躁情绪的弥漫，一些大学生不是致力于扎扎实实地学习，而是寄希望于通过培训快速成长，一不小心就被以赚钱为目的的"引路人"所坑。

很多培训机构不但收费高，而且还有后期的各种材料费和推荐费。有的培训能起到提高自身能力的作用，有的培训初衷就是赚取大学生的钱，有的培训后期还演变为一种传销。

由于大学生的辨别能力差，受人鼓动便参与了这些培训活动，初衷是让自己在将来的就业竞争中占有优势，而这必然需要资金，在迫切需要通过培训成才的焦虑中，"培训贷"这种不良形式的校园贷就悄然形成。

在这种培训的热潮中，参加一次所谓的速成培训并不能缓解焦虑，反而会刺激大学生参加更多的培训，追求更快的速成。而且随着参加的速成培训越来越多，大学生可能越来越焦虑，因为他们必然会越来越感觉到缺乏扎实的基础知识，从而越来越寄希望于培训速成的"葵花宝典"，导致恶性循环。

（二）寄重于"创业成功"

随着"大众创业，万众创新"的不断推进，"双创"在高校已深入人心，激发着不少大学生的创新创业热情。但创新创业需要老师尤其是企业家的指导，可我们的大学生找不到好的甚至一般的指导者，只能"摸着石头过河"。

随着网络的发展，创新创业的形式也越来越多样，互联网创业更是深入人心，许多大学生正是通过互联网实现了成功创业，如美团、滴滴出行、饿了么等。互联网平台上，诸多微创业、微商等成本不算高的创业形式为大学生所青睐，许多大学生加入了微商创业的大军。

创业是一项高风险的活动，微商创业虽然所需资金并不算多，但如果经营不善，同样会使缺乏资金来源的大学生陷入资金链断裂的困境中。这种缺乏指导，甚至有指导都不一定成功的盲目创业，成了学生认定的成功模式，他们情绪化地用创业成功的案例来激励自己，结果越陷越深。

（三）寄情于"超前消费"

找不到成功体验的人始终心理不平衡，攀比是实现暂时性内心平衡的最佳途径。攀比心理在多数大学生中都存在，只是表现程度不同而已。大学生毕竟都是纯消费群体，其资金大多来源于父母，可并不是每个家庭都很富足，消费捉襟见肘者比比皆是。而正处于放飞青春阶段的大学生，攀比、从众现象突出，于是超前消费悄然诞生。

现代社会无疑进入了消费社会，尤其是受到西方超前消费文化的影响，许多大学生难以控制自我，在符号心理、攀比需求的作祟下总是蠢蠢欲动，那些家庭经济条件差，又喜欢跟风、炫酷的大学生，更容易铤而走险。

（四）寄托于"一夜暴富"

"天上不会掉馅饼"，互联网上的不良广告给大学生带来的消极影响是非常严重的，诸如"某某大学生凭借手机月进××万""农村父母发现读大学的女儿年存款××万""大学生炒期货月进××万""大学生炒原油一夜暴富"。

校园贷为何在大学中肆意蔓延？一来是资本的逐利本能，二来则是大学生有着多种资金需求。校园贷在校园内蔓延，在某种程度上反映了大学生有较强的资金需求，也反映了大学生的成长困境，最终导致一些缺乏自制能力和甄别能力的同学遭到了毁灭性的打击。

诸多不良诱饵致使部分没有"定力"和甄别能力的大学生掉入陷阱。为了实现一夜暴富，他们不惜铤而走险，或贷款来赌球、买彩票，或贷款炒股、炒期货、炒原油，最终欠下巨债，无力偿还。

有部分大学生，不是通过扎扎实实地学习来提升自身的就业竞争资本，不是正正经经通过诚实劳动获得合法收入，而是寄希望于"捷径""商机"。他们根本没有意识到高利贷的可怕，没有考虑到赌球、彩票的中奖概率是极低的，也根本不知道原油市场、期货市场的风险，更有甚者遭受钓鱼网站的欺骗。

第三节　AI+时代的大学生成才动力

AI+时代，人类虽然已经从烦琐的劳动中解放出来了，但由于人才培养是高校的主要任务，教育依旧需要找到大学生成才的动力。影响个人成才的动力源包括内动力与外动力。内动力是指与大学生的生理特点、心理特征、学习动机及学习目的有关的因素；外动力是指学习环境、社会环境、家庭环境等。

一、AI+时代大学生成才的内动力

内动力是来自大学生主体内部的力量，这个动力是随着个人生理成熟到一定阶段从内到外伸展开来的，是需要刺激引发的。人在不同的年龄阶段有不同的需要，因而动力方向与大小也就不同。由于大学生的世界观、人生观、价值观逐步成熟，加之AI+时代的影响，大学生的个人需要也有别于传统社会。

（一）奋斗目标

明确的奋斗目标是大学生成才的前提。没有明确的目标，就没有前进的方向和动力。每一个大学生都想在大学期间锻炼自己，将来实现自己的人生价值。理想是美好的，但是前进的道路是曲折的，在追求理想的过程中，必须付出艰辛的努力。

大学是一个半社会化的阶段，所以大学生不但要提升自己的学识，更要主动去接触AI+时代的社会，锻炼自己面对智能化社会的实践能力，将来才能真正成为AI+时代的有用之才。

（二）爱国情怀

爱国是人的社会属性，没有高尚的爱国情怀，成才就没有意义。大学生只有把爱国情怀深深植根于内心，才能将其内化为动力，真正做到为中华之崛起而努力奋斗。

中华上下五千年，有着悠久的历史和灿烂的文化，有过汉唐盛世的辉煌，也有面临亡国灭种的耻辱。AI+时代，作为未来社会的主人，要深刻了解中华民族的历史，筑牢自己的思想之基，以更加坚定的自信去热爱我们伟大的祖国，以更加高昂的斗志去实现伟大的中国梦。

作为AI+时代的大学生，依旧要将爱国作为"立德之源、立功之本"，要踏踏实实学好专业知识。无论科技如何发展，我们都要更加坚定自己的爱国情怀。大学生的爱国情怀，要从忠诚于祖国、服务于人民开始，从励志成长、立志成才开始。

（三）身心素质

身体健康的重要性对于生活和学习压力日益增大的当代大学生来说自不待言，只有提高身体素质，才能更好地提高学习效率。除了做到身体健康外，AI+时代，人与机器共生、共存、共事，大学生更需要健康的心理。

学习是件艰苦的事情，如果没有良好的心理素质，遇到挫折就一蹶不振，只会离成才的目标越来越远。

AI+时代，交往模式已从人与人的交往扩展到人与机器人的交往，无论在生活还是工作中，要保持良好的身心状态，就要善于与人友好相处，助人为乐，建立良好的人际关系。人的交往活动能反映人的心理健康状态，人与人之间正常友好的交往不仅是维持心理健康的必备条件，也是获得心理健康的重要方法。

大学生还应具有良好的AI适应力。生活在AI+时代，变化多端的大千世界由人主导，但"AI在主刀"，在风险控制和伦理认同的环境下，大学生与冷冰冰的机器共存、共事的环境适应能力尤其重要。

（四）吃苦耐劳

AI+时代，人可以从繁重的劳动中解放出来，但并不等于不用劳动，不需要知识，相反，大学生作为时代的主人，如果没有足够的知识和技能，就无法管理和使用AI。因此吃苦耐劳依旧在大学生成才过程中起着决定性作用。王羲之的"墨池"，孙康的"映雪"，孔子的"韦编三绝"均说明了苦学才能成才的道理。逆境磨炼意志，苦难塑造坚毅，大学生应该有忧患意识，在校期间克服惰性、战胜自我，不断奋发向上。

AI+时代，"书山有路勤为径，学海无涯苦作舟"并没有过时，相反，它将进一步激励我们。事实证明，只有愿意吃苦、勇于吃苦、不怕吃苦的人，才能出色地完成任务。见到困难就退缩的人，根本无法尝到成功的喜悦。AI+时代，吃苦精神是敢于与失败、挫折斗争，勇于不断探索，自强不息、不甘落后的学习和研究精神。

（五）团结合作

"一滴水只有放进大海里才永远不会干涸，一个人只有当他把自己和集体事业融合在一起的时候才能最有力量。"小小的蚂蚁在运输动物的尸体时，就是依靠这种团结合作的精神，有的拉头部，有的拽脚，它们三五成群地拖着一块块食物回洞穴。蚂蚁的团队精神正是我们大学生所缺失的精神。

AI+时代，科技飞速发展，各门学科相互渗透，单打独斗的时代已经不存在了。今天的华为、京东、阿里巴巴、百度、谷歌等均是依靠团队，借助团队合作推动企业发展。未来，AI+更需要团队合作，AI需要大数据、云平台、企业平台。任何一项科学上的重要课题都会牵涉许多方面，仅凭个人的力量极难完成。大学生作为未来科技工作的主力军，必须培养相互尊重、乐于协作的精神。协作精神是时代精神的反映，是以培养创新精神和实践能力为核心的素养，也是AI+时代大学生素质修养的重点。

二、AI+时代大学生成才的外动力

大学生的成长动力除上述的内部动力外还有外部动力，外部动力主要来源于早期的家庭教育、后期的学校教育、成长中的自我教育、公平的社会竞争以及成功者的榜样等。这里我们重点谈家风、校风、社会风气及AI+时代的影响。

（一）家风：大学生成才的原动力

"积善之家，必有余庆；积恶之家，必有余殃。"古代的先贤们对家风有着深刻入髓的感受，很多先贤都把树立良好家风作为治家首要条件。诸葛亮告诫后世子孙要"静以修身，俭以养德"，认为"非淡泊无以明志，非宁静无以致远"；清代中兴名臣曾国藩则把"唯天下之至诚能胜天下之至伪，唯天下之至拙能胜天下之至巧"作为家风泽被后世。

1. 家风是家庭的无意识期望

"家和万事兴"，和睦、和谐、和美的家庭关系是干事创业的有效保障，而良好的家风就像黏合剂一样，把家庭成员牢牢地黏在一起。按照传统习俗，逢年过节家里的晚辈们大都要去看望长辈。一家人坐在一起，话一话家长里短，其乐融融。"家有一老，如有一宝"，在这个时候，长辈们通常要叮嘱几句，向晚辈们传授人生经验，叙述家庭历史，更会教他们为人处世的规范、原则。就在这样轻松愉悦的氛围中，和睦的家庭关系得以巩固，优良的家风也得以延续。

2. 家风是家族的文化体现

家风本质上应该是一种历经家族历史沉淀、时代积累自然而然形成的精神尺度。它不只局限于道德教化的口号，还更大限度地体现着一个家族的精、气、神。家风通过世世代代家族成员们的具体行为不断传承、践行和发扬。

为复兴汉室鞠躬尽瘁的名臣诸葛亮临终前写下《诫子书》给他尚且年幼的儿子，其中饱含着一位父亲的拳拳之情和殷殷教诲。在这篇文章中，诸葛亮给他的后代留下了做人的原则、治学的方法。

3. 家风是个人成长的催化剂

"家庭是人生的第一所学校"，家庭教育对于每个人成长、成才、成功都有着举足轻重的作用，甚至起到决定性的作用。良好的家风能有效保证个人成长之路不走歪、不走偏。只要有良好家风的影响和约束，个人很难会走邪路、歪路，就像疾驰的高铁，不管跑得再快，只有按轨道行驶，才能顺利到达目的地。

4. 家风是社会风气的基础

在中国古代的儒家文化中，知识分子大都以"修齐治平"为人生目标，其中修身、齐家是基础。古人云"一屋不扫，何以扫天下"，也是这个道理。中国历来都是礼仪之邦，如果每一个家庭都重视家风传承，用优良的家风指导规范子孙后代的行为，就能够形成良好的社会风气，推动社会和谐、民族进步、国家发展。

对中国传统文化深有研究的梁漱溟先生认为，"中国人就家庭关系推广发挥，以伦理组织社会""不但整个政治构造，纳于伦理关系之中；亦且其政治上之理想与途术，亦无不出于伦理归于伦理者"。家庭是组成社会这样一个庞大肌体的微小细胞，家风的好与坏、优与劣直接关系着社会风气的健康与否。

（二）校风：大学生成才的引擎

校风是全体师生经过共同努力，在长期教育、管理中逐步形成的相对稳定的精神状态和思想作风，是一所学校领导作风、教师教风、学生学风的集中反映。

1. 校风考量大学精神

校风是检验大学精神是否落到实处的重要手段。大学精神虽说是学校理念的具体化，但它还具有一定的抽象性。抽象的大学精神要借助于更加实然和具体的校风才能在实践中呈现。

对于校风需要理解的有两点：一是校风是一所学校的风气，是全体师生所形成的稳定的精神风貌；二是校风是学校的作风、教风、学风的总和。校风是一所学校通过全体师生共有的特定心理倾向和行动方式所表现出的整体的精神风貌。

2. 校风唤醒成才动力

校风往往通过校训体现出来，人们对校训的认识比较一致。校训是学校为了规范全体师生的行为而制定的，要求全体师生共同遵守的道德准则、行为准则，通常以文字的形式表现出来。如清华大学的校训是"自强不息，厚德载物"，以此来要求每位师生在实际的学习、生活中做到道德为先。

校训是为了规范全体师生的行为而产生的，承担着规训的作用，具有应然性。作为规范师生行为的准则，校训针对的是全体师生，具体应落实到每个个体身上。

3. 校风塑造人才品格

校风具有一定的客观性，学校成员的活动和行为只要存在，校风就会存在，但是它受人的主观能动性的影响较大。

学校成员的整体行为不同，所产生的校风也就不同。校风与学校精神的不同在于，虽然两者都是通过学校的全体成员表现出来的，但学校精神是一种价值倾向，而校风则是学校所展现的较为客观的形象。校风的承载主体是全校师生，校风是从学校整体的视角提炼、总结出来的。

（三）社会风气：大学生成才的"孵化器"

社会风气是大学生成才的"孵化器"。社会风气有美恶、好坏之分，因此这个"孵化器"就有"冷暖之别"。"孵化器"的冷暖直接影响了高校人才的"孵化率"。社会风气的作用，就在于铸就人们心中对他人行为的预期，以及对自己行为可能的后果的假设。这些假设，实质上就是人们对于自己和他人会不会遵循道德规范的预期。

好的社会风气能激发大学生的公平感、正义感及社会良知，它是大学生成才的温床，会激励大学生努力学习、努力成才，因为奋斗能得到认可；坏的社会风气会削弱大学生的成才动机，导致其厌学、弃学，甚至出现"读书无用"的错误认知。

风俗之厚薄、美恶，社会风气之好坏，不仅影响着一个社会的文明程度高低，而且还影响社会良好道德环境的生成和年轻人的成才，这是亘古不变的道理。社会只有达到了"风清气正、和谐友善"，才能多出优秀的人才。

（四）AI+时代：大学生成才新机遇

现在，AI无处不在，作为未来人才的大学生，无论职业规划设计得多好，都避免不了两件事：AI是一个强劲的对手；终身学习的压力。

1. 竞争压力是成才动力

由于AI与计算机技术的飞速进展，对人类社会、人类认知智能等科学的深入研究形成了研究人脑及思维等学科。电脑与人脑、AI与人类智能，特别是智能计算机高度模拟人脑的研究，全面推动了人类社会认知世界的发展，AI的深入研究使计算机更加智能、聪慧。

计算机未来的发展值得每一个大学生高度关注，人类的研究和开发使计算机更加接近高级人才。AI科学领域将带动人类社会的飞速发展，计算机的聪明才智更接近人类。智能的计算机大大地提高了人类认知世界、改造世界的能力，人类发明使用智能的计算机推动全人类社会文明的飞跃发展。大学生的位置在哪里？未来人才的压力不仅仅是人与人的竞争压力，更可怕的是人类与AI的竞争压力。

2. 互联网是成才的助推力

当今中国拥有世界上最庞大的手机用户群体。移动用户的庞大基数使得中国的数据优势是美国的3倍，移动食品配送速度是美国的10倍，移动支付普及率是美国的50倍，共享单车设施数量是美国的300倍。而利用这些丰富的数据资源，中国的计算机视觉、无人机、语音识别、语音合成和机器翻译公司成为全球价值最高的创业公司。

互联网已经成为当代人学习成长最好的工具，特别是大学生，只要你愿意学、好学，一个智能手机就可以将很多知识和技能搞定。目前，AI完全进入民用领域的产品有手持设备、车载智能终端、智能家居、可穿戴设备等，未来会往多方向延伸。

随着技术成熟，AI+将不断扩展，在智能终端"手机化"后，今后可穿戴设备和物联网将喷涌而出，诸如手表、健康医疗、智能眼镜等可穿戴设备将层出不穷。这些产品有望在近年经历过市场培育期后，在某个时期实现爆发式增长。而物联网更将带动传感器、信息采集、数据挖掘与存储、网络宽带、服务器等周边产业需求。凡此种种，均成为AI+时代大学生学习的新动力。

3. AI经济是成才的诱惑力

在过去的20多年里，中国互联网从美国商业模式中获得灵感，通过十多年的激烈竞争，成就了中国超级个性化的用户。与此同时，中国"60后""70后""80后"大学生中不乏拥有极强创新精神的创业者，他们凭着敏锐的市场洞察力和"借船下海"的勇气，成就了自己的商业帝国和财富梦。

诸如张朝阳学习雅虎构建了"搜狐"，李彦宏学习谷歌构建了"百度"，王兴学习Facebook构建了"美团"。当今天的大学生看到前辈借助互联网，把平凡的自己最终变成商业大佬时，必然会心潮澎湃。

就AI学科整体层面而言，一旦有新突破、新产品，必然会带动多个产业的爆发，必然会催生出新的金融大佬，这是AI+时代许多大学生的梦想。当前，计算机已经处于第五代的研发之中，其中最核心的技术便是AI。如果AI的研究取得深层次的突破，第五代计算机将在世界范围内产生重大影响，甚至使人类文明的发展产生重大变革。

三、AI+时代大学生的成才途径

当今世界科技发展日新月异，人才竞争已是国力竞争。大学生心理健康与成长成才是国家发展的关键。自1999年大学扩招以来，我国的高等教育已经由"精英教育"转为"大众教育"，大规模的扩招引发出大学教育质量降低等诸多问题。大学生能否成长为社会急需的人才，是检验大学是否践行"立德树人"的最好标准。因此，高校必须肩负起培养新时代合格大学生的责任，努力构建大学生成长成才的有效途径。

（一）珍惜"好专业"，达成高效课堂

中国的高等教育基本上是一种专业教育。大学生依据社会和国家需要及个人志趣，选择自己的专业，这也是选择自己的成才方向。自己选择的专业就是"好专业"，一经选择后，就要做到不离不弃。

牢固树立专业思想，珍惜热爱所学专业，调动自己的学习积极性，在学业上做到求知、求会、求精，甘愿为自己所学习的专业而奉献。只有这样，毕业后才有可能成为这一领域的出色人才。

课堂是传授知识、能力、情感的主战场，学生是学习的主体。高效课堂是根据学生的成长成才目标，在老师的教与学中建立起来的最佳认知模式。学生在课堂上单位时间内做到高效率、高质量，学习的效果就好，而这个高效率不仅仅取决于老师和学生，还需要师生的双边有效活动。

一般来说，高效课堂主要评价标准为：自我思维活跃，语言表达的正确、流利、有感情，课堂上充满激情，分析问题与解决问题的能力强，在知识、能力、技能上达到90%以上的收获率和正确率，乐于学，想深入探索。

（二）擅驾互联网，拓展知识能力

"秀才不出门，尽知天下事。"随着网络的快速发展，尤其是5G时代的到来，网络无处不在。今天，互联网可以拓展我们的视野，通过网络我们能随时了解国内外的新闻，欣赏大千世界的美丽风光，倾听海内外歌手的美妙歌曲，知道世界上的最新动态。互联网对大学生至关重要，大学生要善于利用强大的网络资源学习专业知识和能力技能，特别是AI、AI+方面的知识，做到高瞻远瞩，提前准备，早日练就AI+时代的核心竞争力。

"水能载舟，亦能覆舟。"互联网用得好，就是大学生成才的工具，用得不好，就是大学生"慢性自杀的武器"。网络能让大学生学到各类知识，无论哪一个学科、哪一门课程、哪一个问题都能在网上找到相关的信息。网上不但有"大家""杂家"，还有批判家。大学生务必广泛地参与讨论学习，只要学会取舍、甄别、思考，就能拓展自己的视野和能力。

（三）寻找好平台，坚信自主成才

健康、高雅的校园文化是学生成长成才的好平台。大学生要学会利用校园文化阵地，精心挑选和充分利用诸如校园广播站、电视台、网站、橱窗、刊物等资源，锻炼和展示自己的能力，挖掘自己的潜能，并将自己在科技、文化、体育等方面的兴趣和能力，与学校的科技文化活动和社团活动对接，这样既能进一步加强自己的能力技能和个性修养，又能结识志同道合的同学，为自己的成长成才找到新的亮点。

大学生在校期间，教师的主导作用和学生的主体作用同等重要。在教师的指导下，学生自觉地、有主见地学习，充分发挥个人的主观能动性，不是"等靠要"而是主动出击的"拿来主义"，凡是有利于自我成长成才的机会都不能放弃。

大学生要掌握自主学习和自主成才的主动权，做学习、实践、成才的主人，在知识、信息爆炸时代，要学会甄别和选择，学会思考和探索。

（四）形成好习惯，在竞争中成长

纵观历史，大凡获得成功的人，都会长期坚持一些良好的行为习惯，直到形成自然。鲁迅先生从小就养成不迟到的习惯，他要求自己抓紧时间，时时刻刻地叮嘱自己凡事都要早做，这样长时间地坚持下去，就养成了习惯。这位以"小跑走完一生"的作家，在中国以至世界文学史上都留下了辉煌的业绩。可见，行为习惯对一个人各方面的素质都有决定性的作用，对大学生来讲尤其如此。

"物竞天择，适者生存""生于忧患，死于安乐"均说明了竞争的重要性。在当今世界，竞争无处不在，竞争是生存的保障，更是发展的最好动力。大学生若能在自己的成长道路上找到一个有竞争力的对手，并始终以超越对方为目标，自我成长的潜能就会被激发出来。"乱世造英雄"，就是人才在乱世中"物竞天择"的结果。

第十一章　AI+时代大学生成才模式

AI+时代，一方面，社会经济发展对人才规格提出了结构性变革的要求；另一方面，AI赋能教育，让受教育者能够实现自主发展、个性化发展。AI在教育领域中一定会带来系统性的变革，如果大学生没有清醒的认识和足够的准备，那么，大学毕业就会远离时代的人才要求。

第一节　大学生成才困境

当前，为了培养更多能担起实现伟大中国梦重任的新时代人才，支撑国家科教兴国战略、人才强国战略、创新驱动发展战略，党和国家领导人高度重视高等教育的高质量发展和大学生的成才质量。

但是，面对世界的竞争和西方大国的挑战，为推动国家经济社会高质量发展，国家面临着学科稀缺人才、技术人才、应用人才供不应求，大学生成才难、择业难、就业难等多重困境。我国自1977年恢复高考以来，高等教育快速发展，在2002年就完成了"大众化"，2019年已经步入了"普及化"。短短17年时间，我国高等教育就走完了西方发达国家几十年才走完的路。大学的高质量发展需要长期的学科建设、师资队伍建设、科研能力建设和大学文化沉淀，单凭"弯道超车"就想实现质和量的同时发展，似乎有点勉为其难。

一、精神困境

大学之大不在校园之大，首先在于精神之大；高校之高，不在楼宇之高，首先在于品位之高。许多大学生虽然身处大学，但精神始终不够强大，品味始终不够高。

（一）格局不高

大学生格局不高是未能从国家层面高度理解新时代的奋斗精神和奋斗目标。大学倡导的奋斗精神是建立在马克思主义奋斗观和中华民族奋斗史基础上的，是华夏民族千百年来生产实践、抵御外辱、自强不息、追求世界和谐平等发展的时代精神，是实现伟大中国梦、民族复兴、国家强大的重要驱动力。

当前，不少大学生不能站在历史高度，把个人梦和中国梦统一起来，许多大学生怕到基层，怕到贫困山区。这表明，不少大学生缺少明确的为国家和民族奋斗的目标，对新时代奋斗精神的理解不够深刻，奋斗带有唯我价值、唯我设计和唯我实现的色彩。只有少数的大学生能把国家或社会需要作为自己的人生理想，愿意将自己"沉下去"，到基层去，到贫困地区去，到祖国最需要的地方去。

精致的利己主义，在今天的大学生身上还不少见，许多大学生并不怎么关心社会热点、国家大事。有的处处讲个人利益、讲得失，不愿意主动为同学、班级服务，缺乏奉献精神和集体责任感；有的对参加公益活动和社会实践有天然的抵抗心理，即使参加也是为了创造条件参加评奖、评优；有的精神世界空虚，奋斗目标狭隘，自私自利，甚至言语偏激。

（二）价值不清

价值认知困境体现在否定奋斗精神的价值。奋斗是人类认识和实践取得进步的重要动力，大学生只有通过自身努力，才能实现自我价值和社会价值。但是现在不少大学生忽视自我努力的价值取向：有的认为自己是"富二代""星二代""官二代"等，人生根本用不着努力，在学习上得过且过，考试只求过关，生活贪图安逸；有的盲目羡慕优势"二代"，将自身的出身、长相、境遇等外在不利因素作为不奋斗的借口，信奉"葛优躺""马男波杰克"等"丧文化"，或是为了实现"躺赢"沉迷赚黑钱、赚快钱，违背社会道德、触犯法律底线。还有部分大学生用自身扭曲的价值观去衡量身边的人，将努力学习、刻苦钻研的人看作"苦行僧"。对"大学生标兵""十佳大学生""自立自强大学生"等荣誉称号或视而不见，或嗤之以鼻，认为这些跟自己没关系。这种观念一旦在校园中蔓延，很容易影响部分有上进心同学的斗志，削弱部分勤奋好学者的理想信念，让他们不但会怀疑人生和奋斗的意义，而且容易放弃努力。

（三）践行不够

如果大学生未能养成践行奋斗的个人习惯，就常常会陷入困境中。很多大学生有理想、有追求，较为深刻地理解了奋斗的内涵、价值，清楚奋斗精神对于克服困难、实现理想的重要性，但是受同辈群体、家庭环境和自身不良习惯的影响，他们难以做到脚踏实地、持之以恒，认知与行为容易发生断裂，主要有三方面表现。

第一，有决心，无行动。不少学生在学习和生活中明显缺乏自觉性和自律性，意志薄弱、惰性较强，抗不住辛苦、耐不住寂寞，经常前一分钟还兴致勃勃"下定决心"，下一分钟就开始玩手机、耍游戏、吃零食；抗压能力不足，心理素质明显偏弱，遇到困难容易退缩。

第二，伪奋斗，找安慰。部分大学生对奋斗的目标和任务一片茫然，整天待在图书馆、自习室，但缺乏学习目标、没有成效，勤奋和努力只是为了不成为无所事事的人，或者只因为"大家都在学习"，学习后不进行自我评估，不在乎学习效果，甚至自我安慰"看起来我没有虚度光阴"。

第三，目标高，能力低。部分大学生具有较好的奋斗目标和坚强意志，但是对自身和周围世界的认识有限，不能准确地认识自己，好高骛远、眼高手低，追求"短频快、最大化"等不切实际的目标或效果，缺少科学合理的奋斗计划和循序渐进的奋斗目标。

（四）成效不佳

不少大学生肯定奋斗的价值，在日常生活中也体现出了一定的奋斗精神，但他们对奋斗的长期性和艰巨性认识不足，渴望立竿见影，主要表现在三方面。

第一，精细地计算付出与收获。不少大学生过度强调"一分耕耘，一分收获"，付出一点努力就期待等价回报，若低于预期，就轻易将自身的劳而不得归咎于阶层固化、社会不公等外在原因，从而得出"奋斗无望""奋斗无用"等结论，停止奋斗。

第二，过于高估自身能力。不少大学生缺乏对社会竞争的准确判断，认为自己能够通过少于常人的努力，甚至是零付出也能"笑傲江湖"，盲目推崇和追随猫头鹰型的"学神"或"大佬"，上课睡觉，晚上学习。

第三，过于放大挫折和自尊。不少大学生在目睹奋斗无果后，过度放大学习、生活的挫折，认为自己无论怎么努力都无法取胜，为了逃避失败和保护自尊让自己陷入麻木，做出一副"无所谓、没关系"的样子。有些极端的大学生甚至还为了获得成功不惜破坏规则、违法乱纪，诸如"走后门、拉关系"，其至考试作弊，简历、学历造假。

二、应试困境

应试教育通常被视为一种以提升大学生应试能力为主要目的，且十分看重考试成绩和记忆、背诵、解题能力的教育制度。应试教育开启了教育公平的模式，创造了公平、公正的竞争环境，但也存在许多弊端，尤其在高校人才培养中，它给大学生成才带来了困扰。

（一）片面智育化，导致了学生能力不足

在应试教育思想影响下，"五育"（德、智、体、美、劳）的辩证统一关系被割裂，出现了片面重视智育，忽视其他教育的现象，这就必然导致大学生道德滑坡，人文精神失落，理想和信念萎缩，身体素质下降，最后只能是畸形发展的人。高校应试教育导致大学生陷入困境体现在以下三个方面。

其一，个人期望"很丰满"。高校为了提高就业数量与质量，每年都会组织大大小小不同类型的招聘会。不少毕业生感觉找份工作不难，但找份合适的工作却不容易；工作岗位虽多，但符合自己期望的太少。

其二，自我认定"很骨感"。受传统观念、社会舆论等多种因素的影响，很多大学毕业生还没有走出"上大学，做人上人"的精英心态，就业的时候考虑更多的是稳定安逸的工作环境、较高的职业发展平台、逐年升高的薪酬待遇等，甚至在就业区域、就业单位性质上都有着较严格的考量目标。

其三，对社会用人"有不满"。我国高校扩招以后，大学毕业生越来越多，就业越来越困难，与此同时，用人单位为了提升自己的人才品质，条件也越来越高。许多毕业生对就业岗位挑挑拣拣，预期调整不及时，导致最后错失了合适的岗位。

（二）追求分数化，造成了学生知识残缺

我国社会主义的教育目的是造就全面和谐发展的人，使大学生在思想道德、文化科学、劳动技能、身体心理素质等方面都适应现有社会的要求。而要培养这样的人则需要实施全面发展的教育，但高校应试教育现象依旧突出。

首先，以教室为中心、以教师为中心、以课程为中心的高校教育，始终以教师的"传道授业解惑"为主体，以教授法、谈话法为主要的教学方法，学生依旧是被动的、被考的对象。

其次，在以考试成绩为主导的奖学金、助学金、三好生、优秀大学生等评比的影响下，学生非常看重成绩。如果没有好成绩，就没有好结果。

最后，在以学分绩点为推优保研的工作中，好成绩、高分数的学生是被保送的候选对象，因此，分数对学生非常重要。即使在没有保研资格的学校，学生们也明白训练自己应试能力的重要性。

（三）教师主体化，扼杀了学生的个性

在应试教育思想影响下，教学以教师为中心，教学方式的突出特点是注入式和满堂灌。教师把教科书上的内容消化或半消化后传授给学生，考试更多地参看标准，因此，学生更多靠生吞活剥、死记硬背。这在无形中压抑了学生思维的独立性、批判性和想象力，限制了学生主体意识和创造精神的发展。

应试教育很注重大学生各种应试能力的培养，而忽视其他基础能力的发展，造就出的也只能是墨守成规、应变能力差、动手能力欠缺的"书呆子"或"高分低能儿"。

没有个性即没有人才，在应试教育思想的影响下，教学组织形式和教学方法的采用有悖于个性品质的培养，应试教育教学内容的深度和广度、教学的进度从多数大学生的知识基础和接受能力出发，很难顾及大学生中客观存在的个体差异，根本无法实现真正意义上的因材施教，严重阻碍了大学生个性、志趣的发展。

（四）传承精英化，忽视了多数学生发展

应试教育属于选拔性英才教育的范畴。在应试教育体制下，从表面上看，一个班所有的大学生都在上同样的课，接受同一教师同样的教育和影响，似乎他们享有同等的受教育的机会和权利。但实际上，各类评比、评选和研究生保送、研究生考试等，促使学生一门心思地琢磨考试技巧和考试能力，因为一旦拥有各类证书和更高的文凭、学位，就更有机会找到好工作。

大学生在校期间良好的学习环境和严格的考试、考核，为他们具备较好的专业知识素养提供了有力保障。但检验人才实力的不是成绩，而是综合素质。

应试教育催生了"错位的家长观"，许多父母认为上大学就是为了获得谋生的本领，只要拿到毕业证书就是人才，只要孩子上大学，父母的教育责任就结束了。但当今社会已开始从"身份社会"向"能力社会"转变，能力是就业从业的支点，刚入学的大学生依旧没有社会知识和社会经验。

立德树人的高校人才目标，要求大学生除了应具备思想道德、文化科学、审美情趣、劳动技能等素质外，还应具备强烈的竞争意识、较好的心理承受能力、较强的社交能力等个性心理品质。

三、现实困境

（一）专业"欠专"

我国高等教育从大众化到普及化，虽只有短短十几年，却为国家发展培养了大量的人才，但由于发展过快，许多二流、三流和新建院校，缺少有实力的专业教师，给大学生的成才带来了许多困境。

从宏观上看，上述院校在专业设置上大多缺乏特色。高校的快速发展和逐年扩招，导致了专业设置的盲目与跟风——有条件要上，没有条件创造条件也要上，进而导致了高校间的彼此模仿与恶性竞争。面对师资短缺、设备不足、资源匮乏等现状，这些高校很难培养出有能力、有特色的人才。

从中观上看，高校专业培养计划往往跟不上市场。高校人才培养始终应该与市场对接，但我国的市场发展太快，使得高校跟不上节奏。在专业需求上，要么供大于求，要么捉襟见肘。在计划经济、精英化时代，因人才短缺而被掩盖的问题，在高等教育大众化及普及化到来后逐渐暴露出来。

从微观上看，人才培养重理论、轻实践，人才成长缺少岗位锻炼。今天的大学生仍然只看重学习成绩的高低和固态知识的增长，在专业知识和综合素质方面均难以适应市场经济多元化需求，不同程度地缺乏社会适应性。长期以来，就业难与招工难是人才缺乏个性所造成的，出现人才规格不符合市场需求的矛盾，这种矛盾客观上也造成了人才的高消费和浪费。

（二）培养"欠陪"

培养"欠陪"是指家庭、学校、实践等，在个人成长中缺少应有的陪伴。许多家长认为把孩子送进大学就万事大吉了；许多老师把课上完就离开了；许多实践教学还是走马观花。殊不知，这些陪伴是学生成才的关键因素之一。

其一，进入大学，父母放弃精神陪伴。幼儿期我们需要父母陪伴，是因为父母是我们的安全依靠，是我们生活的"活字典"；少儿期、青春期我们需要父母陪伴，是因为我们需要向父母探问世间奥秘和探讨"成人之理"；大学期间我们需要父母陪伴，是因为我们走向社会之前的心灵成长和职业规划需要父母的参与。由此可知，人生的每一阶段都离不开父母的陪伴，孩子进入大学，父母只能放手，不能完全放心，更不能缺少精神陪伴。

其二，课堂教学，教师缺少课后陪伴。大学的学习，其专业化、社会性较强，单凭课堂学习，学生往往只知其一，不知其二。因此，课后指导、课后讨论、课后作业非常重要。但是，由于当前高校的许多教师教学任务多、科研任务重、家庭负担大、社会兼职多，只能"匆匆而来、匆匆而去"，根本没有时间与学生探讨和研究，更谈不上陪伴。上完课，考完试，师生关系几乎就结束了。

其三，实践教学，社会缺少岗位陪伴。实践教学是理论用于实践的教学，该类教学一般要求走进政府部门或企事业单位，进行岗位体验。可当前，实践教学成本较高、风险较大、程序复杂，而且没有法律保障。

（三）规划"欠化"

规划"欠化"是指大学生的职业规划欠"消化""具体化""可操作化""目标推进化"。大学一年级的职业规划不是简单的计划，也不是随便编制的"空中楼阁"，它是从大学一年级到大学四年级的成长计划和奋斗旅程。由于缺乏详细的职业规划，导致许多大学生的大学生活依旧盲目，容易陷入困境。

首先，职业规划缺乏具体化。许多大学生为了考上大学拼命学习，可上了大学后，却对未来缺少深入思考。即使有职业规划课程，但老师和学生对职业规划课程的理解很狭隘，大多为学分而上课，职业规划无法落地。经过课后规划后，有的学生对学习依旧茫然，注意力和精力依旧放在自己的短暂兴趣和娱乐上。

其次，职业规划缺乏可操作化。职业规划有很强的时间性、内容性，临时的困难或能力及外部不确定因素会扰乱计划，导致规划需要随时修订和细化。职业规划往往受个人阅历、眼界、环境等因素影响，随个人的知识、能力、格局的变化而变化，因此需要中途进行调整。

最后，没有把职业规划目标逐级推进。职业规划是人生规划的一部分，它的核心意义在于使我们的前进方向明确，让人生向着目标逐步迈进，但不是给自己的人生设限，每个人都需要在前行中确定方向，不断修正，逐步完善个人实力。

第二节　AI+时代大学生成才能力

AI+时代是典型的"机器社会"。在传统的"教育与自然""教育与社会"等基本问题之外，"教育与机器"的关系也成为教育生活中的基本问题。以AI为代表的技术与机器的强势崛起，改变了人类的社会结构。机器既是物质生产、信息生产的力量，也是社会形态再生产的力量。

泰格马克预言，未来人类社会将分隔为机器区域、人机混合区域和人类专属区域。机器区域是由机器人控制的巨大工厂和计算中心，那里没有生物意义上的生命，目的是使每个原子都物尽其用。地球上的许多超级智慧及智能居于其中，进行互相竞争与合作。人机混合区域包括计算机、机器人、人类以及三者之间的混合体。

一、着眼于高瞻远瞩

清华大学校长邱勇提出："清华学生要具有理想主义精神。理想主义意味着听从内心的召唤，突破现实的羁绊，追求有意义、有价值的人生目标。"面对AI+时代的大学生，一定要拒绝坐而论道，拒绝夸夸其谈，不论环境如何变化，都能沉下心来，俯下身去，踏踏实实去改变自己，以适应未来时代。

（一）建构AI知识及能力

联合国教科文组织发布的《教育中的AI：可持续发展的挑战与机遇》提出了"AI能力"的概念，它不是信息时代所要求的信息和通信技术能力，而是AI+时代所需要的创造和解码数字技术的新技能，核心是使用计算方法和技术识别来解决问题。

计算思维的重要价值愈发凸显，它被称为"AI时代的关键能力之一"：使用计算机和其他工具帮助解决问题并制订规划；合理组织和分析数据；通过模型和模拟等展示数据；通过算法思维实现解决方案自动化；确定、分析和实施可能的解决方案，以实现最有效的过程和资源组合；将问题解决过程概括并转化为各种各样的问题等。许多国家已开始将计算思维纳入各自的教育课程。

赫拉利认为，智能时代的来临，打破了传统对人生阶段的两重划分，先是"学习期"，随后是"工作期"。这种模式很快就会彻底过时，想要不被淘汰只有一条路：一辈子不断学习，不断打造全新的自己。

（二）构建个人核心能力

未来AI的能力替代性很强，个人要具有竞争力，就必须构建AI不能替代的个人核心能力。其思考逻辑是，在AI通过计算智能、感知智能、认知智能的日益完善，不断超越或替代人类智能的情况下，对于AI无法取代，永远与人类生命同行同在的素养与能力，今日和未来的自我教育，就努力将其作为自我发展的目标。

个人还应具备人类艺术素养中的情感体验、审美体验、想象体验和无处不在的创造体验，哲学素养中的自我反思能力、价值选择与判断能力等。这些能力重点包括：机器可能不会产生的人类"动机"，日常敢想而不自我设限的"想象"，基于个人系统思维的精确"表达"，能够将奇妙想法变成现实的"创造力"，等等。

深入培养个人好奇心、观察力、逻辑思维能力及人文素养等未来特质。比如，专业学生可以深度思考生命3.0未来教育。生命2.0阶段，教育对人的生命改变，主要是通过知识、能力和素养等"文化软件"来实现的。进入生命3.0阶段的人类，技术可以介入，改变人的"硬件"，人机关系上的"硬件融合度"，以及"软—硬件融合度"逐渐提升。在此背景下，教育需要对受教育者生命"硬件"的设计、改变和融合有所作为，通过制订合理目标或标准，参与和介入其中。比如，非专业学生可以思考，什么样的"硬件改造"有利于推动AI+时代的生命成长？何种"硬件"与"软件"的协同配合，最有助于人的生命成长？

（三）勾勒AI+时代新图景

AI+时代，大学生的核心素养之内涵目前虽未形成统一的观点，但许多研究者认为：核心素养是适应人们终身发展和社会发展所需要的必备品格和关键能力，是在知识和能力之上的。

核心素养包括了情感、态度和价值观，是人发展必备和关键的素养。具有核心素养的大学生，是智能时代的"全面发展的人"。AI+时代的理想新人，能对已有的核心素养和关键能力进行整合式表达。诸如，培养具有计算思维的人，培养保有好奇心、进取心、人文素养的人，培养具有终身学习的意识、能力和习惯的人等。

在两大智能关系的新背景下，适应AI+时代的人，还应该是"能够控制机器，而不是被机器控制的人"，它表明"学会使用和控制机器"，也是"学会学习"和"学会生存"的必要组成部分。这样的人，能够自主、充分使用机器所赋予生命的新力量。这种新力量有两种可能：要么让生命实现空前兴盛，在愈发强大中实现自我新生；要么让生命成为技术和机器的奴隶，走向自我屈服。

二、着手于学习变革

个人成才，人文情怀、社会责任是内在动因，直接决定了知识的吸收和转化的效率，外因则包括知识内化、角色重构等。这些因素相辅相成，交互影响，最终实现自我能力的提升。

（一）情怀濡化：人文精神与社会责任并重

"虽有至道，弗学，不知其善也。"人文精神的培养，是保持创新活动纯粹性的第一要素。AI依托数据训练而成，人文精神变量在其驱动模型中的缺失，使得人的主体性不断被疏离。缺少人文情怀，人将失去理性，将创新视为名利场。功利性创新教育过分强调技术的物质属性，忽略了科学的纯粹性。

AI+时代需要AI思维，关注教育活动本身，尊重人的社会属性，真正理解学习的发生机制。只有更大的人文情怀，才能突破实用主义的桎梏，对知识和现实及未知世界充满激情。

（二）知识内化：问题意识和科学方法并重

知识内化，不仅仅是知识和技能的传递，更重要的是逻辑思维能力与科学预见能力的训练和培养。问题意识注重的是科学预见能力和逻辑思维能力，让创新活动遵循技术进步的一般规律。AI以计算为起点，有效延伸并强化了人脑的机能。人类能创造AI，是由于目前人类的逻辑思维和推理、理解能力还无法被AI替代。

只会设计实验还远远不够，应更进一步通过理解每一个科学数据的科学含义，发现蕴含的科学规律。只有经过此阶段，创新者才可能完成从技术层面的积累向科学层面的感悟，才能培养出自觉的"问题意识"。这个过程并非一蹴而就，需要从量变的积累到质变的飞跃。

在人才培养过程中，必须重视方法训练。研究方法的训练，目的是要培养自己的问题解决能力，提升运用知识的水平。科学创新需要方法的指引，研究方法的训练可以架起从形象思维升华至抽象思维的桥梁，是学生内化知识认知、提升创新能力的重要途径。

（三）角色转化：学生主体角色的自我觉醒

AI+时代，教师传递知识的角色与学生学习知识的角色均将发生深刻的变化。显性知识的传递将越来越多地依靠智能技术，AI的参与提高了知识内化的效率与效果。智能技术对知识学习和创新过程的介入，使教师与学生不再是机械的"传授"与"被传授"的角色对立。

主体角色的自我觉醒在于老师和学生。海德格尔说，人不是独立的个体，而是沉浸在世界之中，是认识活动和工具的整个语境的一部分。教师与学生都是AI社会中的非独立角色。在技术快速更新的过程中，即便是"授业大师"也会面临诸多知识和技能短板。

在AI+时代，大学生不缺乏自主学习的条件，而是缺乏自主学习的意识、规划和行动。未来，教师应更多地扮演知识创造的启发者、社会情怀的引领者与科学方法的培训者。学生作为知识学习的主体，借助教师与技术的力量吸收知识，强化科学认知，增强问题意识，收获人文情怀。对学生而言，主体角色的自我重构，就是学会并始终坚持"自适应学习"和"自主性成才"。

三、着力于未来成才

"青年兴则国家兴，青年强则国家强。"大学生要使自己强大，就必须健康成长成才。新时代为当代大学生成长成才指明了方向，大学生作为青年的主体，要使自己健康成长成才，必须脚踏实地走好每一步路。

（一）树牢理想信念

成大事者必然是志存高远的人。理想信念的力量是无形的，但其影响是巨大的。理想指引人生方向，信念决定事业成败。有理想，才有人生的精神支柱；有信念，才有前进的动力。

AI+时代，每个大学生都应有明确的志向和梦想。有了志向和梦想，才能成长得更快，飞得更远。大学生的理想信念并不是虚幻的彼岸世界，而是有着现实依据，并能通过现实的努力逐步实现的美好追求。

强调理想信念，并不是排斥个人理想。理想既源于现实，又超越并引导着现实。理想和现实就是在这样的互动中推动着社会和人的发展。理想就其表现形式来说是指向未来的，但就其根源来说，则是深深扎根于现实生活之中的。它建立在对社会发展规律科学认识和把握的基础之上，并且有其具体的实现途径。

（二）修炼良好品行

古往今来，但凡有作为者，无不注重思想修养和道德修养。加强修养，需要他律和自律。他律就是要严格遵纪守法，遵守行为规范。自律就是要从学习、生活的各种细节抓起，在思想道德方面严格要求自己，养成严和实的品德。

作为祖国未来的建设者，大学生必须全面修德，自我完善，自我提高。无论大德还是公德、私德，都是大学生修的对象。修德重在加强自我修养，要有爱心和坦荡的胸怀，要诚实守信，这是成长成才的基本要求。在成长道路上，道德认知、道德养成固然是必要的，但更重要的是在道德认知、养成的基础上注重道德实践。只有通过实践，道德的作用和功能才能落到实处。

品德的养成需要肥沃的土壤和丰富的营养，大学就是这样一块沃土。大学生们应在这片沃土上做到内外兼修、知行统一。

（三）开启创新之门

在校期间，知识的学习固然重要，但创新也很重要，它也是一种学习，学会创新是学习的根本目的之一。因为AI+时代是一个创新的时代，社会需要的人才也是创新人才，学会创新是人才培养的应有之义。

1. 增强创新意识

所谓创新意识，就是对创新的意义有深刻的理解，对创新本身有强烈的愿望，由此形成推崇创新、追求创新、以创新为荣的观念和追求。这是整个创新活动的原动力。

2. 培养创新精神

创新精神就是敢为人先、勇于探索、开拓进取、不畏艰难的精神，或者说，就是"闯""冒"的精神。创新就是要有逢山开路、遇河架桥的意志，以及百折不挠、勇往直前的勇气，唯此才能有所成就。

3. 提高创新能力

创新能力主要包括创新思维和创新实践能力。创新思维是以超常规或者反常规的方法、视角去思考问题，提出与众不同的思路和解决方案，从而产生新颖独到的思维成果；创新实践能力则是指将创新思维成果付诸实施并取得预期成果的能力，它是创新智慧、创新知识、创新技能的综合运用和具体体现。

（四）推进能力建构

在知识更新不断加速的今天，要想跟上时代发展的步伐，必须加强学习，不断充实自己。"为学之要贵在勤奋、贵在钻研、贵在有恒。"大学生只有下得苦功夫，求得真学问，才能真正提高素质、练就本领。"学如弓弩，才如箭镞"讲的就是这个道理。提高素质和能力，同时必须勇于参加社会实践。

"博学之，审问之，慎思之，明辨之，笃行之"，实践是人所特有的存在方式。你如何表现自己的生命，你的生命就是怎样的，人正是在实践中不断创新和创造着个人的生存及发展的环境，然后成长。对于大学生来讲，书本知识很重要，社会实践更少不了，社会实践、社会活动确实是学生的"第二课堂"，对拓展学生眼界、充实学生社会体验和丰富学生生活十分有益。

（五）坚守奋斗旅程

"拥有梦想只是一种智力，实现梦想才是一种能力。"大学生要珍惜韶华、脚踏实地，把远大抱负落实到实际行动中，把汗水洒向艰苦奋斗的各个方面。艰苦奋斗，需要正确面对挫折考验。正像人类社会是在曲折的过程中发展一样，人生的道路也不会总是平坦的，坑坑洼洼是不会少的。人才的成长就是在这种道路上一步步走过来的。青年时期多经历一点捶打、挫折、考验，有利于走好一生的路。

"栉沐风雨，玉汝于成"，只有坚持不懈，理想才能成为现实。理想要变为现实，关键是要充分发挥主体能动性，促使可能向现实转化。每个学生都有自己的理想和追求，而要使理想和追求实现，关键是靠自己的勤奋和努力，要练就宠辱不惊的心理素质，坚定百折不挠的进取意志，保持乐观向上的精神状态，做到一步一个脚印，踏踏实实走好每一步路。

第三节　AI+时代大学生成才模式

一个踌躇满志的高中生，一旦进入大学，就容易被胜利冲昏头脑，从而迷失自我。智能化时代需要什么样的人才？如何让自己成为这种人才？自己如何学习、如何有效学习？这些问题恰恰是当今大学生需要面临的问题。研究表明，大学生一旦进入自主学习状态，他就会成为问题的解决者，成为更具有成长性心态，更有创造性的人。

一、优势视角

（一）优势视角的概念

优势视角是一种关注人的内在力量和优势资源的视角，意味着应当把人及其环境中的优势和资源作为社会工作过程中所关注的焦点，而非关注其问题和病理。优势视角着重于挖掘个人自身的优点，帮助个人认识其优势，从而能够解决个人外在或潜在的问题，基于这样一种信念，即个人所具备的能力及其内部资源允许他们能够有效地应对生活中的挑战。

（二）优势视角的基本假设

优势视角是一种着眼于人的优势与潜能，以开发和利用人的潜能为着力点，帮助自己以及他人于挫折与不幸的逆境之中解脱，最终达到自身及他人理想的一种思维方式和工作方法。优势视角有如下三种假设。

1. 相信人可以改变

每个人都有尊严和价值，都应该得到尊重。其学理基础是从消极悲观转向积极乐观的人性观，问题缺陷转向优势力量的理论视角，从医学治疗转向社会心理的研究范式，从线性单一转向生态整合的干预方法。

2. 相信优势、资源和抗逆力

优势视角认为每个人都有自己解决问题的力量与资源，并具有在困难环境中生存下来的抗逆力。即便是处在困境中备受压迫和折磨的个体，也具有他们自己从来都不曾知道的与生俱来的潜在优势。抗逆力是个人的一种资源和资产，能够引领个人在恶劣环境下懂得如何处理不利的条件，从而产生正面的结果。抗逆力高的人能够以积极的态度去面对逆境。

3. 问题解决着眼点应该是优势及资源

优势视角认为在社会工作者助人实践过程中关注的焦点应该是个人及其所在的环境中的优势和资源，而非问题和症状，改变的重要资源来自个人优势，个人的经验是一种优势资源。

优势视角超越了传统的问题视角的理论范式，关注点在于个人的优势和潜能。它强调要把注意力聚焦于个人如何生活，如何看待个人的世界以及从经验里找出意义。

（三）大学生成才的优势视角

优势视角关注个体的独特发展潜力，使个人在接受帮助的过程中找到属于自己的优越感，转移自身对于问题的关注，促进个体以积极向上的心态解决问题。按照班杜拉的"交互决定论"，环境是决定行为的潜在因素，个人既不是完全受环境控制的被动反应者，也不是可以为所欲为完全自由的实体，个人与环境是交互决定的，环境、个人与行为的相互关系和作用是一种交互决定的过程。

创造有效的情景，将大学生的内在力量、优势资源与个人的抗逆力相结合，开展诱导性激励，必定能释放出个人成长潜能，而"抗逆力—诱发"便是这种运行机制。"抗逆力—诱发"机制的实质是个人、行为、环境各要素之间的结构优化及交互能动作用的机制，它有如下三个特点。

1. 主体性：它驱使自我对环境进行认识，寻找内外优势

优势视角之所以被推崇，一方面是因为它优于问题视角，不回避问题、不纠结问题，而是换一个角度让主体淡化问题，当个体找到自我优势与环境优势资源时就有信心和动力；另一方面，自我认识是主体对自身状况及自我与客体关系的认识。"吾日三省吾身"，就是将自己放在环境中进行自我认识，即将自己作为被观察的对象去发现自己的与众不同，而自我分析是基于自身的思想、情感、知识结构与个性等情况进行的分析，当个体能发现自己的优势并能有效利用优势，就会去寻找自我价值，主动成就自我。

2. 整体性：它促使自我优势整合，抵抗环境干扰

优势视角以人的优势（包括自我、环境的优势）为核心，强调人是生理、心理、社会的共同体，是独特且具有潜能的情境之物，是备受关注与不断发展的主体，每个人都有能力和动力应对生活中的各种挑战。与此同时，在优势视角下，个体面对逆境时，其功能失调可能性很小，尤其是交互作用会驱使个体进行优势整合、抵抗干扰，更多体现出以抗逆力为中心的平衡性重构、抗压力重构、丧失性重构。

3. 发展性：它是动态的全时空成长机制

抗逆力的保护因素对生命历程具有决定性作用。一方面，当危机来袭时，个体的保护因素会做出自动化反应，使之与压力构成交互作用。另一方面，人是情境之物，人的生存和发展离不开环境，人总是主动适应环境并努力去改造环境。越是贫困的地方越具有发展的空间，大学有其特殊的自然、经济、社会文化等资源，这些独特的资源便是该地区的优势资源，这些资源是动态的、不受时空限制的，但受制于个人的认识能力和需求层次，随着自我能力和技能的提升，其认识和利用能力随之而增强，对自我成长的驱动力也越大。

二、自主化成才

（一）何为自主化

自主化成才，要先自主才能成才，所谓自主，是指自己主动，不受别人支配，就是遇事有主见，能对自己的行为负责。自主是自立的、自为的、自律的能动，但是惰性使然，加之学生对大学生活理解存在误区，使当代大学生自

主成才意识变得淡薄，外界的条件再优越也不如从自己内心出发想要做一个优秀的人。

（二）如何自主化

大学时代是年轻人成长的黄金期，但大学中松弛的管理模式与自由的学习方法导致了很大一部分学生丢掉了成长成才最基本的东西——自主成才。高校应优化人才培养机制，驱使学生自主成才。

1. 制造危机感，完善淘汰机制

高等教育的改革似乎忽略了一个重要的环节——淘汰。严格的淘汰机制让学生不得不学，不得不成才，因为没有人愿意被淘汰。在这种制度的制约下，学生才能从自身出发，化被动为主动。这应该是培养当代大学生自主成才意识的下策。如果院校不能建立完善、严格的考核淘汰机制来束缚学生的话，在学生成长成才的方面就可能会产生"蛙死温水"的现象。

2. 创立方向感，优化管理模式

在成才道路上树立一个方向标，潜移默化地让学生自己朝着这个方向走，使学生有方向感。高校应借鉴先进的学科选择体制，增强学生学习专业的自由性；推行大类招生，让学生在大学二年级有选择的余地；巧妙利用社会资源，在学生学习期间明确专业指向性。

3. 建立胜任感，完善管理体系

"上了大学就能轻松了""高考完就万事大吉了"，就连家长也不时给孩子灌输"高考是人生中最重要的挑战"这类思想。实际上，高考并不是终结点，而是人生道路真正的起始点。社会到处都有框架，先让学生学会适应未来工作的框架，让每一位学生体验职业带给自己的成就感方能使学生自主成才。因此，大学期间借助行业制度让导师到学校，组织模范行业管理制度，自主建立框架，让外界刚性的管理促使学生自律，建立客观的兼职管理体系让学生自主管理。

4. 树立超越感，驱使学生竞争

中国工农红军为何战无不胜？其制胜法宝就是思想政治建设。针对当代大学生，如何做好他们的思想政治教育工作就成了提高其自主成才意识的重中之重。其一，要培养学生的自我剖析能力，让他们正确地定位自己，学生一旦学会了自我剖析，就能够对自己有一个相对准确的定位；其二，要增加学生的吃苦经历，提升他们吃苦耐劳的自觉性，提高其心理承受能力；其三，要给学生配备竞争对手，因为竞争可以促使彼此超越。

（三）学会自主化

事物的发展，"外因是条件，内因才是根本"，学校的制度和手段毕竟是理想化的，成才关键还得靠自己，能登上社会金字塔尖的永远只是少数人。从思想上重视自己学习的每一门学科，珍惜在校期间的每一天，学校牵着学生往前走不如让学生主动跟着学校、跟着自己的目标往前走，给自己设置一个计划表或约束机制，让自己从思想上提高自己，百尺竿头，更进一步。

"井无压力不出油，人无压力不成才"，动力源于压力，要对自己有信心，用不着过于担心自己未来的命运。虽说前面的路不一定平坦，需要开拓和付出艰辛，但我们必须在压力下学会鼓励自己奋斗，激励自己进步，不但要冲破道德范围内的自我蒙蔽，还要学会面对挫折与失败。

三、大学生"316自主成才"机制

AI+时代，大学生必须着力于"文化基础、自主发展、社会参与"三个方面，综合围绕专业素养、人文底蕴、自主学习、健康生活、责任担当、实践能力六大素养培养个人的核心竞争力。

未来大学必然是以"实体大学+虚拟大学"的形式出现，教师角色的根本性改变和自适应学习的兴起，使得大学学习必然是开放的、自主化的，是以综合能力论英雄的。因此，大学的学习模式和中学完全不一样，大学生必须立足于自我优势、专业优势、校内外优势，确定自己的奋斗目标，规划大学生活（参见表11-1）。

表11-1　大学生"316自主成才个人规划"（张永华原创）

姓名		性别		年级	
三个优势	自我优势	例如：我想做的（目标），我能做的（天赋），我该做的（使命）			
	行业优势	例如：专业方向（知识技能），行业发展（人才规格），未来趋势（职业规划）			
	校内外优势	例如：校内（图书馆、社团、实验室、运动场），校外（考研、科研、实训、就业）			
一大目标（在校）		考研□　　考公□　　应征□　　应聘□　　创业□　　其他□			

续表

六大成效	1项"双创"项目	题目：		
	2项重要能力 （至少熟练2项）	技能1：	技能2：	技能3：
	用好3个平台	1. "课堂"效率（ ％） 2. "图书馆、社团"利用率（ ％） 3. 校内外"双实平台"利用率（ ％）		
	重要奖项 （至少获取4个）	名称1： 名称4：	名称2： 名称5：	名称3： 名称6：
	5本书/每期	第一学期		
		第二学期		
		第三学期		
		第四学期		
		第五学期		
		第六学期		
		第七学期		
		第八学期		
	交好6个朋友	我的性格缺陷：		

（一）立足三个优势

进入大学优势很多，就成才方面归纳起来只有三个：自我优势、行业优势、校内外优势。这三个优势是确定自己大学期间奋斗目标的依据，把握准确、分析到位，目标就适合自己；如果把握不当或好高骛远，大学四年就会得不偿失。

1. 自我优势

自我优势就是自己在自我认知的基础上，梳理出的个人的优越之处和优势资源，一般包括客观优势和主观优势。

客观优势：在初级层面表现为年龄、身高、长相、身材、体质等个人的综合身体优势；深层次包括家庭文化、家庭结构、经济条件、社会关系等优势。

主观优势：在初级层面表现为专业特长、兴趣爱好、艺体专长等个人的综合能力优势；深层次包括人格优势（参见表11-2）。

表11-2　人格类型与优势领域

人格类型	工作	自我	情绪	人际关系	自我控制	人生哲学
水牛型（勤奋）	优势区					
孔雀型（热情）			优势区	优势区		
秃鹫型（野心）	优势区			优势区		
白兔型（谨慎）			优势区	优势区		
猎犬型（警觉）				优势区		
绵羊型（温柔）				优势区		
狮子型（自信）		优势区				
变色龙型（躁动）			优势区	优势区	优势区	
猫头鹰型（沉静）		优势区	优势区			
黑豹型（冒险）		优势区			优势区	
无尾熊型（悠闲）		优势区				
猫型（求知）		优势区				优势区
蜜蜂型（助人）				优势区		
骆驼型（务实）	优势区		优势区			

来源：李中斌、涂满章、赵聪：《人工智能时代下精准职业生涯规划探析》，《价值工程》2018 年第 31 期

2. 行业优势

行业优势是指自己进入大学选择的专业对应的行业优势。

专业优势：凡自己选择填报的专业，大都是经过深思熟虑的，也是自己喜欢的，喜欢就有兴趣基础，兴趣是最好的老师，因此兴趣就是优势。

专业对应的行业优势：深入了解自己的专业对应今后的行业，该行业的发展前景和未来方向怎么样，其行业优势和精英在哪里，进入该行业需要的条件是什么。它是大学生明确目标和职业规划的基础。如果该行业找不到好的未来，而且自己又没兴趣，可以选择调换专业。

3. 校内外优势

校内外优势是指校内外有利于自我成长的最好优势。

其一，遴选资源：校内外优势资源较多，但不是每个资源都适合自己，并适合自己行业能力和技能的成长，一定要选择有利于强大自我专业、未来行

业能力技能的优势资源。

其二，选择优势：切忌一时兴起、一哄而上等，切忌盲目选修通识课程、盲目参加各种对自己帮助小的社团或社会组织。

（二）确立一个目标

大学生的职业生涯规划课，主要教会学生自我分析、自我设计、自我调节，确定自己的奋斗目标：大学毕业后干什么？我现在该做什么？但那是入学四年后的目标，许多学生发现太遥远，加之对自我、行业、校内外了解不够，故敷衍搪塞者大有人在。

"大学生316自主成才规划"必须要立足于三个优势再确定大学四年内的奋斗目标，这是职业生涯规划的基础性工作。没有大学四年内的明确目标，就不可能有好的职业生涯。确定一个目标非常重要，以后的所有学习任务和活动都是为这个目标服务，做到"咬定青山不放松"。

（三）收获六大成效

要实现大学确定的奋斗目标，就必须做到整体规划，把实现目标与学业成绩、成果积累结合起来，做到成功（目标达成）与成才（能力提升）两不误。

1. 完成一项"双创"项目

大学生在大学期间至少要参加一项"双创"项目，以培养自己的自主创新能力和项目规划运行及市场能力。

其一，实现学以致用。大学课程书本化、理论化、应试现象比较严重，"双创"能在一定范围内打破僵化的课程教学。

其二，实现个性化学习。个性化学习就是要围绕自己的学习方式和兴趣点来学习，挖掘个人潜能，实现个人价值。

其三，实现市场对接。许多技术创新来自高校的研究，大学生参加创新创业能把指导教师或个人的想法进行深化拓展使之市场化，达到服务社会的目的。

其四，缓减就业压力。在"双创"成果转化中，一方面成就的是个人或团队，另一方面减轻了社会的就业压力，后期还能为国家增加税收、为消费者创造消费品。

2. 练就两项技能

技能是通过反复练习达到迅速、精确、运用自如的技术及能力，它是活动方式或动作方式，是行为和认知的结合。在认知学派的知识观中，动作技能、智慧技能和认知策略被认为是不同形式的程序性知识。获取技能的较好途径是反复训练。技能可分为三种：基本技能、心智技能和动作技能。基本技能即开发更深度技能的必备技能，如读写、计算、运动、艺术等，包括一般性技能（问题解决、团队领导、人际交往等）和职业技能（完成任务、达成目标、超越现状等）；心智技能即借助于内部语言在人脑中进行的认知活动，如默读、心算、写作、观察和分析；动作技能即通过练习巩固下来的、自动化的、完善的动作活动方式，如写字、行走、骑车、游泳、体操、打球及锯、刨、焊等。

大学生应明白"若能出彩，必定精彩"，在校期间可以结合个人优势，至少获得两项技能，诸如：应试技能能助你迎考，科研技能能助你"双创"，人际技能能助你成功，运动、艺术技能能让你有一批好朋友、有一个好身板、有一个好习惯、有一天好心情……

3. 用好三个平台

大学生成就自我必须要充分利用好校内外三个平台。

其一，课堂。今天的课堂不仅仅是教室里的课堂，还有网络课堂（诸如慕课、论坛、讲座、大赛等）。课堂是教与学的重要阵地，是学生学习的主战场，是大学生获取知识的主渠道，它占据了学生一天中的绝大部分时间，如果不充分有效利用，会导致学生学业不精、事倍功半。

其二，图书馆及社团。图书馆尤其网上图书馆是知识的海洋和殿堂。大学社团是学生自愿组织的活动性团体，它在党团组织的领导下，开展健康、积极的有益活动，其功能是团结有共同志趣的同学一起相互学习、开阔眼界、深化专业、丰富文化、服务社会等。

其三，校内外实践实训。它是理论知识实践化的场所，是了解社会、融入社会，了解岗位、融入岗位的最好平台，同时也是获得职场人脉、企业认可和岗位推介的最好平台。与此同时，大学生切忌忽视互联网上的校内外资源，互联网上众多的创意、创新、创业等都是我们借鉴和学习的实践实训资源，它们往往以论文、著作、产品、公司注册及经营等方式呈现，内容庞杂、形式多样、发展超前，值得大学生借鉴。

大学生一定要秉承"我要学"的信念，并珍惜课堂、社团、实践实训平台，带着信心和目标，找到兴趣和方法，坚信"知识就是力量"，坚信"实践是检验真理的唯一标准"。在理论学习的基础上参加实践实训，必定会学有所悟、学以致用，必定能让书本知识成为个人修养的财富。

4. 获取四个奖项

人类很多行为都是为了找到"成功体验"，大学生活中的成功体验在哪里？当然离不开大大小小的奖励，特别是有分量的证书，这对于大学生非常重要。奖励的作用有三个方面。

其一，奖励是肯定。奖励至少代表你是这方面的佼佼者、优胜者，是一种激励，众多奖励还伴随着奖金，奖金可以改善生活。

其二，奖励是自信。凡奖励均能给人带来一种良好的情感体验，这种体验会驱使自己更自信、更刻苦、更主动。奖励会改变自己待人处事的格局。

其三，奖励是垫脚石。"不积跬步无以至千里"，众多的事实证明，各类面试和招聘非常看重应聘者的获奖情况。

为此，大学四年不能只埋头苦读，要学会寻找机会、创造机会，充分利用自己的优势努力获取一些奖项，特别是有分量的奖项。它将是大学生眺望远方、走向成功的垫脚石。

5. 每学期至少读完五本书

"腹有诗书气自华"，这个道理谁都懂，但现在的许多大学生就是不喜欢读书，就算是课本也没认真读完过。培根认为："读书足以怡情，足以傅彩，足以长才。其怡情也，最见于独处幽居之时；其傅彩也，最见于高谈阔论之中；其长才也，最见于处世判事之际。"读书补天然之不足，经验又补读书之不足，盖天生才干犹如自然花草，读书然后知如何修剪移接。

"凡有所学皆成性格"，即知识能塑造人的性格，大学生读书需要养成习惯，需要选择，需要培养兴趣，需要放下手机和电脑，始终树立"读史使人明智，读诗使人灵秀，数学使人周密"的信念，坚信科学使人深刻，伦理学使人庄重，逻辑修辞之学使人善辩，坚持读书、常读书、读好书。

6. 交好六个朋友

"财富不是朋友，朋友一定是财富。"人生中最重要的是三种情：亲情，友情，爱情。亲情是一种深度，友情是一种广度，而爱情则是一种纯度。亲情是一种没有条件、不求回报的阳光沐浴；友情是一种浩荡宏大、可以安然栖息的理解堤岸；而爱情则是一种神秘无边，可以使歌至忘情泪至潇洒的心灵照射。

"人生一世，亲情、爱情、友情，三者缺一是一种遗憾，三者缺二是可怜，三者皆缺犹如行尸走肉。"大学生的人生观、世界观、价值观已经基本成熟，待人接物和交朋友不再停留在表面的金钱或物质上，他们非常看重志趣、观点、人品人格等方面。

　　大学生活四年，有没有知心朋友、有多少好朋友是对自己人品和人格的检验，如果没有人愿意与你来往或与你交心，甚至孤立你，至少说明自己的人格有缺陷。因此，大学生需要随时摆正自己的"三观"，审视自己的人格，不断发现自己的人格缺陷，逐步完善自己的人格，才能做好人、做好事、交到好朋友。"平生知心者，屈指能几人？"朋友不在于多，而在于精。

参考文献

[1]薛在兴.人工智能对大学生就业的影响[J].中国青年社会科学，2018，37（4）：6-10.

[2]李政涛，罗艺.智能时代的生命进化及其教育[J].教育研究，2019，40（11）：39-58.

[3]丁晨.从适应到引领：人工智能时代职业教育发展的机遇、挑战与出路[J].中国职业技术教育，2019，13.

[4]施亭博.人工智能兴起对未来会计行业的影响[J].现代商业，2017（28）：122-123.

[5]周金容，孙诚.人工智能时代的职业冲击与高职人才培养升级[J].职业技术教育，2019，40（28）.

[6]王菁，梁文俏.人工智能下会计人员的突围[J].河北企业，2017（7）：51-52.

[7]钟启泉.培养面向未来的人才，核心素养精髓在这三方面.人工智能与教育，https://www.sohu.com/a/329284580_100238882.

[8]邓凡.人工智能时代大学人才培养研究[J].学术探索，2019（9）：143-150.

[9]艾伦.做智能化社会的合格公民——探讨智能化时代人工智能教育的核心素养[J].中国现代教育装备，2018（8）.

[10]张永华，付建红.大学生"人格能级发展理论"的构建[J].西昌学院学报（社科版），2005（4）：121-124.

[11]智能浪潮：增强时代来临[M].刘林德，冯斌，张百玲，译.北京：中信出版集团，2017.

[12]蔡连玉，韩倩倩.人工智能自适应学习及其在学校教育中的应用[J].浙江

师范大学学报（社科版），2019，44（6）：111-117.

[13]邱玥，何勤.人工智能对就业影响的研究进展与中国情景下的理论分析框架[J].中国人力资源开发，2020（5）.

[14]闫志明，唐夏夏，秦旋，等.教育人工智能（EAI）的内涵、关键技术与应用趋势——美国《为人工智能的未来做好准备》和《国家人工智能研发战略规划》报告解析[J].远程教育杂志，2017，35（1）：26-35.

[15]刘慧慧，王蕊.人工智能时代教师角色之变[J].中小学电教，2020（5）：50-53.

[16]孙梦迪.人工智能发展及其对职业替代的影响[J].西部皮革，2019，41（10）：95+97.

[17]穆铭.基于未来社会的未来人才探究[J].未来与发展，2019，43（2）：68-72.

[18]方兰然."第二手的教化"：工业时代的教育价值观及其批判[J].前沿，2009（10）：137-139.

[19]张湘洛.人类教育的三次跨越[J].学术交流，2008（7）：175-178.

[20]唐晓.大学生学习动力影响因素文献回顾及对策研究[J].数码设计（上），2019（11）：3.

[21]萧淑贞.工业时代的教育问题：变革与出路[J].群言，2017（7）：23-25+29.

[22]牛志平."家训"与中国传统家庭教育[J].海南师范大学学报（社会科学版），2012，25（5）：79-86.

[23]王伟，王娟娟，张婷婷.论中国传统家庭教育思想及其现代价值[J].智库时代，2019（48）：258-259.

[24]孟瑞婷，俞爱宗.传统家庭教育的基本内涵及现实意义[J].教育现代化，2019，6（57）：258-259.

[25]么晓霞.传统家庭教育内涵及其当代价值[J].唐山师范学院学报，2016，38（1）：152-154.

[26]王晓雅.从"虎妈狼爸"看中国传统家庭教育观及其反思[J].科教文汇，2018（9）：112-114.

[27]丁国东，晏丽琴.关于中国传统教师角色的反思与探索[J].现代教育科学，2013（4）：75-76.

[28]曹十芙.转换传统教师角色促进学生自主学习[J].中国成人教育，2008（15）.

[29]姜淼.信息化新时代高校教师角色的转变[J].高教学刊，2020（19）：153-155.

[30]汪存友，黄双福.自适应学习支持下的美国高校课程设计和教师角色研究——以科罗拉多理工大学Intellipath项目为例[J].电化教育研究，2020，41（7）：35-41+54.

[31]张永华，周娜.基于"灵商理论"的大学生主体性发展[J].教育与职业，2011（2）：79-80.

[32]陆石彦.论人工智能时代的教师角色再造[J].江苏高教，2020（6）：97-102.

[33]俞婷婕，杨丽婷.人工智能背景下教师专业认同之重塑[J].浙江师范大学学报，2019，44（6）：105-110.

[34]梅新林.聚焦中国教师教育[M].中国社会科学出版社，2008.12.

[35]李宇星，董朝辉.大学生生涯规划与就业压力的质性研究[J].中国大学生就业，2019（16）：55-59.

[36]孙昕皓等.大学生职业生涯规划与就业指导课程探析[J].管理观察，2020（5）：116-118.

[37]马蕊，李霞，张学堂.基于就业能力的大学生生涯规划教育探析[J].科教导刊（下旬），2020（1）：178-180.

[38]蔡娜娜，毛庆东.信息化背景下大学生生涯规划探讨[J].中国教育技术装备，2018（16）：106-107.

[39]梁妙荣.大学生就业供需结构性矛盾产生的原因及对策[J].学校党建与思想教育，2015（3）：72-74.

[40]李中斌，涂满章，赵聪.人工智能时代下精准职业生涯规划探析[J].价值工程，2018，37（31）：281-285.

[41]张治，李永智.迈进学校3.0时代——未来学校进化的趋势及动力探析[J].开放教育研究，2017（4）：40-49.

[42]周闪闪.探析人工智能时代教师专业发展之路[J].教育进展，2020，10（3）：339-345.

[43]余胜泉.人工智能教师的未来角色[J].开放教育研究，2018（1）.

[44]余胜泉，王琦等."AI+教师"的协作路径发展分析[J].电化教育研究，2019.4：14-22+29.

[45]李栋.人工智能时代教师的"行动哲学"[J].电化教育研究，2019.10.

[46]李中斌等.人工智能时代下精准职业生涯规划探析[J].价值工程.2018，31.

[47]王瀚梓.家风对大学生廉洁教育的重要性探析[J]，山西青年，2018（24）.

[48]黄浦全.新课程中的教师角色与教师培训[M].北京：人民教育出版社，2003.

[49]泰格马克.生命3.0[M].汪婕舒，译.杭州：浙江教育出版社，2018.

[50]阿格拉沃尔.AI极简经济学[M].闾佳，译.长沙：湖南科技出版社，2018.

[51]朱国栋.成长视域中当代大学生焦虑现象分析——基于对校园贷现象的观察[J].思想教育研究，2018（6）：107-111.

[52]刘俊青，付永虎，宗婷.班杜拉社会学习理论视角下大学生学习动力缺失因素及提升路径研究[J].江苏科技信息，2019，36（28）：49-52.

[53]李荔歌.大学生成才动力源及其有效途径分析[J].开封大学学报，2010，24（4）：65-66.

[54]周满生.国内外大学人才培养模式的创新[J].教育与教学研究，2019，33（11）：101-104.

[55]张永华，陈晓冬.浅析高校德育中的"抗药性"及心理策略[J].西昌学院学报（社会科学版），2011，23（3）：100-102.

[56]富柏铭.浅谈如何敦促当代大学生形成自主成才意识[J].科教文汇，2015（18）：28-30.

[57]邓凡.人工智能时代大学人才培养研究[J].学术探索，2019（9）：143-150.

[58]李卫红.人工智能时代大学生学习模式变革[J].中国成人教育，2018（21）：75-77.

[59]李建中.人工智能时代的知识学习与创新教育的转向[J].中国电化教育，2019（4）：10-16.

[60]王晓笛，左玉玲.人工智能时代大学生学习方式的变革研究[J].信息与电脑，2020，32（7）：244-246.

[61]蒋云鑫.当代大学生奋斗精神困境及其原因分析[J].社会科学前沿，

2020，9（4）：480-485.

[62]林中月.大学生核心素养体系构建研究[J].改革与开放.2017（7）.

[63]王洪新.探析大学生成长成才的五个着力点[J].思想理论教育导刊.2019.3：64-67.

[64]张永华，付建红.优势视角下大凉山困境儿童"抗逆力诱发"机制的构建[J].教育与教学研究，2019，33（1）：93-100.

[65]张永华，付建红.儿童社会化中的"人格烙印"[J].西昌学院学报（社会科学版），2007（3）：80-84.

[66]付建红.教育和谐人格论[J].中国成人教育，2011（13）：34-35.

后　记

　　许多教师以为，学科就是自我的栖身地，也是自己看世界的窗口。然而，当一个人仅仅从自己的专业窗口看世界时，原本完整的世界也就被人为地撕裂了。大学的使命，不是割裂世界，而是发现世界的全貌。一个偶然的岗位变动，让我从心理学的篱笆里向外张望，感受到了信息技术、人工智能的气息。

　　2020年9月，北京大学的白建军教授在北大隆重庆祝第36个教师节大会上讲到"写作是因为读者不知道的事儿我知道；讲课是因为学生不懂的事儿我懂"。其实，每一个读者、每一个学生都不是一张白纸，他们的时间和内心都被生活琐事所填满，整日为生活、生存而忙碌，无暇深思未来。当今，"00后"大学生大多是"手机控"，喜欢"二次元"，长着"玻璃心"，往返于教室、寝室和快餐店、奶茶店之间。未来是什么？未来会有什么？未来我们怎么办？对他们来说似乎还很遥远，或与自己无关！于是，我们立足于AI+时代，尝试为他们点燃那盏茫茫黑夜中的明灯。

　　本书着力于AI+时代大学生的成长成才，着力于高校教育机制体制改革和高质量人才培养，在逐步展开2019年四川省第二批教育机制体制改革试点项目"民族地区高校服务'5＋1'现代产业体系的应用型人才培养改革试点"（编号：G5-02）和四川省2018—2020高等教育人才培养质量和教学改革研究重点项目"民族地区高校'信息技术+农业'的新工科探索与实践"（编号：JG2018-791）的项目研究中，站在人工智能和应用型高校发展的前沿，探索民族地区高校"三全育人"的未来之路。

在这里，我衷心地感谢西昌学院信息技术学院2017级的赵竟名（计算机科学与技术）、毛毅（电子信息工程）、王燕飞（计算机科学与技术）、成俊姣（电子信息工程）、冯浩东（计算机科学与技术）等同学，在本书书稿校正中所做的大量工作和付出的辛苦。

本书若能为广大家庭、学校及教育者提供一些未来人才培养的指南或参考，能助力广大学生积极探索自主成长成才之道，能为初涉人世的后生们提早适应不断变化的AI+时代提供一些帮助，我们就甚感宽慰了。正所谓"珍宝秘藏，识者自见"，还请读者朋友多多批评指正！